湖北省2017年度教育改革发展专项课题研究成果

民办高校依法治校内涵建设研究

杜辉　龚先军　吴永桥　著

MINBAN GAOXIAO YIFA ZHIXIAO
NEIHAN JIANSHE YANJIU

WUHAN UNIVERSITY PRESS
武汉大学出版社

图书在版编目(CIP)数据

民办高校依法治校内涵建设研究/杜辉,龚先军,吴永桥著.—武汉:
武汉大学出版社,2019.9
　ISBN 978-7-307-20990-9

　Ⅰ.民…　Ⅱ.①杜…　②龚…　③吴…　Ⅲ.民办高校—学校管
理—法制管理—研究—中国　Ⅳ.①G648.7　②D922.164

　中国版本图书馆CIP数据核字(2019)第132226号

责任编辑:聂勇军　　　责任校对:汪欣怡　　　整体设计:马　佳

出版发行:**武汉大学出版社**　　(430072　武昌　珞珈山)
　　　　(电子邮箱:cbs22@whu.edu.cn　网址:www.wdp.com.cn)
印刷:北京虎彩文化传播有限公司
开本:720×1000　1/16　印张:17.25　字数:238千字　插页:2
版次:2019年9月第1版　　2019年9月第1次印刷
ISBN 978-7-307-20990-9　　定价:45.00元

序　言

在法治的轨道上推进民办高等教育健康发展

刘传铁

依法治教是依法治国方略在教育领域的具体体现，依法治校是依法治教在具体工作中的重要体现。民办高校是我国高等教育的重要组成部分，民办高校全面依法治校对促进我国高等教育的大众化、普及化具有重要的作用，要在习近平新时代中国特色社会主义思想指引下，切实加强中国特色民办高校法治体系建设，推进民办高校治理体系和治理能力现代化，确保民办高等教育在法治的轨道上持续、健康地发展。

由武汉华夏理工学院杜辉、龚先军、吴永桥所著的《民办高校依法治校内涵建设研究》，抓住民办高校改革发展契机，将民办高校全面推进依法治校置于全面依法治国方略背景下，在充分调查研究的基础上，梳理了当下民办高校依法治校中存在的困境，剖析了原因，并借鉴国内外经验，提出了民办高校依法治校的系统构想和积极建议，丰富了民办高校依法治校理论研究，为民办高校依法治校理论创新和实践创新提供了参考。我有幸成为该书的早期读者，深受启示和教益。我认为，该书有五个方面的鲜明特点。

第一，立足时代的引领性。习近平总书记指出，"一个国家、一个民族要振兴，就必须在历史前进的逻辑中前进、在时代发展的潮流中发展"。任何时候，做任何事情，我们都要以走在时代前列的高度历史自觉，将教育的发展与国家的发展紧密联系在一起，紧跟时代步伐，顺应时代潮流，与时俱进地推进教育与历史良性互动。自 2016 年以来，国家先后修订了《民办教育促进法》及《民办教育促进法实施条例》，印发了《关于鼓励社会力量兴办教育促进民办教育健康发展的若干意见》《民办学校分类登记实施细则》《营利性民办学校监督管理实施细则》等政策文件，初步构建了上位法律、国务院文件、部门配套政策相衔接的，相对完整的民办教育分类管理制度和实施体系。《民办高校依法治校内涵建设研究》依据我国《宪法》《教育法》《高等教育法》《民办教育促进法》等法律，按照民办教育分类管理制度体系，研究民办高等教育依法治校的主体对象、理论基础、法理依据、现实困境、实施路径，体现了鲜明的时代性，具有较强的引领性。

第二，逻辑严密的系统性。"看似寻常最奇崛，成如容易却艰辛。"本书看似一个民办教育的课题研究成果，却包含了研究者们对民办教育的情怀，对依法治教的专业精神。特别是当前，关于民办高校依法治校的研究尚不多见，现有的一些研究也散见于一些论文中，系统性、全面性、实操性还不够。本书从"为什么治"、"依什么治"、"怎么治"、"为谁治"四个方面，系统地研究了民办高校依法治校的法治演进、实施范式和实践探索，全景式地展现了民办高校依法治校的全貌，为读者全面掌握民办高校依法治校内涵和方法提供了很有价值的参考。其中，"为什么治"，从全面依法治国的政治高度和事业自身发展的现实角度指明了依法治校的必要性及重要性；"依什么治"，从国家上位法、地方法、学校内部规章三维度阐明了依法治校的准绳；"怎么治"，从外部教育立法和内部制度建设两个方面，探索了依法治校的范式；"为谁治"，从坚持走社会主义法治建设道路、完善社会主义法治体系等方面，强调将法治教育贯彻教育教学的全过程、各环节，着力培养青年学生的法治意识和核心素养，努力培养社会主义事业的建设者和接班人。四个方面，相互关联，环环相扣，逻辑严密。

第三，信息来源的实证性。毛泽东同志曾说过，"没有调查就没有发言权"。为完成《民办高校依法治校内涵建设研究》，课题组以《民办教育促进法》为依据,结合民办高校特征,走访调研了省内外 16 所民办高校,发放并回收调查问卷近 1000 份,与各学校决策层、领导层、管理层进行了广泛深入的交流讨论,听取了一线教师和学生的意见,调查群体覆盖面广,第一手资料丰富详实,确保了本书的客观务实。同时,在充分调研的基础上,全面分析了民办高校依法治校的现状,总结了可资借鉴的经验做法,做到了理论研究与实践探索的有机结合,体现了"缘事而发"的现实主义精神。

第四,剖析成因的深刻性。针对民办高校依法治校政策法规还需健全、实施范式还需完善、法治意识还需强化等问题,研究者从民办高校依法治校政策解读、氛围营造、系统学习三个方面,深入分析了"省级教育行政部门政策导向存在单向性、社会中介机构评估处于无政府状态、自主化管理决策监督机构建设标准缺位、制度化管理平衡制约机制不够权威科学、民主化管理沟通机制期待落地生根、权益化管理保障实施细则需要明确清晰"等方面的原因,透过现象看本质,条分缕析,深入浅出,有针对性地解决问题。

第五,提供方案的可操作性。"一语不能践,万卷徒空虚。"民办教育创新理论只有转化为指导实践,成为推动工作的思想武器才有意义。本着"提供学理支撑"和"追求实用成果"相结合的原则,《民办高校依法治校内涵建设研究》在实际资料的分析与基本理论研究的基础上,以武汉华夏理工学院为典型案例,借鉴国内外高校依法治校经验,提出了操作性较强的制度设计与实施方案。比如,围绕构建现代大学制度,构思了具有民办高等教育特色的学校决策机制、学校管理制度、民主管理机制等范式,不仅丰富了民办高校依法治校理论研究,也为民办高校依法治校规划了路线图。

"好风凭借力,扬帆正当时。"正在发展壮大的民办高等教育,一方面要全面依靠法治保障,充分用足各项政策;另一方面要坚持依法治校,不断提高治理水平和综合实力。希望通过对《民办高校依法治校内涵建设研究》的学习和借鉴,牢固树立"法无授权不可为,法定职责必须为"的法治观念，不断完善民办教育的法律法规，不断健全民办高校依法治校的内涵建设体系，养成自觉运用法治思维和法治方式推动工作的习惯，逐步形成政府依法管理学校、学校依法自主办学、教师依法执教、社会依法参与的良好格局。同时，也期望该书的撰写团队砥砺前行，继续深入研究，为民办高校依法治校作出更多更大的智库贡献。

2019 年 8 月于武汉

前　言

　　自 2003 年 7 月 17 日教育部发布《关于加强依法治校工作的若干意见》开始，16 年来，教育系统开展了一系列的依法治校创建活动，教育部及各地方省级教育行政部门分别针对各级各类学校选定依法治校示范校开展试点。2010 年，国务院常务会议审议并通过的《国家中长期教育改革和发展规划纲要（2010—2020 年）》明确要求"大力推进依法治校"，国家从立法层面全面推进依法治校，并于 2012 年 11 月 22 日，印发了《全面推进依法治校实施纲要》。在这个时期，教育系统也陆续出台了一系列的法治文件，建立健全并规范教育系统的治校法规，如教育部以第 31 号令、第 32 号令的形式分别颁布了《高等学校章程制定暂行办法》和《学校教职工代表大会规定》，为高等学校管理及民主治校提供了政策依据。2014 年 10 月 23 日，中国共产党第十八届中央委员会第四次全体会议通过了《中共中央关于全面推进依法治国若干重大问题的决定》，对全面推进依法治国作出战略部署，在国家法治化道路上进一步推进了教育系统依法治校的内涵建设工作。

　　民办高校是高等教育的重要组成部分，坚持社会主义办学方向是根本，一直以来，以中华人民共和国第九届全国人民代表大会常务委员会第三十一次会议通过并于 2003 年 9 月 1 日实施的《中华人民共和国民办教育促进法》为准绳，推进民办教育事业的健康发展。针对民办高等教育事业可持续发展，顺应时代特征，2013 年 6 月 29 日第十二届全国人民代表大会常务委员会第三次会议、2016 年 11 月 7 日第十二届全国人民代表大会常务委员会第二十四次会议先后对《中华人民共和国民办教育促进法》进行了两次修正，为民办高校依法治校明确了政策导向。湖北省自 2006 年发布《关于推进依法治校工作的意见》之后，先后选定了五批依法治校示范校试点学校，推进高等学校依法治校的内涵建设工作，武汉华夏理工学院获批第三批"湖北省依法治校示范校"试点学校。2015 年 8 月，湖北省教育厅针对民办本科高校党委书记举办了"加强党的领导　推进依法治校"专题培训班，要求民办高校以立德树人为根本任务，全面推进依法治校工作。

2016 年，武汉华夏理工学院基于湖北省依法治教背景，申报了题为"湖北省依法治教背景下民办高校依法治校实践研究"的湖北省教育改革专项课题，2017 年该课题获批立项，在 32 个立项课题中，是唯一一个民办高校教育改革的项目。自 2017 年至今，学院举全校之力开展项目研究与实践，以《民办教育促进法》为依据，结合民办高校特征，针对学校领导层制定了调研提纲并进行实地调研，面向学校行政人员、一线教师及学生等分别制定了调查问卷。项目组成员走访调查了湖北省、浙江省、广东省、安徽省、河南省等 16 所民办高校依法治校建设现状。在此，向给予调研支持的学校表示诚挚的谢意，谢谢兄弟院校的接待与支持。

全书根据调查数据分析查找了民办高校依法治校存在的"瓶颈"，基于相关法学理论及国外实践经验，以政策咨询报告为文体进行撰写，共分七章。各章内容安排如下：第一章为民办高校依法治校的时代背景，主要就民办高校依法治校的概念与内涵、现实意义、理论基础及法理依据等进行研究，为研究奠定理论基础。第二章为民办高校依法治校现状调查分析，以民办高校领导、行政人员、一线教师、学生等四类群体为调查对象，从民办高校依法治校内涵建设内容、治理实施、师生法治意识等维度调查国内民办高校依法治校的工作进展及实施路径。第三章为民办高校依法治校存在的困境，基于实地调研、问卷调查，梳理民办高校依法治校支持机制、治理体系、法治意识等三个维度存在的困境。第四章为民办高校依法治校存在困境的成因剖析，针对存在的困境，从政策解读、法治氛围、学习系统等方面分析存在的原因。第五章为国内外民办高校依法治校的经验及启示，借鉴国内外的经验，为化解民办高校依法治校实施困境提供实践经验指导。第六章为民办高校依法治校内涵建设思路，针对调研梳理出的民办高校依法治校困境逐一化解，完善民办高校依法治校的法律法规、标准体系及法治保障，制定标准和构建体系，从而形成民办高校依法治校的范式。第七章为民办高校依法治校案例选编，以武汉华夏理工学院的实践过程为例，对校院两级管理机制、二级学院管理机制进行内容摘录，分析实施效果。

　　本书是以武汉华夏理工学院董事会董事、常务副校长杜辉博士和创始校长、教育发展咨询委员会主任吴永桥教授领衔，武汉华夏理工学院党政办公室、发展规划办公室、人力资源部、教务部、学生事务部负责人以及二级学院代表参与撰写完成。撰写实行负责人制，即每个部分设置一名负责人，其他成员协作完成。各章节撰写负责人安排情况是：前言为吴永桥，第一章为杜辉，第二章为龚先军，第三章为刘美云，第四章为胡水兵，第五章为张亮，第六章为李猜，第七章为陈泽烨。武汉纺织大学张昌教授作为主审对各章节进行了系统审读。全书以提出问题、分析问题、解决问题为思路，主要围绕民办高校依法治校建设中为什么"治"、依什么"法"、怎么"治"、为谁"法治"等四个问题展开研究，全面梳理了民办高校依法治校的法律准绳、实施体系及主体对象建设，希冀为民办高校依法治校实施提供内涵建设思路和指导性意见，为政策制定及建设实施提供参考，为民办高校实现管理决策科学化、制度化、规范化、民主化和法治化提供范例。

　　由于时间较紧，撰写组的同志日常工作较繁忙，全书难免有不足之处，还望读者批评指正，提出宝贵建议。由于人力及财力有限，我们只对全国部分依法治校示范校进行了走访调研及问卷调查，虽然兼顾了地区覆盖，但数据统计属于抽样式，数据统计欠缺全面性。因此，所得到的观点可能无法适合每所学校，还望同类高校的专家给出指导意见，我们将结合所研究的内容不断完善，把民办高校依法治校内涵建设工作推向新的高度。

吴永桥

二〇一九年四月于武汉

目　　录

第一章　民办高校依法治校的时代背景

　　进入新时代，以习近平同志为核心的党中央正在全国各个领域
大力推进依法治国。依法治教是依法治国方略在教育领域的具体体
现，是教育系统规范化、制度化、科学化发展的重要途径和根本遵
循。而依法治校是依法治教在具体工作中的核心体现。作为高等教
育的重要组成部分，民办高校在高等教育从精英化向大众化、普及
化发展过程中发挥着举足轻重的作用。虽然民办高校的办学体制与
公立院校不尽相同，但坚持社会主义办学方向、坚持依法合规的原
则是一致的。民办高校如何在社会主义民主基础上，不断加强自身
法治化、规范化、标准化建设，对于依法治校的实践具有现实价
值。基于此，厘清民办高校依法治校的概念与内涵，思考依法治
国、依法治教、依法治校三者的内在机理，梳理民办高校依法治校
的理论基础及法理法规，是研究民办高校依法治校内涵建设的理论
基础。

第一节　民办高校依法治校的概念与内涵

　　我国民办高校的发展是与国家体制改革、高等教育的重大变革等历
史背景紧密相关的。梳理民办高校的发展历程，厘清民办高校及依法治

校的范围与基本内涵，是本书研究的基础。只有在立足现状和找准问题的基础上，提出的对策建议才能更具针对性，也更加具有现实意义。

一、民办高校的范围界定及发展历程

（一）民办高校的范围界定

民办高校的定义目前学界还没有形成一致认可的表述，其相关表述主要有以下几种。著名高等教育研究学者潘懋元先生认为，"民办学校，实质上相当于私立学校。它不同于公办学校的基本点有二：第一它是由公民私人或私法人所设立的；第二由设立者筹集学校资金，而不是依靠政府的拨款……后者才是私立学校的本质特征"。① 柯佑祥认为，"民办高等教育是指建立在基础教育之上，由民间力量实施、培养专门人才的有目的的社会实践活动。民办高等学校则是办学经费主要来源于私人和民间法人，并由私人或民间法人管理和经营、实施高等教育的机构。包括各种独立的私立大学、私立专修学院、私立职业技术学院、私立函授学院、民办二级学院、中外合作办学创办的高等教育机构等"。② 浙江树人大学徐绪卿教授认为民办高校指 "国家机构以外的社会组织或个人，主要利用非国家财政性经费，面向社会举办、独立办学和由民间负责经营，并得到教育行政部门批准的具有独立颁发高等教育学历文凭资格的高中后学历的教育机构。其特征有三：一是经费在民间筹集；二是学校由民间经营；三是办学层次为高中后学历教育"。③

从国家法律法规来看，关于民办高校的规定也有一些不同之处。1993 年 8 月 17 日国家教育委员会下发的《民办高等学校设置暂行规

① 潘懋元：《关于民办高等教育体制的探讨》，《上海高教研究》1988 年第 3 期，第 41~46 页。
② 柯佑祥：《适度盈利与民办高等教育的发展》，南京师范大学出版社 2003 年版，第 16 页。
③ 徐绪卿：《我国民办高校内部管理体制改革和创新研究》，中国社会科学出版社 2012 年版，第 20 页。

定》(教计〔1993〕129 号) 中民办高校 "系指除国家机关和国有企业事业组织以外的各种社会组织以及公民个人,自筹资金,依照本规定设立的实施高等教育学历教育的教育机构"。2002 年 12 月 28 日第九届全国人大常委会第 31 次会议通过的《民办教育促进法》第二条规定:"国家机构以外的社会组织或者个人,利用非国家财政性经费,面向社会举办学校及其他教育机构的活动,适用本法。"这两个法条在办学主体及办学经费来源两个方面都有一定的差别。按照《民办高等学校设置暂行规定》要求,民办高校办学主体不得为政府机关和国有企业事业单位,并且必须为自筹经费。而从《民办教育促进法》的规定来看,办学主体包括了除国家机构之外的其他主体,范围有所扩大,办学经费来源为 "非国家财政性经费",经费来源也涵盖了更广的范围。

有学者认为,民办高校有广义、狭义之分。① 广义的民办高校,指经费主要来自非政府财政的从事高中后教育的机构,包括民办全日制普通高校、公办高校附设的民办独立学院、高等教育自学考试助考机构、高等教育学历文凭教育机构、中外合作办学高等教育机构等。狭义的民办高校,按照《民办高等学校设置暂行规定》,"系指除国家机关和国有企业事业组织以外的各种社会组织以及公民个人,自筹资金,依照本规定设立的实施高等教育学历教育的教育机构"。从以上界定可以看出,狭义的民办高校只包括民办全日制普通高校和民办独立学院,以及中外合作办学中有高等学历教育资质的学校。

本书采用徐绪卿教授关于民办高校的界定:"国家机构以外的社会组织或个人,主要利用非国家财政性经费,面向社会举办、独立办学和由民间负责经营,并得到教育行政部门批准的具有独立颁发高等教育学历文凭资格的高中后学历的教育机构。"本书所指民办高校即民办普通高校的简称,根据我国教育行政部门的相关规定,还包括民办独立

---

① 徐绪卿:《我国民办高校内部管理体制改革和创新研究》,中国社会科学出版社 2012 年版,第 20 页。

学院。

(二) 民办高校的历史发展回顾

民办高校的发展为增加教育资源、提供教育选择、创新教育体制、增进教育公平、提高教育效率等发挥了不可替代的重要作用。有研究者认为，从 1949 年中华人民共和国成立以来，民办高等教育呈现螺旋式上升轨迹，根据关键节点可将其发展历程分为改造消亡阶段 (1949—1952 年)、恢复初创阶段 (1978—1991 年)、快速发展阶段 (1992—1996 年)、法规规范阶段 (1997—2002 年)、法律规范阶段 (2003 年至今)。①

关于改革开放以来的民办高等教育发展历程，国家教育行政学院原院长郑树山认为，其经历了恢复发展阶段 (1978—1991 年)、鼓励与规范并重阶段 (1992—2005 年)、注重内涵建设阶段 (2006 年至今)。学者佘宇将改革开放以来民办教育发展分为恢复起步阶段 (1978—1985 年)、积极探索阶段 (1986—1992 年)、迅速崛起阶段 (1993—2001 年)、规范发展阶段 (2002 年至今)。②

综合各学者观点，我们认为，改革开放以来，中国民办高等教育历经 40 余年的实践探索，从无到有、从小到大、从弱到强，走出了一条具有中国特色的改革发展道路。其发展历程大致可分为以下四个阶段：

1. 恢复起步阶段 (1978—1991 年)

1978 年，我国开始实行改革开放，"以经济建设为中心"的国家战略及其对科技、教育人才的迫切需求，为民办高等教育迎来了恢复发展的历史机遇。1981 年，国家创立高等教育自学考试制度。高等教育自学考试培训机构实际上成为我国第一批以助学为主要教学任务的民办高等教育机构。

---

① 李维民：《中国民办高等教育回顾与展望》，《西安欧亚学院学报》2009 年第 7 卷第 4 期，第 1~5 页。

② 佘宇：《路在何方——促进民办教育健康发展研究》，中国发展出版社 2015 年版，第 33~38 页。

1982 年 3 月，我国改革开放后第一所具有民办性质的高等教育机构——中华社会大学在北京成立。1982 年修订的《中华人民共和国宪法》第十九条规定："国家鼓励集体经济组织、国家企业事业组织和其他社会力量依照法律规定举办各种教育事业。"1987 年 7 月，国家教育行政主管部门发布了《关于社会力量办学的若干暂行规定》，这是国家教育行政主管部门在改革开放后对民办教育制定的第一个基本规章，为民办高等教育走上依法办学轨道奠定了良好的基础。

这一时期，我国民办高等教育处于恢复和起步阶段。民办高校资金来源单一，主要依靠举办者提供的初始资金和学费结余；办学层次较低，主要进行高考复习辅导和高等教育自学考试助学；教师队伍不稳定，主要是聘请一些公办大学的教师。这个阶段，起点较低，基础薄弱，因此发展缓慢。

据资料统计，至 1991 年底，全国民办高校和非学历高等教育机构共 450 余所。

2. 积极探索阶段（1992—2002 年）

1992 年 10 月，国家提出建立社会主义市场经济体制。以经济体制改革为背景，有不少社会资金进入我国民办高等教育领域，一批民办高校开始先试先行。从 1993 年开始，国家教育行政主管部门先后批准一些省（自治区、直辖市）开展高等教育学历文凭考试的试点工作，成立了一批具有学历文凭考试资格的民办高等学校。

1993 年，国家教育行政主管部门颁布了《民办高等学校设置暂行规定》，明确了民办普通高校的设置条件和程序，为规范民办高校发展提供了新的依据。1993 年 10 月，国家教育主管部门批准设置浙江树人学院等四所民办高校的设置申请。这是《民办高等学校设置暂行规定》发布后国家教育行政主管部门审批的第一批民办普通高校，它标志着民办高等教育开始了从非学历教育、准学历教育向学历教育的历史性转变。

1997 年 7 月，国务院发布第一部专门规范民办教育的行政法规——《社会力量办学条例》，把民办高等教育进一步纳入法制轨道，推动了民办高等教育积极、有序的发展。

1999 年第三次全国教育工作会议召开，会议描绘了 21 世纪初我国教育改革与发展的宏伟蓝图，标志着我国教育事业进入了一个崭新的发展阶段。会议期间发布的中央文件及高层领导讲话，都对社会力量举办民办高校有了明确的态度，从"严格控制"变为"鼓励举办"。对民办教育的定位也由"公办教育的补充"变为"与公办教育并重"。与此同时，中国的高等教育开始从精英化向大众化转变，国家实行高校扩招的决策，体制内高校教育资源逐渐不能满足社会需求，这为民办高校的发展提供了空间条件。

这一时期，民办普通高校崭露头角，与各种助学机构同台竞技、共同发展，出现了一些教育质量较高、社会声誉较好的民办高校。2000 年以来，陆续有黄河科技学院等一批专科院校升格为本科院校，民办高等教育的层次得以提升。

截至 2002 年底，全国有民办高校 133 所，在校生 32 万人，高等教育学历文凭考试试点学校 436 所，在校生 32.1 万人，高等教育机构 1202 所，在校生 140 万人。一批占地超千亩、学生过万人、资产达数亿元的民办高校相继诞生，彰显出民办高等教育的发展潜力和光明前途。

3. 迅速崛起阶段（2003—2006 年）

2002 年，《民办教育促进法》颁布，这是我国有关民办教育的第一部法律，标志着我国民办教育的立法迈入了一个新的阶段。它的重点在于促进民办高校内涵建设，力图为民办教育创设良好而宽松的发展环境。

随着法律法规的明确，国家对民办高校的政策支持和优惠进一步落实。民办高校的发展规模开始取得明显突破，掀起了民办高校发展的热潮，民办高校无论从整体还是校内的规模，都得到快速发展。这段时期，共新建民办普通高校 189 所。

同时，在湖北、浙江、江苏等省开始试办的独立学院得到了迅速发展。独立学院是在我国高等教育办学体制改革中出现的崭新的办学模式，由公办高校和社会力量合作举办，依托公办母体高校的办学品牌、优质教育资源优势和社会资金的支持，在较短时间内获得快速发展，客观上在扩大高等教育资源和高校办学规模方面起到了积极的作用。统计资料显示：到 2004 年，我国有独立学院 236 所，承担了我国高校 30%以上本科生的培养任务，即所谓"三分天下有其一"。民办高等教育的规模呈逐年递增态势。

然而，在民办高校的快速发展过程中，也出现了一些问题。为规范政府管理和学校办学，促进民办教育健康发展，2003 年 4 月，教育部印发了《关于规范并加强普通高校以新的机制和模式试办独立学院管理的若干意见》。2004 年 6 月，教育部停止审批新的高等教育学历文凭考试试点学校，并从 2005 年起停止原有试点学校的招生，以规范民办教育的办学形式。

这一时期，由于企业资金支持、政策法制环境改善等原因，我国民办高校迅速崛起，民办高校在学校数量、招生规模、专业建设、硬件建设等方面取得了较大的增长和发展，民办高校多样化的办学格局初步形成，办学层次大幅提升。

2006 年，民办高校总数达到 596 所，其中独立学院 318 所。全国民办高等教育（包括普通及成人本、专科）共招生 103 万人，占全国普通及成人本、专科招生总数的 14.2%；在校生为 280.5 万人，占全国普通及成人本、专科在校生总数的 12.4%，其中本科层次在校生为 139 万人，专科层次在校生为 141.5 万人。[①] 民办高校招生数和在校生数持续增长，其中独立学院发展快于其他民办高校，办学层次有所提高。

4. 内涵建设阶段（2006 年以后）

经过 20 多年的发展，我国民办高校发展到了一个新的阶段。许多

---

① 《2006 年教育事业统计快讯》，《教育发展研究》2017 年第 6 期。

高校认识到，提高质量、办出特色，是民办高等教育满足人民群众教育需求的必由之路，是民办高校的生存和发展之本。民办高等教育由此进入了注重内涵建设的新的发展阶段。

2006 年 12 月，国务院办公厅发出《关于加强民办高校规范管理，引导民办高等教育健康发展的通知》，要求各省、自治区、直辖市人民政府要切实加强民办高校的规范管理工作，把民办高校发展的重点转移到稳定规模、规范管理、提高质量的轨道上来。由此"提高质量"成为我国民办高校新的发展阶段的一个关键目标。2007 年 1 月，教育部发布了《民办高等学校办学管理若干规定》，该规定为维护民办高校举办者和学校、教师、学生的合法权益，引导民办高校健康发展提供了法律保障。2008 年 2 月，教育部发布《独立学院设置与管理办法》，明确提出"独立学院是民办高等教育的重要组成部分，属于公益性事业"。

2016 年 4 月，中央全面深化改革领导小组第二十三次会议审议通过民办教育分类管理有关文件。2016 年 11 月 7 日，第十二届全国人民代表大会常务委员会第二十四次会议审议通过的《全国人民代表大会常务委员会关于修改〈中华人民共和国民办教育促进法〉的决定》，正式开启了民办教育分类管理的大幕。2016 年底，《国务院关于鼓励社会力量兴办教育促进民办教育健康发展的若干意见》《关于加强民办学校党的建设工作的意见（试行）》《民办学校分类登记实施细则》《营利性民办学校监督管理实施细则》4 个配套文件颁布。2017 年，国务院办公厅建立民办教育工作部际联席会议制度。2018 年，国家司法部公布《中华人民共和国民办教育促进法实施条例（修订草案）（送审稿）》。一系列民办教育新法新政丰富了我国民办教育政策体系的内容，开启了民办教育分类管理的新时代，为破解民办教育发展中一直面临的法人属性模糊不清、平等法律地位未能落实、优惠扶持难以兑现等瓶颈问题奠定了法律基础。

这一阶段，我国民办高等教育更加注重内涵建设。政府正进一步转变职能，出台的公共教育政策重点强调的是对民办高校的规范管理和健康发展的引导。民办高等教育管理体系建设上升到一个新的水平。民办高校更加注重自身的办学特色，努力提升学校的教育教学质量，以切实满足人民群众多样化的教育需求。

(三) 民办高校在国家高等教育序列中的现状

1. 民办高校的数量和规模

《2017 年全国教育事业发展统计公报》显示，2017 年全国民办高校有 747 所（含独立学院 265 所，成人高校 1 所），比上年增加 5 所，民办高校总数占全国普通高等学校 2631 所的 28.39%；民办高校普通本专科招生 175.37 万人，比上年增加 1.51 万人，增长 0.87%，招生人数占全国普通本专科招生 761.49 万人的 23.03%；民办高校在校生628.46 万人，比上年增加 12.25 万人，增长 1.99%，民办高校在校生占全国在校生总规模 2753.59 万人的 22.82%。

与 2002 年相比，15 年间民办高校数量持续增加，高校数量增长了近 6 倍，而在校生数量更是大幅度增加，增长了约 20 倍。可以看出民办高校经过不断努力，已经具备了较强的办学能力，成为我国高等教育事业发展不可或缺的重要组成部分。

2. 民办高校的办学层次格局

在一定程度上，办学层次反映了一所高校的综合竞争实力和办学水准。我国民办高等教育建立初期，大都从事非学历教育或专科层次的高职教育，层次较低。随着办学条件和实力的不断改善，民办高等教育也不断升格和发展，办学层次逐渐向高等教育体系上端延伸。

民办高校设置初期起点较低，以非学历教育机构及专科层次高等职业技术学院为主。教育主管部门从民办高校的实际情况和社会认同度出发，对举办民办本科教育态度较为谨慎。1994 年，福建仰恩大学被批准从华侨大学独立，成为民办普通本科高校。此后直到 1999 年，为了适应高等教育扩招政策的需要，国家积极鼓励和支持社会力量以多种形式办学，以满足人民群众的多样化教育需求，我国民办高等教育的办学环境逐步好转。民办高校在此期间迅速发展，在激烈竞争中优胜劣汰。

2000 年以来,陆续有黄河科技学院等一批专科院校被批准正式升格成为民办本科高校,民办高等教育的层次得以提升。2005 年,教育部批准 16 所民办高校升格为本科高校。到 2007 年,全国共有 30 所民办本科高校,加上主要是本科教育的独立学院 318 所,本科生的人数超过了在校专科生的人数,民办本科招生规模和在校生规模的增幅都超过专科,民办高等教育层次结构有所提高。

2011 年,我国民办高等教育迎来里程碑式的质变:国家学位办选择一批"特殊需求的项目专业硕士"试点,有 83 个单位申报,最后批准 52 家。其中北京城市学院、西京学院、吉林华侨外国语学院、河北传媒学院、黑龙江东方学院共 5 所民办高校通过教育部审批,正式获得研究生招生资格,打破了过去研究生招生由公办高等教育系统独家垄断的单一格局,办学层次逐步上移。

2017 年,全国普通民办本科学校有 426 所(其中独立学院 265 所),在校生为 401.68 万人,占全国本科在校生数的 24.36%;普通民办专科学校 320 所,在校生 226.77 万人,占全国专科在校生数的 20.52%。硕士研究生招生 747 人,在校学生 1223 人。

3. 国家法律法规对民办高校的定位

从我国对民办高等教育的立法过程及内容来看,民办高等教育从"对公办教育的补充"到"与公办教育并重",其发展地位逐渐提高。

1982 年的新宪法以法律的形式肯定了社会力量兴办高等教育的合法地位。1987 年《关于社会力量办学的若干暂行规定》提出"社会力量办学是我国教育事业的组成部分,是国家办学的补充"。1993 年国家教育行政主管部门发布了《民办高等学校设置暂行规定》,肯定民办高等教育是我国高等教育事业的组成部分。其后出台的政策法规进一步明确:"社会力量办学是社会主义教育事业的组成部分。"

2002 年出台的《民办教育促进法》第三条明确指出:"民办教育事业属于公益性事业,是社会主义教育事业的组成部分。国家对民办教育实行积极鼓励、大力支持、正确引导、依法管理的方针。"该法对于民办教育的性质、在国家教育体系中的地位，再次作了明确和强调，力图为民办教育发展创设良好而宽松的发展环境。

2010 年颁发的《国家中长期教育改革和发展规划纲要（2010—2020 年）》在第十四章"办学体制改革"中再次对民办教育的地位进行了明确。其中第四十二条规定："深化办学体制改革。坚持教育公益性原则，健全政府主导、社会参与、办学主体多元、办学形式多样、充满生机活力的办学体制，形成以政府办学为主体、全社会积极参与、公办教育和民办教育共同发展的格局。调动全社会参与的积极性，进一步激发教育活力，满足人民群众多层次、多样化的教育需求。"第四十三条要求："依法落实民办学校、学生、教师与公办学校、学生、教师平等的法律地位，保障民办学校办学自主权。清理并纠正对民办学校的各类歧视政策。制定完善促进民办教育发展的优惠政策。"

根据《民办教育促进法》的界定，"民办教育事业属于公益性事业，是社会主义教育事业的组成部分"；"民办学校与公办学校具有同等的法律地位，国家保障民办学校的办学自主权。国家保障民办学校举办者、校长、教职工和受教育者的合法权益"。

二、依法治校的概念及内涵

（一）依法治校的概念及演进

依法治校的概念从字面上理解，即依照法律来对学校进行治理，是依法治教的重要组成部分。《关于加强依法治校工作的若干意见》（教政法〔2003〕3 号）指出，实行依法治校，就是要求严格按照教育法律的原则与规定，开展教育教学活动，尊重学生人格，维护学生合法权益，形成符合法治精神的育人环境，不断提高学校管理者、教师的法律素质，提高学校依法处理各种关系的能力。

1999 年 12 月，我国首次召开全国教育法制工作会议，会议报告《全面推进依法治教，开创 21 世纪教育振兴的新局面》指出：依法治校就是要在依法理顺政府与学校的关系、落实学校办学自主权的基础上，实现学校管理与运行机制的制度化、规范化，形成政府宏观管理，学校依法按照章程自主办学，依法接受监督的新格局。1999 年 12 月教育部印发的《关于加强教育法制建设的意见》明确提出积极推进依法治校，并从学校章程建设、校务公开、教职工代表大会建设、维护权益等方面提出原则要求，这是在国家层面推进高校依法治理的重要举措。此前教育部一系列与教育相关的法律法规也早已为依法治校提供了有力的法律支持，如 1993 年颁布的《中华人民共和国教师法》（以下简称《教师法》）、1995 年颁布的《教育法》、1998 年颁布的《高等教育法》等。

党的十六大提出实行依法治教的理念，强调将教育管理和办学活动纳入法治的轨道。2003 年 7 月 17 日教育部印发了《关于加强依法治校工作的若干意见》，强调依法治校的重要性和必要性，明确了具体的工作目标，并从行政职能、制度建设、民主监督、法制教育、教师管理、学校保护等多个方面提出相应的指导意见。这一意见的出台反映了我国教育改革逐步深化的客观要求，也推动了各高校依法治校工作的实施开展。

2010 年 7 月，在总结教育改革和发展经验的基础上，《国家中长期教育改革和发展规划纲要（2010—2020 年）》提出，按照全面实施依法治国基本方略的要求，加快教育法制建设进程，完善中国特色社会主义教育法律法规，并在第二十章将"推进依法治教"单列为一点进行强调，提出学校要加强章程和制度建设。《国家中长期教育改革和发展规划纲要（2010—2020 年）》的颁布实施，使依法治校工作面临着新的形势和使命，推动依法治校工作进入新阶段。为有效推进依法治校相应工作的开展，国家又相继出台了一系列规章制度，如《高等学校章程制定暂行办法》《中国共产党普通高等学校基层组织工作条例》《学校教职工代表大会规定》《高等学校学术委员会规程》《关于坚持和完善普通高等学校党委领导下的校长负责制的实施意见》等。

2012 年 11 月教育部印发了《全面推进依法治校实施纲要》，对全面推进依法治校的重要性与紧迫性、指导思想和总体要求、具体实施措施等方面都做出了详细说明，并强调要注重培养师生的法治意识，创设学校的法治文化氛围。为深入推进《全面推进依法治校实施纲要》，教育部以高等学校现代大学制度建设为重点，加强法律法规等的制定，仅2014 年就制定了全国性高等教育规范性文件 9 项，如《教育部高等学校章程核准工作规程》《普通高等学校招生违规行为处理暂行办法》《高等学校学生学籍学历电子注册办法》等。

2016 年 1 月，为贯彻落实党的十八大和十八届三中、四中、五中全会精神，进一步落实《国家中长期教育改革和发展规划纲要（2010—2020 年）》提出的工作任务，落实《法治政府建设实施纲要（2015—2020年）》要求，全面推进依法治教，教育部印发了《依法治教实施纲要（2016—2020 年）》，不仅对依法治教的总体要求进行了系统阐述，而且在第五点"深入推进各级各类学校依法治校"中对学校章程建设、现代学校制度、师生权益保护、示范校创建活动四个方面进行了重点论述，为新时代依法治校建设提供了有力的理论指导和可行的措施引导。与之相配套，国务院下发了《关于加强和改进改革新形势下高校思想政治工作的意见》《高等学校预防与处理学术不端行为办法》《普通高等学校学生管理规定》等具体意见和规定，为高校依法治校工作的深入开展提供了制度支持。

（二）依法治校的内涵

法治是现代大学制度的基础和保障，推动依法治校，是实现大学治理法治化的有效途径，是推动民办高校健康发展的根本之道。

依法治校作为一种办学依据，根据主体的不同，可以从两个层面理解。一是宏观层面，即从教育行政法学角度界定，指政府和各级教育行政机关为了规范学校的办学行为而对学校进行的依法治理；二是微观层面，即从学校管理的角度，学校各参与主体对各项内部事务进行的依法管理。

依法治校的"法"根据其制定的主体和效力范围也可以分为两大

类：一是外部教育立法，二是学校内部的规章制度。就效力而言其具有层次性，依次为国家宪法、教育法律、教育行政法规、教育部门规章、其他规范性文件以及学校内部的规章制度等。依法治校强调法律法规是学校管理的主要依据，是高校办学行为的行动指南。依法治校的"治"是治理，是一种管理行为。"治"的主体是高校的各类参与者，既包括管理者，也包括教师和学生在内的学校各参与主体；"治"的对象是学校的各类管理事项。依法治校就是各类主体为使高校的办学行为达到规范化，对高校及高校内部各项事务进行依法管理，使高校逐渐形成政府依法管理学校，学校依法自主办学，教师依法执教，社会依法参与的格局，使法治成为一种基本方式，作用于政府管理学校和学校内部治理。

三、国外私立高校依法治校情况综述

许多发达国家的著名高等学府经过数百年的积淀，已经形成了比较健全的现代大学制度，形成了依法治校的良好氛围。

（一）美国

美国拥有完备的高等教育系统和健全的高等教育制度，产生了一大批世界一流大学。美国的私立高校发展迅速，一直以来都排列在世界前端。据统计，美国拥有 6412 所高校，私立高校就有 4635 所，占据了绝大部分，而且在全美大学综合实力排名中，前 20 强中大部分都是私立院校，尤以顶尖级的哈佛、斯坦福、麻省理工为代表。[①] 美国之所以成为世界高等教育中心，很重要的一点在于它在借鉴西方其他国家高等教育经验的同时实现了本土化和创新，而支撑这种本土化和创新的是美国独具特色的现代大学制度。

美国大学有着悠久的自治传统，是自治性极强的法人组织，经过百年的发展，美国大学在学术、行政还有财务方面都获得了相当大的自主

---

① 严晓蕾：《国外私立高校和我国民办高校发展的状况及比较》，《教育管理》2018 年 10 月。

权，高校董事会有效防止政府对大学的干预，教授对大学学术事务负有直接责任，学校办学经费的筹集和使用也是自主决定的。在美国，任何一个团体或组织都有建立高等学校的权力，而且不论是公立还是私立高等学校都享有充分自治权。美国大学可以自行决定课程计划、授课内容和教师的聘任等，无须通过政府审批。美国大学在专业设置、课程安排以及教学内容等方面完全以社会需求为导向，并没有全国统一的规划与模式。学生还有自主自由选择专业、课程及教师的权利，教师也可以自主地制订培养目标及教学计划，学校对教师的教学通常采取弹性而松散的管理。高校董事会制度是美国大学民主管理的核心代表和集中体现，也是美国高校内部管理制度的特色。美国大学制度之所以能够享誉世界，在很大程度上得益于它的大学董事会制度。董事会制度不仅充分调动了美国社会各方面的办学积极性，为高等教育发展筹措了充足资金，同时还开创了校外人员管理高等学校的先例。

美国高等学校董事会制度有以下四个鲜明的特点。第一，董事会法律地位明确。美国高等学校董事会制度是在法律的保障下稳步发展起来的，美国宪法和教育立法都有关于建立高等学校董事会的规定，法律规定董事会的地位是合法的法人组织，董事长是高等学校的法人代表。第二，董事会是高等学校最高决策机构。美国高等学校董事会处于高等学校管理系统的顶端，是学校的最高决策机构和权力机构，可视为高等学校的"最高法"。第三，董事会人员构成多样化。美国高等学校董事会中有政府官员代表、企业家、慈善家、社会名流和知名校友，还有一小部分是教职人员和学生代表。构成人员的多样化保障了董事会决策的民主性和科学性。第四，董事会与校长关系明确。美国高等学校实行的是董事会领导下的校长负责制，董事会作为学校最高决策机构，其职责主要有：确立大学的发展方向与目标，遴选、支持和评价校长，坚持大学长期发展规划，寻求适当的资金来源及确保其运用，维持和改善学校与社会之间的关系，维持学校自治和自我评价。具体的实施工作由校长执行，校长对外代表学校，对内向董事会负责。

美国是西方法律制度最为完备的国家，法律至上是美国高等教育系统的最高原则，也是美国大学制度的灵魂所在。

美国重视高等教育的立法是有传统的。美国建国以来，国会根据整个国家的形势和需要，通过了一系列有关高等教育的立法。1862年国会通过了著名的《莫里尔法案》，1958年通过了《国防教育法案》，1963年又通过了《高等教育设施法》。对美国高等教育具有直接意义的重要立法，是1965年的《高等教育法》。美国联邦政府每隔五年都会重新补充和修订《高等教育法》。

受联邦体制的影响，美国高等教育也实行分权制。美国没有关于学校教学、科研、人事、财政等方面的法律和政策，1791年颁布的《联邦宪法（修正案）》第十条规定："本宪法所未授予联邦而又未禁止各州行使的权力皆保留给各州人民。"政府对大学的影响主要是通过经济手段，例如财政拨款、设立各种研究基金来发挥政策导向作用。

在教育领域崇尚依法治教，法律是高等学校管理和运作的基础。但美国不存在全国性的高等教育法规，联邦政府无权领导和管理高等教育，而主要通过立法手段对高等教育行使宏观管理。美国政府通过法律赋权的形式规定大学享有充分的办学自主权，将高等教育置于社会发展的重要位置，还在法律的开篇就明确规定了高等教育立法的目的和地位，为有法可依提供了保障。

（二）英国

英国的大学主要不是由政府举办，这一特点使大学始终保持着较大自治权。英国的大学很少受外界的影响，学术自由和大学自治是其古老传统，尤其以牛津大学和剑桥大学为代表。英国私立高校的治理结构和理想使命很大程度上来源于牛津大学和剑桥大学的传统。

英国政府与大学的关系基于两个原则来处理：一是"政府不希望自己陷入到宪法规定的由大学自己负责的事务中去"，大学的事务完全由大学自己处理；二是"不把由政府本身承担的更为合适的任务强加给大学"。政府对大学的影响主要是财政拨款，英国政府成立专门的中介机构——大学拨款委员会，由该委员会决定拨款对象和拨款数额，这体现了政府不介入大学管理的明确态度。

20世纪80年代末英国政府颁布了《1988年教育改革法》和《高等教育新框架》，近年来的英国高等教育改革已经体现出政府加强对大学控制的势头，其中一个重要表现是英国政府以大学基金委员会（UFC）取代此前的大学拨款委员会（UGC），改革了原有的经费分配办法。政府改变以往的单一管理者的地位，开始以投资者的身份通过竞标和订立合同的形式向大学拨款，在拨款的同时要求大学有一定的"政绩"。

英国大学向来以自治著称，英国的高等学校是经国家特许的独立法人，中央政府不过问其学校事务。在英国，大学真正的掌权者是副校长，副校长由大学自己选举产生，而正校长是由政府任命的，只是一种荣誉称号，并没用实际管理权。大学对政府拨款拥有自由使用权。政府拨款给大学以后，政府对这笔拨款就失去了权力，使用权完全在大学手中。大学的日常管理活动由大学自己决定。比如，招生数量及办法、教师聘任、课程内容、教学方法、考试标准和组织机构等的决定权均在学校方面，政府无权干涉。

英国的大学校长和教师也享有较大的独立自主权，对于学校日常的行政事务，一般都由学校自己全权处理，不受政府的影响，必要时与学校教师协商后共同处理。

英国特别重视教育中介组织的作用，通过中介组织沟通大学与政府的关系，通过校董事会、理事会加强校外的交流。教育中介组织是介于政府、社会、高校之间的桥梁和纽带，其主要功能是收缩政府职能，提高政府对大学宏观管理效能，同时防止权力滥用，保证大学自治。

（三）德国

在德国，人们按照举办者的不同把高等院校分为三类：公立学校、私立学校、教会学校。德国公立大学从中世纪大学发展起来时就与政府保持着密切的联系，公立大学由政府创办，办学经费由政府提供，因此一定程度上受控于政府，学校的重大事务、办学经费、人事管理等权限都在政府手中。20世纪70年代为缓解教学资源的紧张，私立高校应运而生，成为德国公立院校的补充，但无论从质量上还是从数量上，私立高校还是无法和公立大学相比。20世纪80年代以来，德国公立高校的教学内容、教学方法、教学手段等都不能满足信息技术进步和全球化步伐加快所带来的种种变化，而其他国家私立高校的发展，尤其是美国著名私立大学的成功让德国人看到了私立高校的优势所在，如教学科研组织上的灵活性，办事速度较为迅速，而且没有公立高校的官僚办学作风等，促进了德国私立高校的"成立潮"。德国私立高校得到了快速发展，并产生了一些可以与公立高校相竞争的优秀私立大学。

德国重视教育立法和制定教育政策，早在18世纪就已经有了比较完整的教育法规。19世纪，德国逐步完善了各类教育法规，以《联邦德国高等学校总法》为核心，制定了一系列配套法律法规规范高等教育。重视教育的长期发展计划，是德国教育发展的一个重要特征。1953年以来，联邦政府和教育机构先后设立了德国教育计划委员会、德国教育顾问委员会、联邦与州教育计划委员会等机构，专门致力于研究、制订教育发展的长期计划，作为教育法和教育决策的依据。联邦政府不断通过立法限制政府以及大学在某些方面的行为，制定了一系列的法律法规，使几乎所有涉及高等教育的问题都有相应的法律规定。

德国的大学教师拥有较高学术自主权。教授学者是德国高校教学科研的核心力量，他们的职责包括组织教学和科研活动，决定科研方向并筹集科研经费，指导博士生和大学毕业生的科研论文，聘用各种教学和科研人员等。学术中层是高校的骨干教师，他们属于教授之下的教学科研人员。德国大学的教授学者享有高度的学术自由和自治权：在课程设置方面，教授根据教育法中关于专业课程的设置规则自由开设课程，行政部门无权更改；教学内容和教学形式由教授自由决定；学生的学习水准、学习进程等完全由教授审核并作出判断，对教授作出的判断，行政管理部门只是备案，无权更改；教授的研究经费直接由政府划拨，不需要经过学校，他们可以自行决定人、财、物的使用；多数教授拥有自己的研究所，研究所内的资金和设备完全由教授自己掌控；教授可以自由地与企业、公司、基金会和社会团体建立各种联系，自由确定合作内容，自由转让技术，行政部门无权过问，也无权就教授所得进行"提成"。大学教师较高的学术地位体现了德国大学"教授治校"的传统。

在德国，私立高校的运行需要得到州政府支持。政府主管部门会检查这些高校的办学目标，检查其研究规划是否为公立高校中基础结构的整合和各研究规划的组合，以保障其拥有一定数量合格的正规学术人员以及足够的资源。德国的私立高校多是以公司、社团、组织的名义注册建立或管理的，除了收取学费外，在管理体制上沿袭了公立高校的大学自治、学术自由和教授治校的传统。高度自治和自主权是德国私立高校突出的特色，也为私立高校的跨学科化、个性化和国际化的发展和创新提供了制度保障。

（四）日本

日本是一个深受东方专制主义文化影响的国家，皇权专制思想浓厚，体现在高等教育管理上就是政府对大学实行全面直接的控制。高等教育的管理权主要集中在中央政府，文部省作为中央政府管理高等教育的部门，集中管理高等教育事务。无论国立、公立还是私立学校都在很大程度上受文部省的直接管理。在这一体制下，政府实际上是大学制度安排的主体。第二次世界大战以后，随着教育"民主主义"思想的普及，日本政府确立了尊重和依靠私立学校的思想，强化私立学校的公共性和公益性，提高私立学校的自主性，以公共性和自主性为原则处理与私立学校的关系。因而，日本政府在对私立高等教育的管理上逐渐呈现民主化、法制化的特点，多采用法制、政策扶持和经费资助的办法进行管理。

日本政府重视教育法制建设，并依法实施政府对私立高等教育的管理。在1946年颁布的《日本国宪法》基础上，1947年颁布《教育基本法》和《学校教育法》。以这些法律的基本精神为宗旨，1949年制定了私立教育专门法律《私立学校法》。在该法第一章"总则"的第一条明确指出"私立学校的特性是自主性和公共性",这为政府对私立学校的管理指明了方向。《私立学校法》阐明了私立学校的组织管理及私立学校审议会的设置;明确"所辖厅"的权限,国家和地方对私立学校的补助、监督以及有关处罚等事项。从《私立学校法》可以看出,日本政府承认和提高了私立高校在公共教育中的地位和作用,私立学校与国立、公立高校相并列,担负起公共教育的责任;在教育行政管理上,限制了对私立学校的权限,其目的在于尊重私学的自主性,给私立高校更多的自主权;在财政上,明确了对私立高校直接或间接地实行国库补助。《私立学校法》为私立高校的迅速发展提供了法律上的保障。

日本政府对私立高等教育实行分级管理体制,即私立大学、短期大学和高等专科学校由文部省主管,其他私立高等教育机构由都道府县知事主管。其主管权限是:认可私立学校的开办、停办及变更办学者;当私立学校违反有关法律、法令,违反主管机构基于法令的命令或停课半年以上时,可令其停办;要求私立学校提供教育调查统计等方面的报告。

为加强私立学校管理的民主化、科学化,文部省和都道府县知事分别设有咨询机构,如大学设置、学校法人审议会和私立学校审议会。文部大臣在认可私立大学、短期大学及高等专科学校的开办、停办、变更办学者、变更学校定额以及命令学校关闭时,须预先听取大学设置、学校法人审议会的意见。私立学校审议会委员由都道府县知事在所管辖的私立学校校长、学校法人理事和社会有识之士中任命。

除了法规规定私立高等院校必须遵守的条款之外,各个私立高等院校入学制度、学费标准、学位授予等重要事项均由各院校自主管理。这就使得日本的私立高等院校入学方式多样化、学费标准自主化、办学特色多样化。

第二节　民办高校依法治校的现实意义

全面推进依法治国是国家治理的基本方略，也是高校依法治校的目标价值。随着社会主义法治国家建设的深入推进、高等教育改革的不断深化，民办高校的发展环境、发展理念、发展方式正在发生重大变化。民办高校怎样在构建现代法治教育体系中起到应有的作用，通过学术研究和实践创新更新法治理念，通过提出具有示范性和推广性的治理范式，健全法律体系，完善大学治理机制，培养良好的法治文化，这些均是民办高校依法治校的应有之意。

一、依法治校是依法治国方略在民办高等教育领域的具体体现

（一）依法治国的科学内涵

中华人民共和国成立后，中国人民在中国共产党的领导下，历经艰难，曲折探索，走上了一条符合中国国情的法治现代化道路，把依法治国提高到了一个新水平，推进到了一个新阶段。

党的十五大正式提出依法治国的基本方略，党的十六大提出"依法治国与以德治国相结合"。党的十七大提出了全面推进社会主义法治国家建设的基本任务，强调"依法治国是社会主义民主政治的基本要求"。党的十八届四中全会《中共中央关于全面推进依法治国若干重大问题的决定》指出："我们党高度重视法治建设。长期以来，特别是党的十一届三中全会以来，我们党深刻总结我国社会主义法治建设的成功经验和深刻教训，提出为了保障人民民主，必须加强法治，必须使民主制度化、法律化，把依法治国确定为党领导人民治理国家的基本方略，把依法执政确定为党治国理政的基本方式，积极建设社会主义法治，取得历史性成就。"

依法治国，就是广大人民群众在中国共产党的领导下，依照宪法和法律规定，通过各种途径和形式管理国家事务，管理经济文化事业，管

理社会事务，保证国家各项工作都依法进行，逐步实现社会主义民主的制度化、法律化，使这种制度和法律不因领导人的改变而改变，不因领导人看法和注意力的改变而改变。依法治国，是党领导人民治理国家的基本方略，是发展社会主义市场经济的客观需要，是社会文明进步的重要标志，是国家长治久安的重要保障。

（二）依法治校是民办高校贯彻依法治国方略的生动实践

党的十八大以来，以习近平同志为核心的党中央从党和国家长治久安的战略高度来定位法治、布局法治、厉行法治，把全面依法治国提到"四个全面"战略布局的新高度，以前所未有的决心和力度推进，取得了重大理论创新、实践创新、制度创新成果。① 习近平总书记在庆祝改革开放 40 周年大会上，把全面依法治国作为 40 年来的重要经验和未来一以贯之的重要方略，强调一定要增强法治思维。习近平总书记在全国教育大会上又对教育系统法治工作提出了明确要求，强调要着眼于"管好"，坚持依法治教、依法办学、依法治校。

各级各类学校是依法治教的落脚点、着力点和基本单元，是培养担当复兴大任时代新人的重要阵地，是教育领域落实依法治国方略的重要基础。全面依法治国在教育系统最终能不能落地、落实、落细，关键看能不能转化为各级各类学校的办学治校的理念，能不能内化为广大青少年学生的核心素养。只有在各级各类学校的办学管理中，寓法治精神于教育教学全过程，贯彻在立德树人各环节，涵盖教学科研、后勤服务各领域，让学生在受教育中体会到学校治理的法治化，感受到公平公正的法治精神的熏陶，逐步养成法治思维、法治意识，依法治国方略才能不断深入人心；只有各级各类学校源源不断地培养出具有现代法治意识和

---

① 陈宝生：《全面推进依法治教　为加快教育现代化、建设教育强国提供坚实保障——在全国教育法治工作会议上的讲话》，《中国教育报》2018 年 12 月 25 日。

理念的中国特色社会主义建设者和接班人，依法治国才能真正行稳致远。①

　　民办高等教育是社会主义教育事业的重要组成部分，推进民办高校依法治校，建设科学完善的教育法律法规体系和制度体系，既是法治社会的客观要求，也是高校育人功能的本质要求。民办高校在办学过程中，既要坚持依法依规办学，自觉依照宪法、法律、法规办事，建立符合法治精神和要求的治理体系和制度体系，又要重视法制观念和法律意识的教育，并将其贯穿到教育教学过程中。民办高校在办学过程中，应充分发挥法制育人的作用，建设法治化育人环境，培育学生的法治理念，弘扬法治精神，增强法律意识，按照"立德树人"根本要求，培养德智体美劳全面发展的社会主义建设者和接班人。

二、依法治校是民办高等教育事业发展的必然要求

（一）依法治校为民办高校发展提供法治保障和制度基础

　　依法治校的前提与基础是国家通过教育法律、法规和政策对教育的战略地位、优先发展决策、教育的社会主义性质、国家教育方针、发展教育的根本指导思想、教育基本制度、各级政府的教育权限等全局性问题做出规定，同时还就各级各类学校与政府、学校与社会、学校与公民等法律关系主体的权利、义务都做出原则性的规定。良好的法治环境对民办高校明晰自身法律地位，确定权利、义务至关重要。民办高校实现依法治校和规范管理，是民办高校维护其独立法律地位的保障，也是其实现自主办学的前提条件。

　　我国民办高校快速发展是与改革开放的进程同步的，也存在"摸着石头过河"的探索阶段，前期，一些民办高校准备不足，仓促上马，在一段时间内出现过大的群体事件，为民办高校带来负面影响，也对地

---

　　①　李景虎：《新时代全面推进依法治校的思考与实践》，《国家教育行政学院学报》2019 年 1 月。

区稳定产生了不利影响。这些问题在《民办教育促进法》出台后逐渐得到解决。

随着积极的民办高等教育政策实施，民办高校办学规模快速增长，在校生万人、数万人的民办大学不断涌现。但由于其有效运转的经济支撑主要来自学生的学费，因此在办学活动中有些民办高校把经济考量作为办学效益的重要评价指标，不得不在办学思路、办学机制、办学理念等诸方面"另辟蹊径"。一些民办高校以追逐利益为目标，忽视教育的本质和规律，把教育视作"摇钱树"，在发展中偏离了正确的轨道，出现了一些问题。有些问题还比较严重，如教育指导思想单一，依法治教意识淡薄，教育教学质量下滑，教师待遇过低，民主监督机制不健全等，严重损害了民办高等教育的声誉。要化解这些问题，必须在法治的框架下，依法治校，着力完善制度、健全机制、搭建平台、强化保障，建立健全有机衔接、协调联动、高效便捷的权益维护保障机制，切实让每一个受教育者和教育工作者都能直接感受到法治的力量。

◎ 案例链接 ◎

2004 年教育部对独立学院办学条件和教学工作开展了专项检查，发现一些独立学院的申办方和投资方未尽职责，办学条件不达标，个别地方"校中校"和"双轨制"问题仍然存在。2005 年 3 月，教育部发布《关于独立学院办学条件教学工作专项检查情况及有关问题的通报》，查实湖北地区的 7 所独立学院，违反国家有关规定，擅自举办"学分制本科试点班"，违规招生、乱收费，甚至委托中介机构不通过招生管理部门进行招生活动，严重扰乱了招生工作的正常秩序，在社会上造成了极坏的影响，败坏了高等教育的声誉。教育部对 7 所独立学院进行通报批评，责成湖北省教育厅督促其采取有效措施进行整改，减少当年招生计划，并可视情况采取暂停跨省招生资格等方式进行处理。

2006 年 4 月，教育部办公厅发布《关于对普通高校、独立学院办学条件等有关问题核查情况的通报》。对完全靠租赁土地和教学行政用房办学的 6 所独立学院，对自有土地、教学行政用房均不达标的 5 所独立学院，及自有土地或教学行政用房不达标的 33 所独立学院，对资产未过户到独立学院名下的 189 所独立学院，对因统计报表填报错误或因计入中等职业教育在校生规模而导致办学条件达不到有关规定要求的 77 所普通高校、独立学院，予以通报批评，并采取了不安排其当年招生计划、招生计划数不得超过往年实际招生数的一半、招生计划数不得超过当年的毕业生数或去年的实际招生数等相应处罚。

资料来源：《教育部关于独立学院办学条件教学工作专项检查情况及有关问题的通报》

（二）依法治校是民办高校落实办学自主权的有效举措

实行依法治校，有利于推进民办高校改革发展，有利于落实和扩大高校办学自主权。实行依法治校，就是要在依法理顺政府与学校的关系、落实学校办学自主权的基础上，完善学校各项民主管理制度，实现学校管理与运行的制度化、规范化、有序化。

实行依法治校，有利于推动高等教育改革，促进教育行政部门进一步转变职能，尽量减少对民办高校的行政干预。实行依法治校，民办高校就能依法处理与政府及其他社会组织的关系，依据法律保障自身独立办学的权利，自主开展教学活动、科学研究、社会服务及文化传承与创新。

目前，随着教育治理体系和治理能力现代化水平的不断提升，整个教育的治理格局正在加快从单纯依靠行政命令的做法向依法行政转变，从单纯靠习惯和经验开展工作的方式向依靠法规和制度开展工作转变。民办高校要通过完善学校章程建设，完善学校内部治理结构，依法办事、依法管理、依法维权、依法治学，明确学校办学自主权以推动学校变革与发展，并实质性地通过自主招生、自主人事招聘、自主规划学校管理事务、自主印发学位证书等来实现学校办学自主权。

（三）依法治校是民办高校自身持续发展的必由之路

1. 依法治校是民办高校完善治理体制的必然选择

实现教育治理体系以及治理能力两者的现代化，是教育改革发展的应有之义。以法治思维和法制建设完善大学治理体系，形成理念科学、制度完善、运行规范的治理结构和运行机制，是保障高校健康发展的基础，更是高等学校提升治理水平和能力的必然选择。

在传统的高校治理中大多是以"人治"为主。高校领导通过自身的行政手段对学校事务进行管理，虽然也按照相关的规定进行管理，但是规定成为权力的工具，使得高校的管理权力高度集中，缺少公平性。随着我国社会的发展，无论是社会环境还是社会经济都处于高速发展阶段，高校的管理也应当随着社会以及时代的发展而进行改革。而公平正义是社会主义核心价值观的重要组成要素，在人才汇集的高校，无论是教学管理还是学生工作方面，都渴望公平公正的待遇以及问题处理模式，因此依法治校在高校的治理中受到了极大的关注。高校是人才、知识、信息的集合地，也是培养优秀人才、进行科学研究的阵地，高校的发展在社会生活和经济发展中起到了十分重要的作用。由于当今我国高校发展较为迅速，学校内部的机构以及部门也逐渐增多，在各个部门的工作以及管理上呈现出了多层次、多序列的工作实态。因此要保障高校管理工作顺利进行，需要将依法治校理念与高校治理思想相结合，从而保证高校各部门工作有序进行。

2. 依法治校是保障学校和师生各方合法权益的重要手段

依法治校的主体不仅包括高校的管理者，更重要的是广大教职工与学生。民办高校通过依法治校，实现"制度面前没有特权、制度约束没有例外"的目的，做到管理不缺位、不越位、不错位，同时突出广大师生员工的主体地位，保障广大师生员工的合法权益，让广大师生员工共享学校改革发展成果。只有这样，才能充分激励各方的积极性、主动性和创造性。

当前，我国不少民办高校的管理者、教师和学生依法维护自身权益及依法实施管理的意识和能力还亟待提高，也出现了不少办学问题。

◎ 案例链接 ◎

2016 年 11 月，教育部办公厅发布《关于违规组织学生顶岗实习有关问题的通报》，对《职业学校学生实习管理规定》认识不到位，管理不规范，违规组织学生实习的学校予以通报。广西经济职业学院学生顶岗实习岗位存在专业不对口的问题。西安建设职业学院在实习合同未正式签订的情况下安排学生实习。山东圣翰财贸职业学院实习三方协议缺乏保护学生合法权益，出现顶岗实习学生每天工作 10 小时等违规条款。兰州外语职业学院违规通过中介机构组织安排学生实习。

北京科技经营管理学院曾因管理层纠纷，导致老师工资停发，近 2000 名学生停课。据报道，因学校创办人蒋女士和其儿子易先生两方管理人员的矛盾导致学校管理混乱，2014 年起学校便已经被列入国家失信被执行人名单，同时，在公布的北京市教委《2014 年民办高等学校及其他民办高等教育机构办学状况年度检查结果》中，该校已没有招生资格，但是，学校招生依旧，甚至热烈地宣传自己的三十周年校庆。

2009 年以来，一系列"罗彩霞事件"层出不穷，教育部于当年下半年起在全国范围内清查高校冒名顶替假学生，假学生聚集地以二三类本科高校，特别是民办高校和二级学院尤为泛滥。2010 年 4 月 23 日中国青年报刊发了《毕业季再现冒名顶替上大学事件——河南一民办高校被指集体作弊》的报道。4 月 26 日上午，被报道的学校河南商丘科技职业学院有关领导来到湖北随州职业技术学院，向被冒名顶替的王帅当面表示歉意，并通报了对涉及该事件的有关人员的处分决定。

2009 年 3 月 21 日下午七时左右，陕西省西安外事学院南教学区男生公寓四号楼418室发生一起性质极其恶劣的大学生暴力事件,事件现场惨不忍睹……

2006年10月21日,江西民办高校赣江职业技术学院部分预科学生因学籍与学制问题与校方产生意见分歧,在要求没有得到满足的情况下,数百名学生聚集在一起,打砸学校教学楼、宿舍、食堂,砸坏汽车,焚烧窗帘、被服。10月23日,中央电视台的新闻调查播放了一则关于江西服装职业技术学院的新闻,引发该校也出现学生打砸校园的事件。

资料来源:《关于违规组织学生顶岗实习有关问题的通报》

通过全面推进依法治校,用法治思维和法治方式指导民办高校各项办学活动,可以更好地适应教育改革发展的新形势,不断提高教育管理的法治化水平,更好地维护学校、教师、学生各方的合法权益,保障民办高校的健康有序发展。

第三节　民办高校依法治校的理论基础及法理依据

教育法律法规是教育行政主管部门对高校进行法制管理的主要法律依据,也是高校依法治校规章制度建立的重要凭证。当前我国针对民办高校的具体管理推出了一些法规及政策性规章,但是对于民办高校的权责归属没用专门规范,基于民办高校与公办高校拥有同等法律地位,我们依据高等教育基本法律梳理民办高校的法理基础,以期为民办高校依法治校实践中依什么"法"、怎么"治"及治的主体对象的研究提供一定的理论支撑。

一、民办高校依法治校的理论基础

(一)以人为本理论

从自然属性而言,人类普遍希望获得有秩序而安宁的生活,但人普遍具有欲望和非理性，需要加以节制。法律本身就是人类兽性和欲望的枷锁，其作用之一就是让人之称其为人，促其保持人性，使社会运转有序，人人获得安宁。亚里士多德就曾认为，众人的才智胜过一个人的才智，众人的意见比一个人的意见更为全面，更合乎正义。因此法治优于人治，众人之治优于个人专治，将众人的智慧成果转化为法律规则，用以治理国家、社会，能够较少发生错误。

从社会属性而言，人天生就是一个具有社会性的动物，人的社会性是法产生的前提条件，是法的价值存在的基础和来源。人既是社会关系的产物，也是社会关系的存在，人们总是生活在一定的社会组织中。人类结成一定的社会团体，过上群体的生活，最初是为了团结一致，从自然界获取生存所需的各种物质资料，以实现人类生活的自给自足。随着生产力水平的提高，为了共同利益和谋取更加优良的生活，人类依然社会化地存在着，人与人之间结成了各种各样的社会关系，实现与他人的合作、交往、交换，追求平等、秩序、公正等价值。人正因为具有社会性，才需要法律来规范人与人之间的关系，实现社会的平等、秩序和公正。

高校是人才培养的重要场所，高校的教育管理方式决定着高校教育发展的结果。随着高校的改革与发展，高校也应当与时俱进优化升级教育管理理念，在教育教学管理过程中，应树立以人为本的教育管理观念，在管理体制中体现出对人的价值与尊重，将人文关怀融入学校教育管理过程中。通过依法规范学校各项运行机制，使教职工在教学运行中，尊重学生的人格和权利，挖掘学生潜能，发挥学生的主观能动性，培养学生的健康心理，不断推进学生的全面发展。

（二）组织治理理论

对一个组织的治理，有多种多样的方式，一般包括经济、行政、法律、思想等方式。每一种治理方式都有其特定的优势和适用范围。相比较而言，法律手段是一种非运动式的长效方法，是组织治理较好的一种方式，能够更好地适应市场经济背景下各组织治理的需要。

我国高等学校作为一种社会组织，从行政法学角度看，依法治校关注的是高校的治理权如何实现，对其内部事务的管理权有无法律依据，权力的边界在何处，也就是高校是否具有行政主体地位，其权力的行使受不受司法审查，怎样平衡司法审查和高校办学自主权之间的关系。这涉及如何看待我国高等学校的法律地位和性质。根据现行法律规定，我国高等学校自成立之日起就是享受一定权利、承担一定义务、独立承担民事责任的法人，这就明确了高等学校的民事法律主体地位。

（三）独立法人理论

改革开放后，我国高等学校在改革发展实践中形成了有别于西方大学的独立法人理论。这一理论确定了我国高校自主权的法律性质、内涵和效果。

高等学校独立法人理论产生的基础是 1998 年颁布的《高等教育法》。《高等教育法》规定："高等学校自批准之日起取得法人资格。高等学校的校长是高等学校的法定代表人。"中国在高等学校做出了自己独有的、特别的选择，把高等学校确定为独立法人。同时，明确规定了高校有招生、学科和专业设置、教学、科学研究与社会服务、境外科技文化交流与合作、机构设置与人事、财产管理使用七项自主权。

根据《高等教育法》的规定，高等学校与政府管理机构之间的关系，既不是内部管理关系，也不是平权关系，而是一种分权管理和相互协调的新型关系。政府对学校享有一定的管理权，但不能像对下级部门那样管理学校，不能随意干预《高等教育法》明确规定的高校办学自主权。《高等教育法》还规定："高等学校在民事活动中依法享有民事权利，承担民事责任。"这就规定了高等学校与其他社会组织之间的关系属于独立法人之间的平等民事关系。

二、民办高校依法治校的法理依据

（一）民办高校的法律地位

在现代社会，高等学校作为社会开放系统的一个子系统，与其所处的内、外部环境存在着多因素和多类型的相互作用，并通过彼此之间的相互作用和过程来影响和规约对方的功能和行为。在我国建设社会主义法治国家的历史进程中，需要明确民办高校在不同法律关系中享有的相应的法律地位，保障民办高校的合法权益。同时，民办高校要维系和优化自身的管理秩序，保证内部的良性运转与外部的良性互动，必须合理解决与政府、教师、学生、其他社会组织及个人等之间的各种法律关系。

依照《高等教育法》的规定，高等学校是指大学、独立设置的学院和高等专科学校，其中包括高等职业学校和成人高等学校。高等学校具有公益性质，其主要任务是贯彻党的教育方针，进行教育和教学活动。高等学校是我国高等教育目标实现的主要承担者，是我国高等教育机构的主体。高等学校在法律上的认可，涉及举办者与办学者的主体地位及权利义务的分配。《民办教育促进法》规定，民办学校与公办学校具有同等的法律地位，国家保护民办学校的办学自主权。

高等学校的法律地位体现在高等学校与其他法律关系主体发生的法律关系中，在不同的法律关系领域，高等学校所具有的法律地位是不同的。

民办高校在开展办学教育活动时，根据条件和性质的不同，可以具有两种主体资格。当其参与行政法律关系，或者说在行政机关行使职权的过程中，高等学校的法律地位体现在高等学校作为行政法律关系主体中的行政相对方，与教育或者其他行政机关是被领导与领导、被管理与管理的关系。在此类关系中，高等学校与政府的权利义务是由有关法律、法规预先设定的。因此，高等学校与教育行政机关的法律地位是不对等的，作为行政法律关系一方的行政机关，是代表国家并以国家名义来行使行政管理权的，处在领导者和管理者的地位，占据主导地位。当其参与民事法律关系，或者说在处理学校内部事务时，高等学校的法律地位体现在高等学校与教职工、学生的管理和被管理的关系上。

（二）民办高校的法人地位

《高等教育法》以法律的形式将我国高等学校的法人地位及自主权确定下来。《高等教育法》第三十条规定："高等学校自批准设立之日起取得法人资格，高等学校的校长为高等学校的法定代表人。"该法律条款明确规定了高等学校作为民事主体的法人地位，赋予高等学校在民事活动中享有民事权利并承担民事义务的资格。《高等教育法》在确定高等学校法人地位的同时，还规定了高等学校校长为法定代表人。法人的法定代表人是依照法律或者法人组织章程规定，代表法人行使职权的负责人。高等学校校长是高等学校的负责人，是高等学校的法定代表人，校长执行职务的行为所产生的一切法律后果都应由高等学校承担。

《民办教育促进法》（2018 修正版）第十条规定："民办学校应当具备法人条件。"第三十六条规定："民办学校对举办者投入民办学校的资产、国有资产、受赠的财产以及办学积累，享有法人财产权。"从而确立了各类民办高等学校的法人地位。

高等学校作为法人应该具备四个方面的条件：一是要依法成立。即高等学校具备法人资格，必须符合相关法律关于高等学校成立的规定。二是有必要的财产或者经费。经费和财产是法人存在的必要条件，必备的办学资金和稳定的经费来源是高等学校成立的一个重要的法定条件。三是有自己的名称、组织机构和场所。名称是法人作为民事法律关系主体区别于其他民事法律关系主体的重要符号和标志。组织机构和场所则是法人从事活动的基本前提和存在形式。四是能够独立承担民事责任。作为民事法律关系的主体，法人依法享有各种民事权利，履行各种民事义务，在违法时也必须承担民事责任。

作为一种社会组织，高等学校的民事行为能力是通过其法定代表人来实现的，法定代表人对外以高等学校的名义进行的民事法律行为，即为高等学校本身的法律行为。作为法人的高等学校，也可通过其代理人进行民事活动，以实现其民事行为能力。当然，代理人以高等学校的名义实施的民事行为，需在其代理权限范围内进行。建立高等学校法人制度体现了调整政府与高等学校的关系、保障高等学校的自主权的立法意图。高等学校法人地位的确立，也使得高等学校在资金筹措、自主发展方面具有相应的权利和空间，促进了我国高等教育事业又好又快的发展。

（三）民办高校的权利与义务

权利，是指法律对法律关系主体能够作出或不作出一定行为，以及要求他人相应作出或不作出一定行为的许可与保障。义务，即指法律所规定的对法律关系主体必须作出或不作出一定行为的约束。权利和义务既是对立的，又是统一的，二者相互依存，不可分割。民办高校作为教育法律关系的主体，在享有一定权利的同时负有一定的义务。

1. 民办高校的权利

根据我国《宪法》《教育法》等法律规定，高等学校享有的权利主要有以下七个：

（1）依照章程自主管理

大学章程是指为保证高等学校工作正常运行，就办学宗旨、内部管理体制及依照章程自主管理各项重大原则制定的全面的规范性文件。《教育法》规定，设立学校及其他教育机构必须具备组织机构和章程等基本条件，学校及其他教育机构按章程自主管理。

《高等教育法》规定，申请设立高等学校的，应当向审批机关提交章程等材料。2011年，教育部颁布的《高等学校章程制定暂行办法》规定："章程是高等学校依法自主办学、实施管理和履行公共职能的基本准则。高等学校应当以章程为依据，制定内部管理制度及规范性文件、实施办学和管理活动、开展社会合作。"因此，大学章程是高等学校依法自主管理的基本依据，依照章程自主管理是高等学校的法定权利。

（2）组织实施教育教学活动

教育教学活动是高等学校的中心工作，组织实施教育教学是高等学校的职责和权利。高等学校根据教学需要，依照学校章程自主制订教学计划、选编教材、组织开展教育教学活动。教育教学活动的具体形式有课堂教学、实践教学及课外活动等，其组织实施过程主要包括教学管理、教师教学、学生学习、课外活动和实习实践等方面。

（3）招生录取

招生权是高等学校的基本权利。《高等教育法》规定："高等学校根据社会需求、办学条件和国家核定的办学规模，制定招生方案，自主调节系科招生比例。"高等学校根据办学宗旨、办学条件和能力、培养目标、办学类型及规模，根据国家有关法律法规和招生规章制度、政策规定，坚持合理、公开、公平、科学的原则进行招生工作，高等学校可自主确定招生来源和具体招生人数；自主决定系科招生比例，根据专业特点对招收学生设置特殊规定的条件；在国家政策规定允许的范围内自主决定学生收费标准等。招生录取工作是高等教育的重要环节，高等学校要加大招生信息公开工作，深入推进招生录取"阳光工程"。随着高等教育考试招生制度改革的不断推进，高等学校的招生自主权将进一步扩大。

（4）学生管理

学生管理，是指对学生从入学到毕业之间的在校阶段的管理，是对高等学校学生学习、生活、行为的规范。高等学校有权依照国家有关法律法规和政策规定制定具体的学生管理规定或办法，报主管教育行政部门备案，并及时向学生公布。为维护高等学校正常的教育教学秩序和生活秩序，保障学生身心健康，促进学生德智体美劳全面发展，高等学校依照国家有关法律法规、政策规定和本校的学生管理办法实施学生管理，学生管理涵盖学籍管理、校园秩序与课外活动、奖励与处分等方面。学籍管理包括入学与注册、考核与成绩记载、转专业与转学、休学与复学退学、毕业、结业与肄业等方面。

高等学校对在德智体美劳等方面全面发展或者在思想品德、学业成绩、科技创造、锻炼身体及社会服务等方面表现突出的学生，可给予表彰和奖励。对有违法违规、违纪行为的学生，高等学校应当给予批评教育或者纪律处分。给予学生的纪律处分，应当与学生违法、违规、违纪行为的性质和过错的严重程度相适应。纪律处分的种类分为警告、严重警告、记过、留校察看、开除学籍。高等学校对学生的处分，应当做到程序正当、证据充分、依据明确、定性准确、处分适当。对学生作出开除学籍处分决定，应当由校长办公会议研究决定。高等学校对学生的奖励处分材料，应当真实完整地归入学校文书档案和学生本人档案。

（5）颁发学业证书

学业证书是高等学校按照国家有关规定颁发的证明学生文化程度和学历水平的证书，是学生经过学习并通过考试达到国家规定标准后获得的学业资格证明，受国家法律保护和认可。对受教育者颁发相应的学业证书，是高等学校的权利，同时也是其应履行的义务。《高等教育法》规定："接受高等学历教育的学生，由所在高等学校……根据其修业年限、学业成绩等，按照国家有关规定，发给相应的学历证书或者其他学业证书。接受非学历高等教育的学生，由所在高等学校或者其他高等教育机构发给相应的结业证书，结业证书应当载明修业年限和学业内容……公民通过接受高等教育或者自学，其学业水平达到国家规定的学位标准，可以向学位授予单位申请授予相应的学位。"根据国家法律法规和教育政策规定，通常学生在学校学习达到规定的标准，就应当获得毕业证书、结业证书或者学位证书。高等学校有权根据国家有关学生学业管理的规定，对经考核成绩合格的学生，按照其类别颁发相应证书。

（6）人事管理

根据国家法律法规和政策规定，高等学校享有一定的人事管理自主权。

高等学校有权根据办学目标、办学规模、人才培养目标和教育教学工作的需要，本着精简效能的原则，自主设立、调整学校内部的机构设置。高等学校按照"按需设岗、公开招聘、平等竞争、择优聘用、严格考核、合同管理"的原则，全面推行聘用（聘任）制度。根据学科建设和教学、科研任务的需要，科学合理地设置教学科研、管理等各级各类岗位，明确岗位职责、任职条件、权利义务和聘任期限，按照规定程序对各级各类岗位实行公开招聘、平等竞争、择优聘用。高等学校和教职工在平等自愿的基础上，通过签订聘用（聘任）合同，确立受法律保护的人事关系。

高等学校依照国家有关法律法规和人事政策，坚持多劳多得、优劳优酬、水平合理、规范有序的原则，建立与岗位职责、工作业绩、实际贡献紧密联系和鼓励创造的分配激励机制，依照国家有关人事政策规定、学校人事分配办法及聘任合同的约定，为教职工发放工资、津贴、奖金等。同时，高等学校有权依照国家法律法规、政策规定和学校管理办法，对教职工进行表彰奖励或处分惩罚。

（7）资产管理及使用

高等学校对本单位的设施和经费有管理和使用权，这也是高等学校法人设立条件之一。《高等教育法》规定："高等学校对举办者提供的财产、国家财政性资助、受捐赠财产依法自主管理和使用。"《民办教育促进法》（2018修正）第三十七条规定："民办高校存续期间，所有资产由民办学校依法管理和使用，任何组织和个人不得侵占。"《民法通则》第七十一条规定："财产所有权是指所有人依法对自己的财产享有占用、使用、收益和处分的权利。"根据这一规定，高等学校对学校的场地、校舍、教学仪器设备、办学条件经费以及其他资产享有管理权和使用权。高等学校的财产受国家法律保护。《教育法》第七十二条规定："……破坏校舍、场地及其他财产的，由公安机关给予治安管理处罚；构成犯罪的，依法追究刑事责任。侵占学校及其他教育机构的校舍、场地及其他财产的，依法承担民事责任。"同时，高等学校对本单位的资产管理和使用要遵守国家有关法律法规的规定，不得侵害国家或举办者的财产权利。

2. 民办高校的义务

我国《宪法》《教育法》对学校的义务进行了规定，适用于高等学校。

（1）遵守法律法规

《宪法》第五条规定："一切国家机关和武装力量、各政党和各社会团体、各企业事业组织都必须遵守宪法和法律。一切违反宪法和法律的行为，必须予以追究。任何组织或者个人都不得有超越宪法和法律的特权。"高等学校是培养人的社会组织，遵守宪法、法律、行政法规、自治条例、单行条例、规章和规定是其必须履行的基本义务。对于违反法律和法规的行为，高等学校要承担由此所带来的法律后果。

（2）保证教育质量

高等学校应贯彻国家的教育方针，执行国家教育教学标准，保证教育教学质量。这项义务是《教育法》规定的学校的主要责任，是学校最根本的任务。高等学校在教育教学活动中，有义务贯彻国家的教育方针，按照国家教育教学标准，组织教育教学活动，达到教育教学质量，实现人才培养目标。《国家中长期教育改革和发展规划纲要（2010—2020年）》提出当前国家教育工作的方针是："优先发展、育人为本、改革创新、促进公平、提高质量。"并对全面贯彻党的教育方针提出明确要求："坚持教育为社会主义现代化建设服务，为人民服务，与生产劳动和社会实践相结合，培养德智体美全面发展的社会主义建设者和接班人。"提高质量是高等教育发展的核心任务，是建设高等教育强国的基本要求。高等学校要牢固确立人才培养的中心地位，着力培养信念执著、品德优良、知识丰富、本领过硬的高素质专门人才和拔尖创新人才。

（3）维护师生员工合法权益

高等学校要自觉承担维护学生、教师和其他职工各项合法权益的义务，保护学生和教师、职工合法权益的意识。高等学校在行使学生管理、教师管理的职责时，要树立权责一致的法治意识。高等学校应按照依法治教、依法治校的要求，依据国家教育法律法规，通过正常的程序，制定学校管理规章制度。高等学校制定校内管理制度应有充足的法律法规依据，不得与法源性、规范性文件相冲突。在尚无法律具体规定的情况下，必须符合立法宗旨和立法目的，切实保证学生、教师的应有权利。高等学校要注重管理方式、管理行为的科学化、规范化和人性化，不得侵犯学生、教师及其他职工的合法权益，要尊重学生的受教育权以及教师、学生的各项合法权益。同时，要健全完善学生、教师权益保障和救济体系。

（4）保障受教育者知情权

高等学校须以适当方式为受教育者及其监护人了解受教育者的学业成绩及其他有关情况提供便利。高等学校的这项义务职责是保障学生及其监护人的知情权，这样有利于学生的监护人参与教育活动，有利于对高等学校和教师的工作进行监督，也有利于保证学生在学业方面受到公正评价。"适当方式"是指学业成绩报告单、书面通知、家长会、家访等公开正当的方式。"监护人"一般指未成年人的父母，当父母没有监护能力或不能履行监护职责时，由未成年人的其他成年亲属或所在基层组织担任监护人。高等学校在履行此项义务时，要注意不得侵犯学生的隐私权、名誉权等合法权益，不得损害学生的身心健康。

（5）合理、公开收费

高等学校须遵照国家有关规定收取费用并公开收费项目。我国从1996年开始，陆续出台了包括高等学校在内的各级各类学校的一系列收费政策，并建立了教育收费公示制度和教育收费决策听证制度。高等学校要依据国家和地方政府及有关部门关于教育收费的规定，从办学公益性质出发，按照成本分担原则，公平、合理确定本校收取学费、杂费的标准。2010年教育部出台的《高等学校信息公开办法》规定，高等学校要公开收费项目、收费依据、收费标准及投诉方式。坚持教育收费公开制度，有利于保障学生、家长以及其他社会组织的知情权和监督权，让学生、家长明明白白缴费，有利于高等学校科学管理、规范管理，主动接受社会监督，促进高等学校依法治校。

（6）依法接受监督

监督是管理的重要环节，可以保证权利得到充分实现，义务得到有效履行。高等学校作为行政管理相对人和独立法人必须接受来自行政部门、司法部门、社会和公众依法对其进行的监督。主管行政部门有权依照法律法规和教育政策规定，对高等学校的工作进行监督、检查、督导和审计，高等学校应予以积极配合，不得拒绝、妨碍监督工作的正常进行。这项义务符合《教育法》第八条确立的"教育活动必须符合国家和社会公共利益"原则的基本要求。上级教育行政部门对高等学校的监督是依据隶属关系的层级监督，是一种十分重要、有效的监督形式，监督内容包括：对高校制定规章制度合法性的监督，对高校保障和维护学生、教师合法权益的监督等。在依法落实和扩大高等学校办学自主权的同时，国家教育行政部门应健全高等学校办学自主权监管体系，改进和加强宏观管理，综合运用法律、政策、规划、公共财政、标准、信息服务和必要的行政措施。进一步健全质量评估监测制度，改进评估办法，完善高等学校质量年度报告发布制度。

（四）适用于民办高校的法律法规演进变迁情况

1982 年修订的《中华人民共和国宪法》第十九条规定，"国家鼓励集体经济组织、国家企业事业组织和其他社会力量依照法律规定举办各种教育事业"，明确提出允许社会力量办学。

1987 年 7 月，国家教育行政主管部门发布了《关于社会力量办学的若干暂行规定》，使政策更加明朗化。这是国家教育行政主管部门自改革开放后对民办教育制定的第一个基本规章，为民办高等教育走上依法办学轨道奠定了良好的基础。

1993 年《民办高等学校设置暂行规定》明确了民办普通高校的设置条件和程序，为规范民办高校发展提供了新的依据，标志着民办高等教育发展进入一个重要阶段。

1995 年 3 月，第八届全国人民代表大会第三次会议通过《中华人民共和国教育法》。它的颁布标志着中国教育工作进入全面依法治教的新阶段，对我国教育事业的改革与发展，以及社会主义物质文明和精神文明建设产生了重大而深远的影响。其中第二十六条规定："国家鼓励企业事业组织、社会团体、其他社会组织及公民个人依法举办学校及其他教育机构。"第四十七条规定："企业事业组织、社会团体及其他社会组织和个人，可以通过适当形式，支持学校的建设，参与学校管理。"

1997 年 7 月，国务院发布第一部专门规范民办教育的行政法规——《社会力量办学条例》，明晰了民办高校设立以及管理的相关规定和要求，把民办高等教育进一步纳入法制轨道，推动了民办高等教育积极、有序的发展。

1998 年 8 月，第九届全国人民代表大会常务委员会第四次会议通过《中华人民共和国高等教育法》。其中第六条规定："国家鼓励企业事业组织、社会团体及其他社会组织和公民等社会力量依法举办高等学校，参与和支持高等教育事业的改革和发展。"第三十九条规定："社会力量举办的高等学校的内部管理体制按照国家有关社会力量办学的规定确定。"第六十条规定："国家鼓励企业事业组织、社会团体及其他社会组织和个人向高等教育投入。"这些都对社会力量参与高等教育做出了明确规定。

1999 年 12 月，教育部印发《关于加强教育法制建设的意见》，明确提出积极推进依法治校，并从学校章程建设、校务公开、教职工代表大会建设、维护权益等方面提出原则性要求，这是在国家层面推进高校依法治理的重要举措。

2002 年 12 月和 2004 年 2 月，国家先后颁布《中华人民共和国民办教育促进法》和《民办教育促进法实施条例》。这都可以理解为国家对民办高校发展的鼓励和重视，我国民办高等教育得到了快速的发展。其中《民办教育促进法》明确了国家对民办教育"积极鼓励、大力支持、正确引导、依法管理"的十六字方针。

2003 年 4 月，教育部印发了《关于规范并加强普通高校以新的机制和模式试办独立学院管理的若干意见》，为社会力量参与本科层次的高等教育开创了一个新局面。

2003 年 7 月，教育部印发了《关于加强依法治校工作的若干意见》，在文件中提出，民办学校要根据《中华人民共和国民办教育促进法》和国家有关法律法规规定，规范办学行为。对违反法律、法规规定的学校管理制度和规定，要及时修改或者废止。

2006 年 12 月，国务院办公厅发出《关于加强民办高校规范管理引导民办高等教育健康发展的通知》，要求各省、自治区、直辖市人民政府要切实加强民办高校的规范管理工作，把民办高校发展的重点转移到稳定规模、规范管理、提高质量的轨道上来。这标志着"提高质量"成为我国民办高校新的发展阶段的一个关键目标。

2007 年 1 月，教育部发布了《民办高等学校办学管理若干规定》，以维护民办高校举办者和学校、教师、学生的合法权益，引导民办高校健康发展。

2008 年 2 月，教育部发布《独立学院设置与管理办法》，明确提出"独立学院是民办高等教育的重要组成部分，属于公益性事业"。

2010 年 7 月，国家发布的《国家中长期教育改革和发展规划纲要（2010—2020 年）》又进一步指出大力推进依法治校，提出按照全面实施依法治国基本方略的要求，加快教育法制建设进程，完善中国特色社会主义教育法律法规。

2010 年，国务院办公厅发布了《关于开展国家教育体制改革试点的通知》，从专项改革、重点领域综合改革和省级政府教育统筹综合改革三个层面，确定了改革试点的十大任务。

2011 年 11 月，教育部颁布《高等学校章程制定暂行办法》，为高校章程建设提供了具体指南，并指出高等学校应当以章程为依据，制定内部管理制度及规范性文件、实施办学和管理活动、开展社会合作等。

2013 年 1 月，教育部在总结全国各地依法治校的成功经验、有效做法的基础上，正式颁布了《全面推进依法治校实施纲要》。根据已有实践和新的形势，要求全面部署、全面阐释内涵和要求、全面推进实施、全面动员各方力量。

2014 年 3 月，教育部施行《高等学校学术委员会规程》，对高等学校学术委员会组成规则、职责权限及运行制度作了明确规定。

2014 年 10 月，中共中央办公厅印发《关于坚持和完善普通高等学校党委领导下的校长负责制的实施意见》，明确指出党委领导下的校长负责制是中国共产党对国家举办的普通高等学校领导的根本制度，是高等学校坚持社会主义办学方向的重要保证，必须毫不动摇、长期坚持并不断完善。

2015 年 5 月，教育部印发《关于深入推进教育管办评分离 促进政府职能转变的若干意见》，对深入推进教育管办评分离、促进政府职能转变提出了具体的要求。

2016 年 1 月，教育部印发《依法治教实施纲要（2016—2020 年）》的通知，要求以法治思维和法治方式推进教育综合改革，加快构建政府依法行政、学校依法办学、教师依法执教、社会依法支持和参与教育治理的教育发展新格局，全面推进教育治理体系和治理能力现代化。

2016 年 4 月，中央全面深化改革领导小组审议通过了《关于加强民办学校党的建设工作的意见（试行）》，基于全面从严治党的要求，明确提出要切实加强党对民办学校的领导。

2016 年 12 月，国务院颁布《关于鼓励社会力量兴办教育促进民办教育健康发展的若干意见》。

2016 年底，教育部、人力资源社会保障部、民政部、中央编办、工商总局联合印发《民办学校分类登记实施细则》。同期，教育部、人力资源社会保障部、工商总局联合印发《营利性民办学校监督管理实施细则》。对民办学校实行非营利性和营利性分类登记和管理，是党中央、国务院确定的重大改革方向，是贯彻落实《民办教育促进法》修法精神的重要举措，是深化教育领域综合改革的重要内容。

2017 年 3 月 31 日，教育部、中央编办、发展改革委、财政部、人力资源社会保障部五部门联合印发了《关于深化高等教育领域简政放权放管结合优化服务改革的若干意见》，提出加快推进高等教育领域"放管服"改革。

第二章　民办高校依法治校现状调查分析

☑ **本章导引**

为什么"治"、依什么"法"、怎么"治"、为谁"法治"是民办高校依法治校实践需要关注的四个重点问题。为什么"治"的内涵是依法治校的必要性，依什么"法"的内涵是依法治校准绳，怎么"治"的内涵是依法治校范式，为谁"法治"重在依法治校意识。基于此，本章以《民办教育促进法》为依据，结合民办高校特征，面向学校领导层制定了调研提纲，并进行实地调研。面向学校行政人员、一线教师及学生等分别制定了调查问卷，走访调查了湖北省、浙江省、广东省、安徽省、河南省等16所民办高校依法治校建设支持方式及内容、依法治校治理实施情况、师生法治意识等三个维度的现状。发出行政人员卷75份，回收问卷68份，有效问卷62份；一线教师卷150份，回收问卷132份，有效问卷128份；学生卷600份，回收问卷575份，有效问卷566份。本研究应用SPSS21.0统计软件、EXCEL工作表对问卷调查结果进行统计分析，全面分析民办高校依法治校现状，为后续研究提供基础资料支撑。

第一节　民办高校依法治校的法律法规

民办高校依法治校依什么"法"的问题，其研讨的依据在于民办高校依法治校的法律法规，落实点在于以《教育法》《高等教育法》《民办教育促进法》为"纲领"指导下构建具体的操作层面的规章制度、标准体系，为省级教育行政部门如何制定相关政策以及如何对民办高校依法治校进行评价提供法理依据。

一、民办高校依法治校法律法规的内在机理

《民办教育促进法》自 2002 年颁布，经历 2013 年及 2016 年两次修订，与中国民办高等教育事业时代发展要求紧密结合。在《民办教育促进法》指引下，民办高等教育取得了跨越式发展，举办的层次已从专科教育发展到研究生教育。民办高校不是我国高等教育的补充，而是我国高等教育不可或缺的部分。相对公办高校来讲，民办高校起步晚、底子薄、瓶颈多，依然存在着一些影响学校可持续发展的矛盾和问题，因此推进依法治校工作至关重要，这既是民办高校可持续发展的需要，也是民办高校获得社会各界支持的需要。

《民办教育促进法》是我国民办高校运行的"纲领性"法规，指引着民办高校教育事业的发展。对于民办高校依法治校来讲，除了要遵行《教育法》《高等教育法》相关法律法规之外，《民办教育促进法》是民办高校实施依法治校必须依据的"基本大法"，是民办高校依法治校的"上位法"，而要促进民办高校依法治校的有效实施，省级教育行政部门在具体政策制定以及关于社会中介参与政策的制定，需要民办高校依法治校具体的"下位法"来实施。制定国家或地方的省级教育行政部门对民办高校依法治校支持及监督的"法"、社会中介组织参与民办高校依法治校的"法"，以这些"下位法"为法律法规全面实施民办高校依法治校。图 2-1 为民办高校依法治校建设法律法规的内在机理示意图。

从图 2-1 可看出，本研究即以《教育法》《高等教育法》《民办教育促进法》等上位法为依据，构建实施民办高校依法治校的"下位法"，包括省级教育行政部门层面和社会中介评价层面，前者主要是政

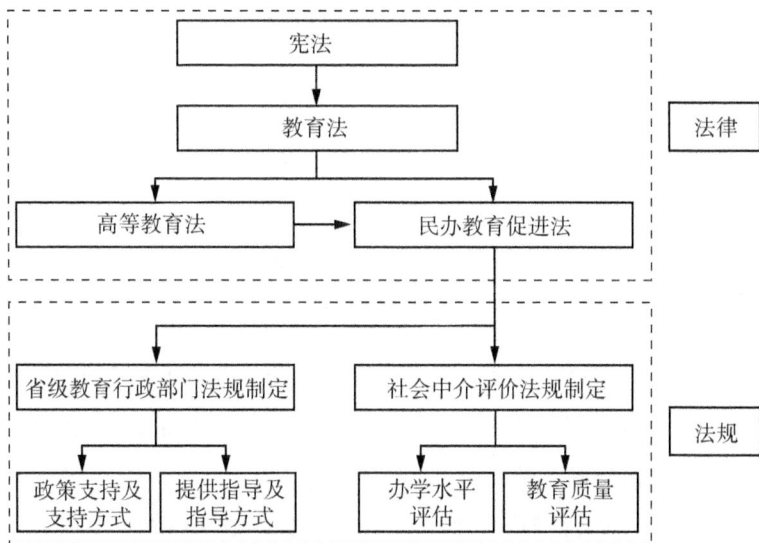

图 2-1　民办高校依法治校建设法律法规的内在机理示意图

策支持及支持方式、提供指导及指导方式等方面的法规制定，后者主要是办学水平评估及教育质量评估等方面的法规制定。

◎ 关联知识链接："法" ◎

（1）法的分类：以法的效力位阶对法进行分类，可分为上位法、下位法和同位法三类。本研究中提及的《民办教育促进法》从法的效力位阶来比较，《教育法》与《民办教育促进法》之间，《民办教育促进法》是依据《教育法》制定的，《教育法》是上位法，《民办教育促进法》是下位法。

（2）法间关系：就法律效力大小而言，效力大的为上位法，上位法之下生效的为下位法。如宪法和其他法律部门的关系，宪法即为上位法，因为其他法律都是依据宪法制定的，其他的法律如刑法、民法就是下位法。

（3）法用原则："法"适用的原则是上位法优先于下位法，即在效力较低的规范性法律文件与效力较高的规范性法律文件相冲突的情况下，应当适用效力较高的规范性法律文件。

二、民办高校依法治校法律法规的现状调查

基于民办高校依法治校建设法律法规的内在机理，本章将以《民办教育促进法》为根本，着重对省级教育行政部门政策支持及监督的法律法规、社会中介组织参与民办高校评价的标准规范两个方面进行研究，通过实地调查和问卷调查的方式，梳理现状，为查摆实施困境并提出建设性意见汇集基础数据资料。

（一）省级教育行政部门政策支持及监督的法律法规

为全面梳理省级教育行政部门对民办高校依法治校政策支持力度、支持方式、指导方式以及依法制定民办学校信息公示和信用档案制度的必要性，我们通过实地走访和针对湖北省、浙江省、广东省、安徽省、河南省等部分民办高校职能部门行政人员发放《关于民办高校依法治校现状的调查（行政人员卷）》进行问卷调查，职能部门包括学校发展规划部门、党委办公室、学校办公室、人力资源部门、学生工作部门、教务部门等。

◎ 关于省级教育行政部门对民办高校依法治校政策支持力度的调查

在调查中，应用 Likert 五级量表评价法对省级教育行政部门对民办高校依法治校政策支持力度进行评价，从对民办高校职能部门行政人员的调查统计看，仅有 4.84% 的人员反映支持力度小，反映支持力度大、支持力度较大及支持力度一般的分别占 38.71%、29.03%、27.42%。基于调查，研究者针对省级教育行政部门对民办高校依法治校政策支持力度是否存在学校差异方面，应用 SPSS21.0 统计分析软件进行方差分析，结果如表 2-1 所示。从表 2-1 可以看出，在省级教育行政部门对民办高校依法治校政策支持力度方面，各民办高校反映的情况不存在显著差异（P>0.05）。调查统计分析显示，当前，省级教育行政部门对民办高校依法治校政策支持力度较大。

表 2-1　　　　不同学校反映省级教育行政部门对民办高校
依法治校政策支持力度差异

	平方和	df	均方	F	显著性
组间	19.353	15	1.290	1.765	0.071
组内	33.631	46	0.731		
总数	52.984	61			

在反映支持力度大和支持力度较大的行政人员中，反映省级教育行政部门对民办高校依法治校政策支持方面，以专项资金方式给予支持最多，以立项方式给予支持次之，其后是给予荣誉上的支持和以奖励方式给予支持，具体调查结果如图 2-2 所示。调查统计分析显示，当前，省级教育行政部门对民办高校依法治校政策支持方式方面，给予经费支持力度较大。

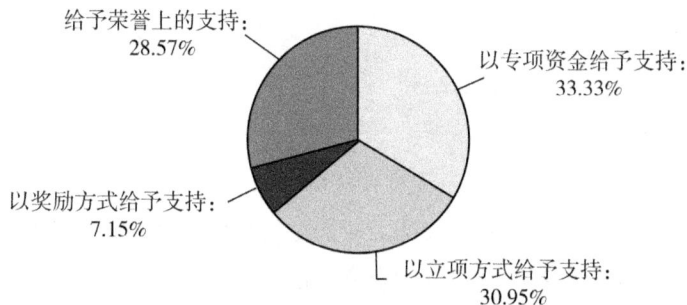

图 2-2　省级教育行政部门对民办高校依法治校政策支持方式统计图

◎ 关联知识链接：方差分析 ◎

（1）概念界定：方差分析（Analysis of Variance，简称 ANOVA），又称"变异数分析"或"F 检验"，是 R. A. Fisher 发明的，用于两个及两个以上样本均数差别的显著性检验。由于各种因素的影响，研究所得的数据呈现波动状。造成波动的原因可分成两类，一是不可控的随机因素，另一是研究中施加的对结果形成影响的可控因素。方差分析是从观测变量的方差入手，研究诸多控制变量中哪些变量是对观测变量有显著影响的。

（2）分析方法：在方差分析中，我们将要考察的对象的某种特征称为试验指标，影响试验指标的条件称为因素，因素可分为两类，一类是人们可以控制的（如原材料、设备、学历、专业等因素）；另一类是人们无法控制的（如员工素质与机遇等因素）。下面所讨论的因素都是指可控制因素。每个因素又有若干个状态可供选择，因素可供选择的每个状态称为该因素的水平。如果在一项试验中只有一个因素在改变，则称为单因素试验；如果多于一个因素在改变，则称为多因素试验。本研究应用 SPSS21.0 进行单因素方差分析。

（3）基本步骤：第一步，建立检验假设。H0：多个样本总体均值相等；H1：多个样本总体均值不相等或不全等；检验水准为 0.05。第二步，计算检验统计量 F 值。第三步：确定 P 值并得出推断结果。本研究使用显著性水平是 0.05。

◎ 关于省级教育行政部门对贵校依法治校执行指导情况的调查

在调查中，省级教育行政部门对民办高校依法治校执行指导方面显示，民办高校行政人员反映以检查方式进行宏观指导的占七成多，给予具体指导意见的近二成，基本没有指导的不到一成，具体调查结果如图 2-3 所示。调查统计分析显示，当前，在省级教育行政部门对民办高校依法治校执行指导方面，基本是以检查方式为主，虽然通过检查可为民办高校依法治校提供一定的建设性意见，但大多是宏观层面的或是粗略性的指导，给予微观层面的、具体的指导方面存在一定的空白。省级教育行政部门为民办高校依法治校执行提供具体的指导意见亟待加强。

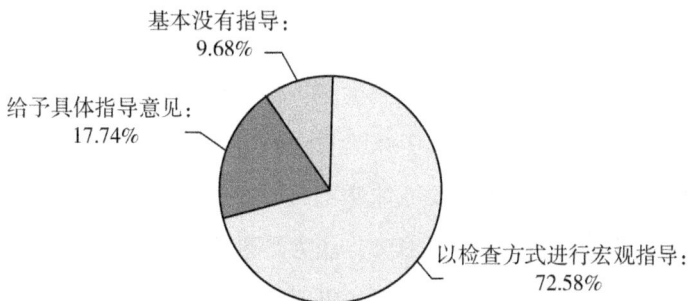

图 2-3　省级教育行政部门对民办高校依法治校执行指导情况统计图

◎ 关于省级教育行政部门制定民办学校信息公示制度及信用档案制度必要性的调查

近年来，为了加强社会对教育系统的监督，省级教育行政部门明确提出，各级各类学校要加强信息公开，在各级各类学校官网基本都设置了信息公开专栏，向社会公示学校相关信息。但浏览部分民办高校官网，我们发现有些学校将信息公示专题列于官网首页，有些学校将信息公示归属于某个部门负责并在部门外网上设置了专栏，也有个别学校没有此块内容，对于信息公示制度落实参差不齐。在信息公示内容方面，民办高校普遍公示的是学校发展的大事、好事，对于财务信息、招生、就业及教育教学等基础数据信息反映较少。自党的十六届三中全会通过《中共中央关于完善社会主义市场经济体制若干问题的决定》明确提出建立健全社会信用体系之后，各行各业建设质量信用意识不断加强，组织及个人信用服务体系不断完善，信用监督及失信惩戒制度化。① 为加

———————

① 《中共中央关于完善社会主义市场经济体制若干问题的决定》，新华网，http://www.gov.cn/test/2008-08/13/content 10710162.htm。

强对民办高校监督，省级教育行政部门定期对民办高校办学资质进行评估，并向社会公布评估情况。但对于信用档案制度建设如高校质量信用等级划分及与信用等级配套的监管还在不断完善中。同时也需要建立健全质量信用档案法律法规。

在调查中，应用 Likert 五级量表评价法对省级教育行政部门制定民办学校信息公示制度及信用档案制度必要性进行评价。对民办高校职能部门行政人员的调查统计显示，认为省级教育行政部门制定民办学校信息公示和信用档案制度不必要或非常不必要的极少，认为非常必要的达58.06%，认为很必要的达 25.81%，认为必要的有 14.52%。基于调查，研究者针对省级教育行政部门制定民办学校信息公示和信用档案制度必要性是否存在学校差异，应用 SPSS21.0 统计分析软件进行方差分析。结果显示，在省级教育行政部门制定民办学校信息公示和信用档案制度必要性方面，各民办高校反映的情况不存在显著差异（P>0.05）。调查统计分析显示，当前民办高校普遍认为，省级教育行政部门制定信息公示和信用档案制度是必要的，在民办高校依法治校中，建立健全信息公示制度和信用档案制度是对民办高校实施监督的重要机制。

（二）社会中介组织参与民办高校评价的标准规范

近年来，一些社会中介组织机构陆续出现，针对高校办学情况进行评价并向社会公布，如艾瑞深中国校友会网、中国科教评价网、中国科学评价研究中心，每年会发布中国高校排名情况，① 各机构侧重点不同，收集资料的方式也不尽相同，虽然不能完全与各学校实际相符合，排名并不能完全与事实一致，但确实为各高校未来建设发展提供了参考数据。对于民办高校评价来讲，是否有必要引进社会中介组织参与评价？《民办教育促进法》第四十一条指出："组织或者委托社会中介组织评估办学水平和教育质量，并将评估结果向社会公布。"引进社会中

---

① 佚名：《"中国最佳大学排行榜"公布　新疆大学连续 13 年跻身全国百强》，新疆大学学报（哲学·人文社会科学版），2017 年第 2 期，第 2 页。

介机构对民办高校的办学水平及教育质量评价，具有一定的法理依据，如何进行评估，制定社会中介组织参与民办高校评价的标准规范，是民办高校依法治校的重要要素。

在调查中，应用 Likert 五级量表评价法对社会中介组织评估民办学校办学水平和教育质量必要性进行评价。对民办高校职能部门行政人员的调查统计显示，认为社会中介组织评估民办学校办学水平和教育质量不必要或非常不必要的有 12.9%，认为非常必要的达 53.23%，认为很必要的达 24.19%，认为必要的有 9.68%。基于调查，研究者针对社会中介组织评估民办学校办学水平和教育质量必要性是否存在学校差异，应用 SPSS21.0 统计分析软件进行方差分析。结果显示，在社会中介组织评估民办学校办学水平和教育质量必要性方面，各民办高校反映的情况不存在显著差异（P>0.05）。调查统计分析显示，当前民办高校普遍认为，社会中介组织评估民办学校办学水平和教育质量是必要的，在民办高校依法治校中，引进第三方评价机构对民办高校进行评价也是对民办高校实施监督的重要机制，但为了保证评价的公平、公正、符合实际性，需要规定社会中介组织机构对民办高校进行评价操作的公开性及规范性的具体要求。

第二节　民办高校依法治校的实施范式

民办高校依法治校怎么"治"的问题，其研讨关键在于民办高校依法治校如何具体实施及其实施内涵，焦点在于如何构建现代大学制度。针对民办高校办学体制，现代大学制度建设内涵是构建具有民办教育特色的学校决策机制、学校管理方式、民主管理机制、师生权益保护机制等。

一、民办高校依法治校实施范式的内涵

党的十八届四中全会审议通过了《中共中央关于全面推进依法治

国若干重大问题的决定》这部纲领性文件，明确提出全面推进依法治国，总目标是建设中国特色社会主义法治体系，建设社会主义法治国家。依法治校是高校落实"全面依法治国"基本方略的必然要求，也是"全面依法治国"在高等学校治理中的具体体现，是建设现代大学制度的根本保证。依法治校主要体现在自主化管理、制度化管理、规范化管理、民主化管理和权益化管理五个方面。①

（一）自主化管理

民办高校自主化管理是民办高校在办学过程中依法独立行使本校教育决策、组织教育活动的权力，其具体内容包括：落实学校法人地位；建立起自主化管理的科学、规范的决策机制和决策的民主监督机制。

根据民办高校自主化管理的概念界定及内涵，"决策"是要点，"监督"是关键，基于此，关于民办高校自主化管理范式内涵主要表现在以下四个方面：

（1）民办高校的董事会或理事会决策机构、监督机构建设及人员配置。

（2）民办高校学校行政机构建设及人员配置。

（3）民办高校党组织机构建设及人员配置。

（4）民办高校学术组织建设及人员配置。

（二）制度化管理

民办高校制度化管理是指民办高校的办学、管理及教育教学等一切行为都要遵循既定的制度和规定，对民办高校公共权力进行制约和平衡，避免临时性、随意性和盲目性的决策。民办高校的规章制度要合法和完善，要具有民主性、程序性、针对性、可操作性、时效性等特征。如学校章程是学校办学的纲领性文件，是学校的"母法"。章程的制定，是学校成为法人组织的必备要件，是学校实现自主管理、自主发

---

① 于孟晨：《西安工业大学：转变高校管理理念　深入推进依法治校》，《中国教育报》2015 年 6 月 3 日，第 8 页。

展、自我约束机制的制度前提。

根据民办高校制度化管理的概念界定及内涵，"制约"是要点，"平衡"是关键，基于此，关于民办高校制度化管理范式内涵主要表现在以下两个方面：

（1）民办高校章程及执行机制。

（2）民办高校日常管理制度及执行机制。

（三）规范化管理

民办高校规范化管理就是指对民办高校教育、教学和管理等各个岗位及岗位工作中的常规性要素，提出一个标准或范式，保证管理行为规范，明确管理方案和程序，实现管理目标。并且，还要研究制定达到这些标准和范式的目标成果（最后要做到怎样才符合一种标准的要求）、技术路线（达到最后成果的一个标准的路径）、组织方案（怎样来通过规范的运作达到目标成果）、工作程序（必须通过的几个步骤）以及具体方法等的一套完整的管理体系。

根据民办高校规范化管理的概念界定及内涵，"标准"是要点，"体系"是关键，基于此，关于民办高校规范化管理范式内涵主要表现在以下三个方面：

（1）民办高校办学活动依法规范。

（2）民办高校依法治校运行机制。

（3）民办高校依法治校理念渗透。

（四）民主化管理

民办高校民主化管理是指民办高校管理应当广泛吸纳校内、校外各方面意见和建议，重大决策和管理事务要尊重师生的意见，实施民主管理，以最大限度地体现广大教职工和学生的意志和利益。教职工代表大会是在民办高校党委或党支部领导下，组织全校教职工通过民主选举产生的以教师为主体的民主决策和民主监督机构。其主要职权是代表教职工行使学校重大的和涉及广大教职工切身利益事项的研究、决策和管理权利，并对学校校长及决策机构的全体成员进行民主监督，是广大教职工行使民主权利、参与民主管理的主要形式，是学校重大问题的决策和执行与教职工进行沟通、交流的重要渠道，是依法治校、实行民主化管理的基本制度和基本内容。工会代表大会也是在民办高校党组织的领导下，维护教师合法权益的组织。校务公开是教育领域中一项重要的民主政治建设举措，是实现学校民主化管理的重要手段。

根据民办高校民主化管理的概念界定及内涵，"沟通"是要点，"尊重"是关键，基于此，关于民办高校民主化管理范式内涵主要表现在以下两个方面：

（1）民办高校教职工代表大会。

（2）民办高校工会代表大会。

（五）权益化管理

民办高校权益化管理是指民办高校在对师生的权益保护中，要体现依法治校的管理理念，对师生的合法权益进行充分保障，有两个方面的含义：民办高校要依法保护教师和学生的合法权利不受侵犯（事前预防和事后救济）；民办高校在教育、教学和管理等各方面为广大教职员工和学生创造宽松和谐的环境，使师生的身心得到健康、全面和和谐的发展。

根据民办高校权益化管理的概念界定及内涵，"权益"是要点，"保障"是关键，基于此，关于民办高校权益化管理范式内涵主要表现在以下三个方面：

（1）建立教师和学生的申诉制度：听证权、知情权、申辩权、申诉权。

（2）决策机构人员配置是否包括教职工代表。

（3）学校营利或非营利分类选择对教职工权益的影响。

二、民办高校依法治校实施范式的现状调查

基于民办高校依法治校实施范式的内涵，本章将以民办高校自主化管理、制度化管理、规范化管理、民主化管理和权益化管理为纲，着重对学校决策机制建设、依法治校工作机制、管理制度完善健全、办学活动依法规范、民主管理机制健全、法治宣传教育成效、师生权益保障尊重等七个方面进行调查研究。通过实地调查和问卷调查的方式，梳理现状，为查摆实施困境并提出建设性意见汇集基础资料。

（一）自主化管理的决策监督

本章以《民办教育促进法》为指导，根据民办高校自主化管理范式内涵主要表现维度，设计了关于民办高校依法治校自主化管理实施决策及监督的 9 个问题，针对 16 所国内民办高校与依法治校相关的职能部门行政人员进行问卷调查，梳理民办高校决策机构建设、监督机构建设以及学术机构建设情况。

◎ 民办高校的董事会或理事会决策机构、监督机构建设及人员配置

在美国，其高等教育发源于民办学校，世界著名的哈佛大学、耶鲁大学和斯坦福大学都是民办高校。300 多年来，美国的民办高等教育一直受到全球景仰，其独特的内部领导体制——董事会领导下的校长负责制与其长盛不衰的发展密切相关。我国民办教育历史悠久，最早可追溯到春秋战国时期，直到中华人民共和国成立之后，经过所有制社会主义改造才导致民办学校中止。伴随着改革开放新机遇，高等教育大众化的需求，使民办教育事业再度燃起，民办高等教育作为我国高等教育的生力军，成为高等教育重要的组成部分。学校内部管理体制一直坚持董事会领导下的校长负责制，在学校重大决策中，董事会一直是决策机构，也有的学校成立了理事会，重大决策由理事会决定。在对民办高校设立的决策机构类型方面进行的调查统计显示，仅有少数民办高校的决策机构是理事会，有六成多民办高校的决策机构是董事会，二成多民办高校同时设立了董事会和理事会，还有一成多的民办高校设立了其他形式的决策机构，具体如图 2-4 所示。可见，当前各民办高校基本都设置了董事会决策机构，设立理事会或其他形式决策机构的较少。

监事会是对董事会进行监督的常设机构，是企业运营中的法定必设

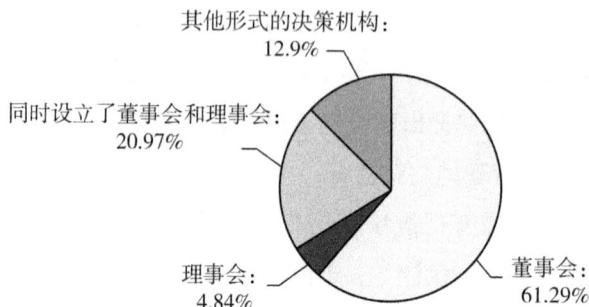

其他形式的决策机构：
12.9%

同时设立了董事会和理事会：
20.97%

理事会：
4.84%

董事会：
61.29%

图 2-4　民办高校决策机构设置情况

机构，有的民办高校在实际运营中，将企业模式建构融入高等教育发展规律中，成立了监事会，监督董事会决策。在对民办高校有无设立对决策机构进行监督的机构或机制调查显示，有82.26%的民办高校成立了监事会等之类的机构，并建立了监督机制，仅有17.74%的民办高校未设立。可见，当前大部分民办高校成立了监督机构和机制。但从实地调研深度访谈发现，绝大多数民办高校的监事会形同虚设，任命的监事会人员基本都是不谙此事的，甚至从未在学校的任何场合出现过，对董事会的监督存在空白。

◎ 关联知识链接：董事会、监事会 ◎

（1）董事会：董事会是公司的执行机构，对内掌管公司事务、对外代表公司的经营决策。公司董事会由股东会选举。董事会设董事长一人，副董事长若干，董事长、副董事长由董事会选举产生。董事任期三年，任期届满，可连选连任。董事在任期届满前，股东会不得无故解除其职务。董事会成员应当有公司职工的代表，其产生办法由《公司章程》规定。董事长为公司的法定代表人，董事会对股东负责。公司董事会议事时，应当有相应的程序规则，明确董事的权利和义务，正确行使权利，维护公司利益。我国法律分别对有限责任公司和股份有限公司的董事人数作出了规定。《公司法》第45条规定，有限责任公司设董事会，其成员为3~13人。《公司法》第51条规定，有限责任公司，股东人数较少或规模较小的，可以设一名执行董事，不设董事会。《公司法》第109条规定，股份有限公司应一律设立董事会，其成员为5~19人。董事会由全体股东选举的董事组成，为负责执行股东会决议的常设机构，以股东财富的最大化作为主要目标。董事会是依照有关法律、行政法规和政策规定，按公司或企业章程设立并由全体董事组成的业务执行机关。

（2）监事会：根据《公司法》第四章第四节的规定，监事会是由股东（大）会选举的监事以及由公司职工民主选举的监事组成的，对公司的业务活动进行监督和检查的法定必设和常设机构。监事会是股份公司的常设监督机构，代表股东大会执行监督职能。监事会作为股份公司的内部监督机构，其主要职权是：监督检查公司的财务会计活动；监督检查公司董事和经理等管理人员执行职务时是否存在违反法律、法规或者公司章程的行为；要求公司董事和经理纠正其损害公司利益的行为；提议召开临时股东大会；执行公司章程授予的其他职权。

民办高校属于民办非企业，民办高校运行时，其企业元素与高等教育元素长期并存，董事会、理事会或其他决策机构人员配置中，具有一定教育教学经验人员占比关系到民办高校运营中企业元素与高等教育元素的占比。本章对民办高校决策机构中理事或董事中具有五年以上教育教学经验的人数占比进行了调查，占比在五分之一以内的达到四成多，全部具有五年以上教育教学经验的近二成，其他都在一成左右，具体如图2-5所示。可见，民办高校决策机构中理事或董事中具有五年以上教育教学经验的人数占比存在"两极分化"趋势，企业元素与高等教育元素的占比存在"分化"。

全部：16.13%

1/2~1：9.68%

1/5及以内：40.32%

1/3~1/2：14.52%

1/4~1/3：6.45%

1/5~1/4：12.9%

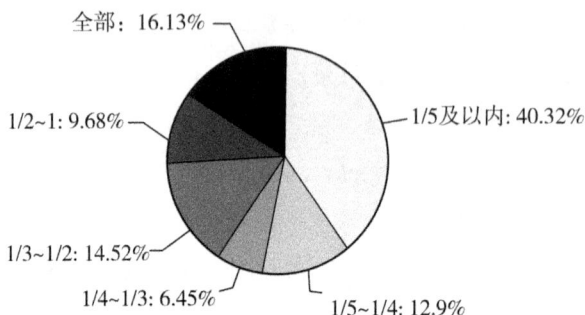

图 2-5　决策机构中理事或董事中具有五年以上教育教学经验的人数占比

◎ 民办高校行政机构建设及人员配置

在董事会领导的校长负责制下，学校行政负责具体执行董事会的决策，校长全面负责学校的各项事业，学校行政班子建设是关键，民办高校行政机构建设及人员配置是需要思考的重要问题。本章基于《民办教育促进法》的法理依据，调查了校长是否应当是董事会成员、校长是否应当是学校的法定代表人等两个关于民办高校行政机构建设及人员配置的问题。

调查发现，民办高校校长为董事会成员的占 88.71%，校长是学校法定代表人的占 35.48%，具体如图 2-6 所示。由此可知，当前民办高校绝大多数校长是学校董事会成员，实行交叉任职，以利于校长全面负责学校的各项事业，领导行政班子成员贯彻落实董事会决策。但缘于民办高校的学校特色，尤其是独立学院，大多数校长是由母体高校委派。学校的法定代表人为投资方人员，除了一些学校的校长是民办高校投资方人员外，多数学校的校长不是学校的法定代表人。

◎ 民办高校党组织机构建设及人员配置

2016 年 4 月 18 日，中央全面深化改革领导小组第二十三次会议审议通过了《关于加强民办学校党的建设工作的意见（试行）》，基于全面从严治党的要求，切实加强党对民办学校的领导，明确提出，按照全

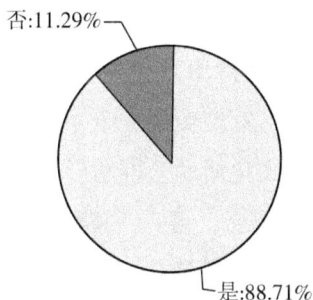

图 2-6　校长是否为学校法定代表人及董事会成员的情况

面从严治党要求，坚持和加强党的领导，充分发挥民办学校党组织战斗堡垒作用和党员先锋模范作用，确保民办学校按照党的要求办学立校、教书育人，把培育和践行社会主义核心价值观贯穿学校教育全过程，引导师生树立正确的世界观、人生观、价值观，努力在办好民办学校中加强党的建设，通过加强党的建设保障民办学校健康发展。明确了民办学校党组织定位，即民办学校党组织是党在民办学校中的战斗堡垒，发挥政治核心作用，主要体现在：①

（1）保证政治方向。宣传执行党的理论和路线方针政策，宣传执行党中央、上级党组织和本组织的决议，引导学校全面贯彻党的教育方针，依法办学、规范办学、诚信办学，坚决反对否定和削弱党的领导，反对西方所谓"普世价值"等错误思潮传播，反对各种腐朽价值观念。

（2）凝聚师生员工。把思想政治工作贯穿学校工作各方面，贯穿教育教学全过程，密切联系、热忱服务师生员工，关心和维护他们的正当权益，统一思想、凝聚人心、化解矛盾、增进感情，激发教职工主人翁意识和工作热情。

（3）推动学校发展。支持学校董（理）事会和校长依法依章行使职权、开展工作，参与学校改革发展稳定和事关师生员工切身利益的重

---

①　参见《关于加强民办学校党的建设工作的意见（试行）》。

大事项决策，帮助学校健全章程和各项管理制度，促进学校提高教育质量、培养合格人才。

（4）引领校园文化。坚持用社会主义核心价值观塑造校园文化，加强社会公德、职业道德、家庭美德、个人品德教育，开展精神文明创建活动，组织丰富多彩的文化活动，推动形成良好的校风教风学风。

（5）参与人事管理和服务。参与学校各类人才选拔、培养和管理工作，在教职工考评、职称评聘等方面提出意见建议，调动他们的积极性和创造性。

（6）加强组织建设。完善组织设置和工作机制，加强党组织班子成员和党务干部管理，做好发展党员和党员教育管理服务工作，严格组织生活制度，认真贯彻民主集中制，强化党组织日常监督和党员民主监督，抓好党风廉政建设。领导学校工会、共青团等群团组织和教职工大会（代表大会），做好统一战线工作。

基于《关于加强民办学校党的建设工作的意见（试行）》对民办学校党组织建设的必要性及定位，本章对民办高校党组织建设情况，从是否建立了党委—党总支（分党委）—基层党支部等三级党组织、党组织机构及人员配备情况两个方面进行了调查。问卷调查统计显示，91.94%的民办高校建立了党委—党总支（分党委）—基层党支部等三级党组织，仅有少数学校未建立党总支（分党委）或未建立三级党组织。虽然有近一半的民办高校每级党组织都按党章及相关规定配备了专职人员，但有四成多的民办高校人员是兼职与专职并存，甚至有近一成的民办高校绝大多数是兼职人员在从事党组织工作（图2-7）。可见，当前民办高校党组织机构建设比较完善，但缘于人力资源成本问题，在机构和人员配置方面还需要加强。

《关于加强民办学校党的建设工作的意见（试行）》对民办高校党组织与学校董（理）事会和行政部门之间的关系也作了明确说明。在民办高校中，董事会（或理事会）、学校行政部门及党组织等三者职责履行如何？调查研究显示，个别民办高校行政人员反映三者职责不明

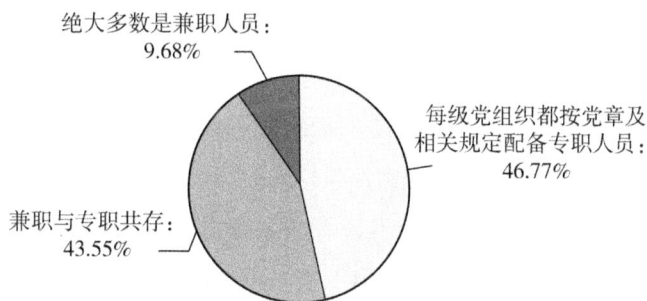

绝大多数是兼职人员：
9.68%

每级党组织都按党章及
相关规定配备专职人员：
46.77%

兼职与专职共存：
43.55%

图 2-7 民办高校党组织机构及人员配备情况

确，全凭领导个人之间的关系协调，权责利较混乱；三成多民办高校行政人员反映三者职责非常明确，权责利处理很妥当；近四成民办高校行政人员反映三者职责较明确，三者协调较好；二成多反映三者职责基本明确，虽然没有明确的公文，但职责分工很清楚。如图 2-8 所示。

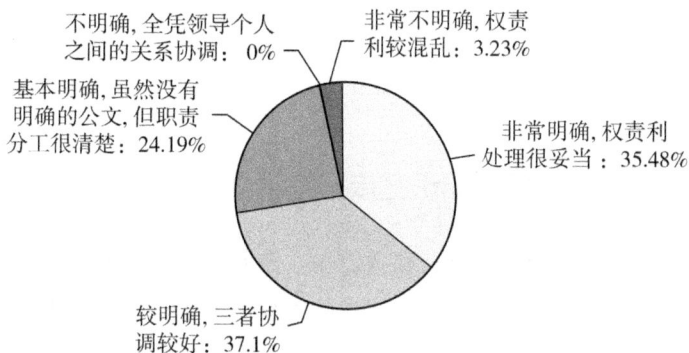

不明确，全凭领导个人
之间的关系协调：0%

非常不明确，权责
利较混乱：3.23%

基本明确，虽然没有
明确的公文，但职责
分工很清楚：24.19%

非常明确，权责利
处理很妥当：35.48%

较明确，三者协
调较好：37.1%

图 2-8 董事会（或理事会）、学校行政部门及党组织三者职责履行情况

从图 2-8 可以看出，当前民办高校董事会（或理事会）、学校行政部门及党组织三者职责履行方面基本明确。如以武汉华夏理工学院为例，学校董事会（或理事会）、学校行政部门及党组织实行交叉任职，校长进董事会，董事会成员进校长办公会，党员校长进党委会，党委会

与校长办公会联席，实行党政联席会议制度，有效地协调了三者职责的履行，促进了内部治理。从实地走访调查的民办高校来看，基本采用的是此类模式，整体运行良好。

◎ 民办高校学术组织建设及人员配置

为促进高等学校规范管理和加强学术委员会建设，完善内部治理结构，保障学术委员会在教学、科研等学术事务中有效发挥作用，2014年1月8日，经教育部2014年第1次部长办公室会议审议通过并于2014年3月1日起施行了《高等学校学术委员会规程》，其对高等学校学术委员会组成规则、职责权限及运行制度作了明确规定。对于民办高校，除了董事会（或理事会）、学校行政及党组织三大组织之外，随着现代大学制度的完善，民办高校构建学术标准组织成为发展趋势。一些民办学校陆续成立了学术委员会、专家委员会、教授委员会等。本章对民办高校学术委员会组织建设进行了调查。调查显示，当前民办高校成立学术委员会之类的学术组织达90.32%，仅有少部分学校未成立相应的学术组织。

◎ 关联知识链接：学术委员会 ◎

学术委员会是指在我国的高等院校、专门科学研究机关及企、事业部门所属的科研机构中设立的学术评议与审核机构。学术委员会一般分为校、系两级。各级学术委员会由副教授以上学衔的人员组成。

学术委员会主要职能是审议本单位科学研究远景规划和计划草案，对较大型学术活动提出建议并推动与促进校内以及各级学术部门向国内外实施的学术交流及科技合作和审议重大研究课题的开题报告。

学术委员会委员享有以下权利：

（一）知悉与学术事务相关的学校各项管理制度、信息等；

（二）就学术事务向学校相关职能部门提出咨询或质询；

（三）在学术委员会会议中自由、独立地发表意见，讨论、审议和表决各项决议；

（四）对学校学术事务及学术委员会工作提出建议、实施监督；

（五）学校章程或者学术委员会章程规定的其他权利。

特邀委员根据学校的规定，享有相应权利。

学术委员会委员须履行以下义务：

（一）遵守国家宪法、法律和法规，遵守学术规范、恪守学术道德；

（二）遵守学术委员会章程，坚守学术专业判断，公正履行职责；

（三）勤勉尽职，积极参加学术委员会会议及有关活动；

（四）学校章程或者学术委员会章程规定的其他义务。

资料来源：教育部令第 35 号《高等学校学术委员会规程》

（二）制度化管理的平衡制约

2010 年，国务院常务会议审议并通过了《国家中长期教育改革和发展规划纲要（2010—2020 年）》，将建设现代大学制度确立为一项战略任务。现代大学制度涉及规范和理顺大学与政府、大学与社会的关系，涉及大学内部治理结构的完善和改革。对于民办高校制度化管理来讲，民办高校办学活动依法规范是以完善健全的大学内部治理结构及管理制度为基础的。对于民办高校办学活动依法规范，学校章程、各项事业运营制度发挥着基础性作用。本章从民办高校章程建设、各项制度制定及落实展开调查。本章以《民办教育促进法》和全国及各省依法治校示范校建设要求为指导，根据民办高校制度化管理范式内涵主要表现维度，研究设计了关于民办高校章程及执行机制、民办高校日常管理制度及执行机制两个维度的 3 个问题，针对 16 所国内民办高校与依法治校相关的职能部门行政人员进行问卷调查，梳理民办高校内部控制情况。

◎ 民办高校章程及章程执行机制

高等学校章程是大学内部的"宪法"，由大学的权力机构为了保证大学独立地位，根据高等学校设立的特许状，国家或地方政府教育法律法规，按照一定的程序制定的有关大学组织性质和基本权利的并且具有一定法律效力的治校总纲领。① 高等学校章程具有法的属性，是在法律规定的前提下运用民主的方式制定出的规范性文件，是公法领域的法，是规范大学依法履行教育职能而制定的具有公共职能的规范性文件。公法中的"软法"，体现为政府和学校的协商性。高等学校章程以建立现代大学制度为目标，以提高办学效益为目标，以办学自主权的法律化为核心目标。高等学校章程通过一系列详细说明和明确规定使大学内各种行动具有可信度和一致性，是大学组织行动的模板，是大学组织、其成员和过程的象征，是大学自身特定的大学精神、大学传统、大学气质与大学目标的结晶，是历史的承载者，是组织知识的储备所。大学章程保存了大学处理问题的经验，通过一系列的经验而得以演变。

通过调查，96.77%的民办高校依法制定了学校章程并完善章程执行机制，只有极少数民办高校未制定学校章程。从走访调研获悉，个别独立学院是母体学校下设的二级学院，纳入母体学校实施公办管理，未设置单独的章程，其使用的章程是母体学校的章程。

◎ 关联知识链接：中国大学章程进程脉络 ◎

中国大学章程分中国近代大学章程和中国现代大学章程两个进程脉络，具体如下：

（一）中国近代大学章程进程脉络

中国近代高等教育是伴随着大学章程一同起始的，清朝引进近代教育之后，各学堂普遍立有章程。

1895 年，盛宣怀草拟《拟设天津中西学堂章程禀（附章程、功

---

① 《华中师大报》（总第 1161 期），2014 年 5 月 12 日，第 3 版。

课）》，是现存高校中校史最长的大学创校文献。

1898 年，梁启超起草《奏拟京师大学堂章程》，提出创建京师大学堂"各省之表率，万国所瞻仰"的世界一流大学的目标。

1902 年，张百熙起草《钦定大学堂章程》，这个章程虽未实施，但提出几点重要办学思想：一是提出了德智体全面发展的教育思想；二是提出了"全学"和"通才"的概念；三是建立中国高等教育体制。

1904 年，张之洞起草《奏定大学堂章程》，首次提出了在大学堂内设通儒院即研究生院的主张，并对各分科大学和通儒院的学习年限作了规定，这标志着涵盖由学前教育到研究生层次的中国现代大学制度正式确立和延续千年的科举制度被最终废除。

1921 年，厦门大学在上海《民国日报》发表《厦门大学大纲》，它是章程性质的纲领性文件，对办学目的、经费、董事会、评议会、委员会、组织系统等都作了规定。

（二）中国现代大学章程进程脉络

中国现代大学章程主要经历碎片化、启动和加速推进三个阶段。

第一阶段：

章程碎片化阶段。20 世纪 50 年代初，经过大规模的院系调整，高校通常已经没有了章程的形制。调整后，高校经过多年的办学实践自觉形成了办学理念、定位、宗旨和目标，以及校训、校徽、校歌等章程元素，但这些元素相对独立、零散，一般通过文件、请示、报告等进行表达，文本形式不一致、决定主体不统一、权责边界不完整。例如，中国人民解放军军事工程学院成立前，聂荣臻和粟裕向中央军委呈送了《关于成立军事工程学院的报告》，该报告就明确了校名校址、领导职数、内部机构、编制配备、专业设置、招生规模、学业年限等章程元素。毛主席为学院颁发《训词》，对学校办学宗旨、培养目标（培养什么样的人）、开放办学和发扬传统（怎么样培养人）都提出了明确要求。

第二阶段：

大学章程建设启动。1992 年，教育部《内部管理体制改革的若干意见》出台，规定教育部直接管理的教育实体具有法人地位。

1995 年，《中华人民共和国教育法》明确学校具有"法人资格"，有按照章程行使自主管理的职权。

1998 年，《中华人民共和国高等教育法》规定，申请设立大学应当向审批机关提交章程等内容。

2010 年，《国家中长期教育改革与发展规划纲要（2010—2020年）》第四十条提出应加强章程建设。

2011 年 11 月，教育部第 31 号令即《大学章程制定暂行办法》，为高校章程建设提供了具体指南。

第三阶段：

2013 年 9 月，《中央部委所属大学章程建设行动计划（2013—2015年）》出台，计划自 2013 年 9 月起实施，2015 年底完成。《计划》要求，"985 工程"建设大学要在 2014 年 6 月底前完成章程制定，"211工程"建设大学原则上于 2014 年底前完成章程制定工作。

2013 年 11 月，教育部核准了《中国人民大学章程》等 6 所高校大学章程，为其他高校章程制定提供了样板。到 2014 年 10 月，通过教育部核准的大学章程的高校数已达 32 所。

2015 年底，教育部及中央部门所属的 114 所高等学校，分批全部完成章程制定和核准工作。

资料来源：《哈尔滨工程大学报》第 2009 期（2014 年 7 月 11 日）第 3 版：校园视点；《华中师大报》2014 年 5 月 12 日第 3 版。

◎ 民办高校各项制度制定及落实

为依法管理学校各项事务，结合民办高校的特色，在教学、管理和服务等方面建立规章制度是关键，也是现代大学制度建设的基础。在民办高校内部管理制度中，具体包括教学管理、财务管理、教职工管理、学生管理、后勤管理等方面制度文件。在学校教学管理方面，应按照教育法、教师法的教师资格条例、教学成果奖励条例及教育部有关教学方面的计划和规定去执行，严格贯彻执行国家的教育方针，遵循国家规定的教育教学标准，科学地进行课业组织、师资配备、教学环节管理、学籍管理、科研管理及课外活动的管理等，充分调动教师、学生的教与学的积极性和主动性，提高教学质量。在财务管理方面，学校应依照有关规定，建立、健全财务制度，其中包括财务计划和决算制度、预算管理制度、基本建设财务管理制度、收费标准管理制度、会计档案管理制度、财务检查制度等，使财务工作有章可循，从而合法、有效地筹措及运用资金，提高教育投资效益。在对教师管理方面，学校应根据教育法、教师法及其他有关的法律、法规实施管理，学校不仅要尊重教师的权利，同时还要注意改善教师的工作、生活条件，提高教师素质，充分发挥教师在学校管理中的主体作用。在学生管理方面，要正确认识和处理学校与学生的法律关系，重视学生在教育法律关系中的主体地位，充分发挥学生的主体作用，尊重和保护学生的权利，并督促他们依法履行其义务。在学校食堂管理、卫生管理等方面，也要依法履行对学校育人工作的支持职责，认真贯彻执行《中华人民共和国食品卫生法》《中华人民共和国物价法》《学校卫生工作条例》等有关的法律法规，提供充分、有效的物资和服务。

基于此，本章从教育教学管理制度、科学研究管理制度、财务管理制度、教师管理制度、学生管理制度、后勤管理制度、安全管理制度、其他管理制度等方面就民办高校各项事业制度建设内容的合法性、公正性及公开性情况进行问卷调查。调查显示，民办高校行政人员对学校各项管理制度满意度较高，具体如图2-9所示。

同时，各民办高校各项制度管理切实有效执行整体情况满意度调查显示，认为很满意的仅有1.61%，认为满意的也仅有3.23%，基本满意的达46.77%，不满意或很不满意的达到了48.39%。基于调查，研究者针对各民办高校各项制度管理切实有效执行整体情况满意度是否存在学校差异，应用SPSS21.0统计分析软件进行方差分析。结果显示，在各民办高校各项制度管理切实有效执行整体情况满意度方面，各民办高校反映的情况不存在显著差异（P>0.05）。

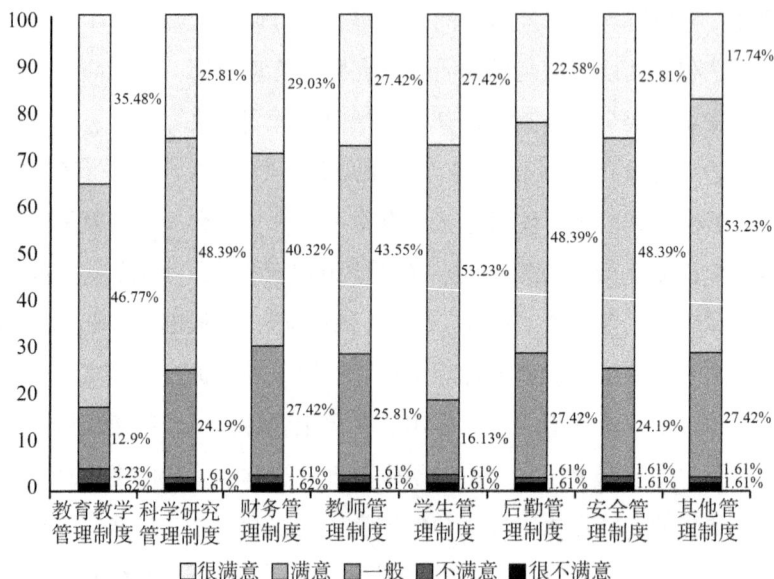

图 2-9　民办高校行政人员对学校各项管理制度满意度调查情况

为梳理民办高校各项制度制定与制度执行满意度之间相关性，本研究应用 SPSS21.0 统计分析软件进行相关性分析。结果显示，民办高校在教育教学管理制度、科学研究管理制度、财务管理制度、教师管理制度、学生管理制度、后勤管理制度、安全管理制度以及其他管理制度的制定方面是较好的。很多学校为了制定科学的制度体系，走访同类高校，借鉴先进做法。从制度建设层面来讲是满意的，但真正落实却情况不佳，反映出制度建设不切实际，制度建设理想化，制度落实形式化、经验主义，导致制度落实整体满意度低的问题。尤其是后勤管理制度、学生管理制度制定与执行存在显著相关性（P<0.01），教师管理制度、教育教学管理制度制定与执行存在相关性（P<0.05）。

（三）规范化管理的标准体系

本章以《民办教育促进法》和全国及各省依法治校示范校建设要求为指导，分析得出民办高校规范化管理范式内涵主要表现为三个维度：民办高校办学活动依法规范、民办高校依法治校运行机制及民办高校依法治校理念渗透。三者也是有机结合的整体，共同促进民办高校规范化管理的平衡制约，其示意图如图 2-10 所示。

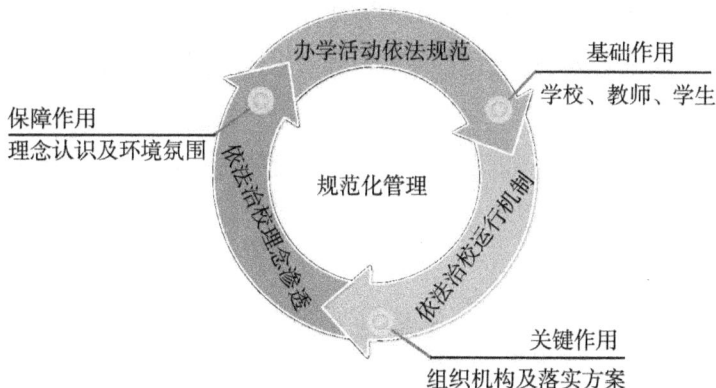

图 2-10　民办高校规范化管理范式内涵结构示意图

基于此，本章设计了关于民办高校办学活动依法规范、民办高校依法治校运行机制及民办高校依法治校理念渗透三个维度的 11 个问题，针对 16 所国内民办高校与依法治校相关的职能部门行政人员进行问卷调查，梳理民办高校办学活动依法规范、依法治校宣传教育及实施情况。

◎ 民办高校办学活动依法规范

从图 2-10 可以看出，民办高校办学活动依法规范在民办高校制度化管理中具有基础性作用，主要体现在学校、教师及学生等依法规范情况上。如湖北省依法治校示范校建设指出，高校应自觉遵守国家法律法规，依法实施办学活动。全面贯彻国家教育方针，实施素质教育。依法保障教育教学管理秩序，有良好的校风。学校教师、学生无严重违纪和刑事犯罪行为等。本章从民办高校是否因依法治校经验或成果明显受到上级组织表彰、是否因办学行为存在不规范行为而受到主管部门的通报批评或处罚以及师生是否有严重违纪和刑事犯罪行为等方面调查民办高校办学活动依法规范情况。

（1）民办高校办学活动依法规范

通过问卷调查，在民办高校是否因依法治校经验或成果明显受到上级组织表彰方面，有 62.9% 的民办高校受到不同级别或不同类别的表彰，这与本研究走访调查的高校实际情况相符合。在民办高校是否因办学行为存在不规范行为而受到主管部门的通报批评或处罚方面，有 96.77% 的民办高校没有"因办学行为存在不规范行为而受到主管部门的通报批评或处罚"，如图 2-11 所示。由此可见，当前民办高校办学活动在依法规范方面表现较好。

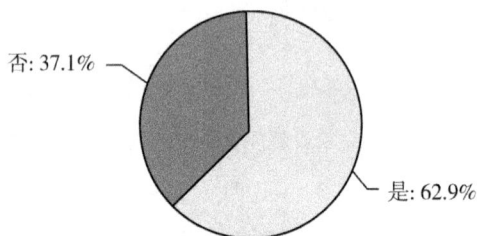

图 2-11　民办高校办学活动依法规范调查

（2）民办高校师生活动依法规范

通过问卷调查，在民办高校师生活动依法规范方面，有 88.71% 的学校未出现过师生严重违纪和刑事犯罪行为。其中一些学校出现的严重违纪和刑事犯罪行为主要是师生误入违法组织出现诈骗行为以及相信"朋友"出现包庇行为。其调查结果如图 2-12 所示。

◎ 民办高校依法治校运行机制

从图 2-10 可看出，民办高校依法治校运行机制在民办高校制度化管理中具有关键性作用，主要体现在依法治校组织机构建设及依法治校

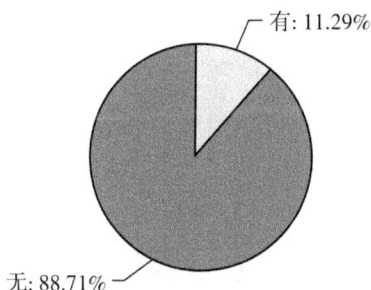

图 2-12 民办高校师生活动依法规范调查

落实方案。如湖北省依法治校示范校建设指出，高校设有法治工作专门机构，学校党政领导高度重视依法治校，定期研究依法治校工作。学校聘有法律顾问，并切实在提高学校治理法治化水平、妥善化解矛盾纠纷等方面发挥积极作用。本章从民办高校是否成立了专门的依法治校或法制组织、是否聘有法律顾问、是否成立了依法治校领导小组、是否制定了依法治校落实方案等方面调查民办高校依法治校运行机制。

（1）依法治校组织机构建设

通过问卷调查，在民办高校成立专门的依法治校或法制组织情况方面，有38.71%的民办高校成立了专门的组织并作为一个独立的职能部门存在，有17.74%的民办高校成立了专门的组织但挂靠在学校相关的职能部门，还有40.32%的民办高校未成立专门组织而是由党办、校办或其他相关部门负责该项业务，3.23%的民办高校未成立专门组织也未开展该项业务，具体如图2-13所示。民办高校是否聘有法律顾问的调查显示，有9.68%的民办高校未聘用法律顾问，聘用法律顾问的学校，其作用发挥方面参差不齐，有74.19%的民办高校聘有专职法律顾问，在法理法治化水平及化解矛盾纠纷中发挥积极作用，16.13%的民办高校聘有专职法律顾问，但基本没发挥作用。以上调查显示，当前民办高校虽然比较重视法治建设。但在组织机构建设方面，专门组织机构建设还比较欠缺，有些聘用了法律顾问的民办高校，基本只是挂靠在党办或校办，负责法律顾问工作。

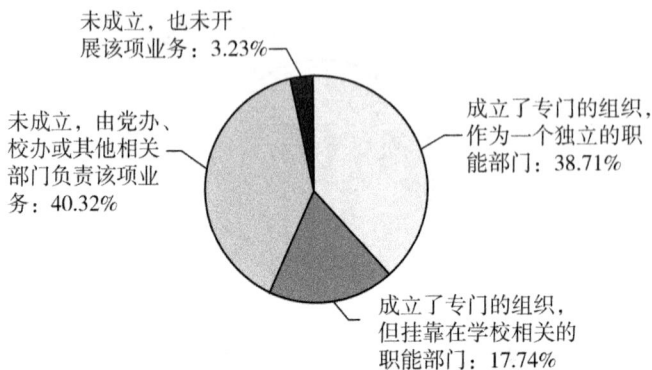

图 2-13 民办高校成立专门的依法治校或法制组织情况

（2）依法治校组织实施落实

在依法治校工作组织实施落实方面，通过问卷调查，民办高校依法治校领导小组建设情况为，79.03%的民办高校成立了依法治校领导小组，对于民办高校制定依法治校落实方案情况调查显示，83.87%的民办高校制定了依法治校落实方案，具体如图 2-14 所示。问卷调查显示，当前在全国或各省依法治校示范校建设中，各高校都非常重视该项工作，成立了依法治校领导小组并制定了相关的方案。但实地调研发现，依法治校领导小组的成立以及依法治校相关方案的制定基本是应对省级教育行政部门的检查，切实落实领导小组责任及按方案实施的不多，构建规范的依法治校领导小组职责及切合民办高校实际的实施方案值得深入研究。

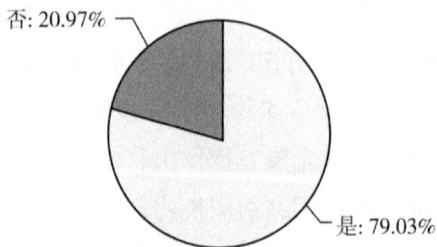

图 2-14 民办高校依法治校领导小组成立情况

为全面推进民办高校依法治校工作，促进依法治校组织实施落实，一些民办高校开始试行试点学院工作，放权发挥二级学院的主动性，实行校院两级管理运行机制，全面推进学校的建设发展。武汉华夏理工学院在现代大学制度建设中，通过顶层设计，坚持校院两级管理机制，激发二级学院的能动性。问卷调查显示，当前 64.52% 的民办高校开始尝试校院两级管理运行机制，但也有 35.48% 的民办高校缘于本校办学运行实际未实行校院两级管理。对于实行校院两级管理制度的民办高校，本章调查了校级管理制度和院级管理制度的设置问题，从两级管理制度的重要性方面进行调查。

其一，关于校级管理制度方面，民办高校普遍反映目标管理制度、绩效考核制度、预算管理制度、契约管理制度、信息管理制度及其他管理制度制定较为重要。尤其是目标管理制度及绩效考核制度，对于校院两级管理运行作用较大，在实施校院两级管理中是必要构件，其调查结果如图 2-15 所示。

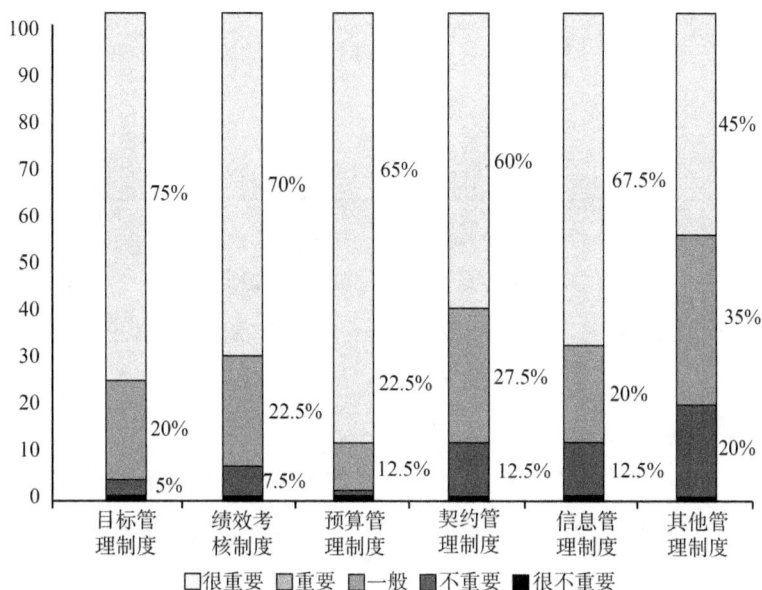

图 2-15 校院两级管理运行机制中校级管理制度重要性程度

其二,关于院级管理制度方面,民办高校普遍反映教学自主管理权制度、行政自主管理权制度、财务自主管理权制度及其他管理制度制定对校院两级管理运行作用较大,其调查结果如图 2-16 所示。

关于校院两级管理运行机制的落实,需要从校级管理制度与院级管理制度进行落实。本研究应用 SPSS21.0 统计分析软件对校院两级管理制度的相关性进行分析。结果显示,目标管理制度、绩效考核制度、预算管理制度、契约管理制度、信息管理制度等校级管理制度与教学自主管理权制度、行政自主管理权制度、财务自主管理权制度等院级管理制度存在显著相关性($P<0.01$)。因此,推进校院两级管理,加强制度体系建设是关键,它可有效促进学校依法治校工作的实施,做到有"法"可依。

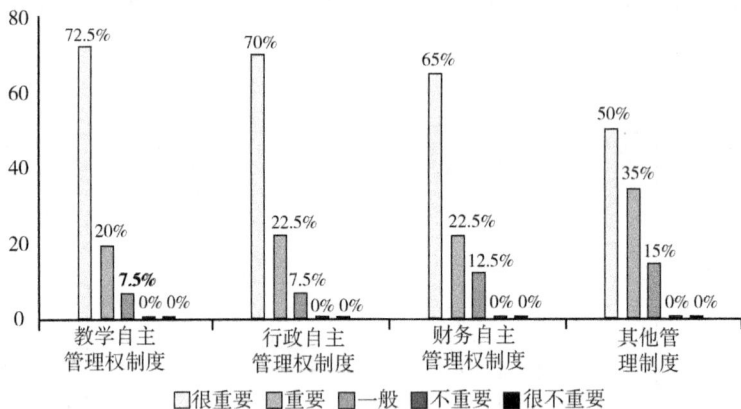

图 2-16 校院两级管理运行机制中院级管理制度重要性程度

◎ 民办高校依法治校理念渗透

从图 2-10 可知,民办高校依法治校理念渗透在民办高校制度化管理中具有关键性作用,主要体现在依法治校理念认识及环境氛围上。

(1)依法治校理念认识

在全国依法治校示范校及各省依法治校示范校认定中,依法治校理论认识是一个重要的指标,如湖北省依法治校示范校认定中,要求认真贯彻国家和教育系统普法规划,把法治教育作为学校日常的重要工作。建立普法责任制,做到有措施、有落实、有总结;按照规定开设法治课,做到课时、教材、师资、经费"四落实"等。本章从学校是否将依法治校作为办学的重要理念、学校是否将依法治校纳入学校工作议程、师生对依法治校理念认识情况三个方面设计了调查问卷。

在学校是否将依法治校作为办学的重要理念方面,90.32%的民办高校将依法治校作为办学的重要理念,在学校是否将依法治校纳入学校工作议程方面,96.77%的民办高校将依法治校纳入了学校工作议程,如图 2-17 所示。调查显示,当前民办高校普遍重视依法治校工作,将依法治校纳入了工作议程。但在实地调查中,虽然各民办高校从宏观层面将依法治校纳入各项工作之中,但从具体操作方面来看还存在载体不足、平台欠缺的问题,普遍感觉依法治校较空较虚,需要从微观层面进行深入挖掘、规范设计。

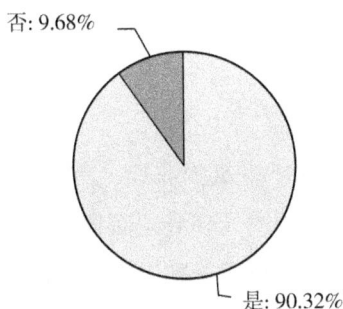

否: 9.68%

是: 90.32%

图 2-17 依法治校理念认识情况调查

在民办高校师生对依法治校理念认识情况方面,46.77%的民办高校师生对依法治校理念认识较深,48.39%的民办高校师生对依法治校理念认识一般,4.84%的民办高校师生对依法治校理念认识较浅。基于调查,研究者针对各民办高校师生对依法治校理念认识情况是否存在学校差异，应用 SPSS21.0 统计分析软件进行方差分析，结果显示存在显著差异（P<0.05）。通过事后多重比较，得出如表 2-2 所示结果。从表 2-2 来看，各民办高校师生对依法治校理念认识存在差异。

表 2-2　　　民办高校师生对依法治校理念认识情况多重检验

（I）您任职学校名称是	（J）您任职学校名称是	均值差（I-J）	标准误	显著性	95%置信区间	
					下限	上限
浙江省 A 民办高校	湖北省 D 民办高校	-0.657*	0.320	0.046	-1.30	-0.01
浙江省 B 民办高校	湖北省 F 民办高校	0.800*	0.346	0.025	0.10	1.50
广东省 A 民办高校	湖北省 F 民办高校	0.996*	0.458	0.034	0.08	1.92
广东省 B 民办高校	湖北省 F 民办高校	0.996*	0.458	0.034	0.08	1.92
湖北省 A 民办高校	湖北省 F 民办高校	0.996*	0.458	0.034	0.08	1.92
湖北省 B 民办高校	湖北省 F 民办高校	0.996*	0.458	0.034	0.08	1.92
湖北省 C 民办高校	湖北省 F 民办高校	0.800*	0.346	0.025	0.10	1.50
湖北省 E 民办高校	湖北省 F 民办高校	0.938*	0.399	0.016	0.20	1.80
湖北省 D 民办高校	湖北省 F 民办高校	0.857*	0.320	0.010	0.21	1.50

＊表示 0.05 信度

（2）依法治校环境氛围

在民办高校依法治校环境氛围方面，本研究调查了民办高校在学法、用法和依法办事的法治主导环境方面的情况，应用 Likert 五级量表评价法进行评价，对民办高校职能部门行政人员的调查统计显示，认为法治主导环境氛围很浓的占 24.19%，认为法治主导环境氛围浓的占 40.32%，认为法治主导环境氛围一般的有 32.26%，认为法治主导环境氛围淡薄、法治主导环境氛围很淡的极少（1.61%）。基于调查，研究者针对民办高校依法治校环境氛围是否存在学校差异，应用 SPSS21.0 统计分析软件进行方差分析。结果显示各民办高校反映的情况不存在显著差异（P>0.05）。调查统计分析显示，当前民办高校基于全面依法治国大环境，根据省级教育行政部门的要求，采取多种形式开展法治宣传教育活动，学校具备了学法、用法、依法的环境氛围。

（四）民主化管理的沟通尊重

民主化管理是相对于绝对服从绝对权威的管理而言的，即管理者在"民主、公平、公开"的原则下，科学地将管理思想进行传播，协调各组织各种行为达到管理目的的一种管理方法。因此，民主化管理既符合人们的心理要求或"以人为本"管理思想，也是管理者所追求的一种管理艺术，即一种被管理者意识不到的正在接受的管理，而事实上他却正在接受管理的积极性，唤醒人的主体意识，弘扬人的主体精神，发挥人的主体能力。因此，民主化管理又是一种群众参与下的多数人管理少数人的管理。在民办高校，教职工代表大会、工会是高校师生实施民主化管理的两大渠道。

◎ 教职工代表大会的建立及作用

学校教职工代表大会是教职工依法参与学校民主管理和监督的基本形式。为依法保障教职工参与学校民主管理和监督，完善现代学校管理制度，促进学校依法治校，依据教育法、教师法、工会法等法律，2011年11月9日经中华人民共和国教育部第34次部长办公会议审议通过，并经中华全国总工会同意，于2011年12月8日由教育部正式发布《学校教职工代表大会规定》。本章调查了民办高校教职工代表大会的建立及作用，其中有88.71%的行政人员反映学校没有成立教职工代表大会。但经实地调研，缘于个别教师并非教职工代表大会代表，未对此关注。民办高校基本都成立了教职工代表大会。关于教职工代表大会在保障教职工参与民主管理和监督中的作用，调查显示，23.64%的民办高校教职工代表大会作用非常大，推进了学校民主治校；32.73%的民办高校教职工代表大会作用大，在学校重大决策中起民主监督作用；38.18%的民办高校教职工代表大会作用一般；仅有少数民办高校教职工代表大会作用小或没作用，仅从形式上为学校决策服务，是一个形式化的组织。基于调查，研究者针对教职工代表大会在保障教职工参与民主管理和监督中的作用是否存在学校差异，应用SPSS21.0统计分析软件进行方差分析,结果如表 2-3 所示。

表 2-3 不同学校教职工代表大会在保障教职工参与
民主管理和监督中的作用差异

	平方和	df	均方	F	显著性
组间	87.266	15	5.818	2.023	0.034
组内	132.282	46	2.876		
总数	219.548	61	219.548		

从表 2-3 可知,各民办高校教职工代表大会在保障教职工参与民主管理和监督中的作用方面,各民办高校存在显著差异($P<0.05$)。通过多重检验,各民办高校作用差异情况如表 2-4 所示。从表 2-4 可知,当前民办高校教职工代表大会在保障教职工参与民主管理和监督中的作用发挥存在学校之间的差异,如广东省 A 民办高校其发挥作用相对广东省 B 民办高校要小,相对于湖北省的一些民办高校作用也相对较小。

表 2-4 民办高校教职工代表大会在保障教职工参与
民主管理和监督中的作用多重检验

(I) 您任职学校 名称是	(J) 您任职学校 名称是	均值差 (I-J)	标准 误	显著 性	95%置信区间	
					下限	上限
浙江省 A 民办高校	湖北省 B 民办高校	-2.200*	1.073	0.046	-4.36	-0.04
浙江省 B 民办高校	湖北省 C 民办高校	2.900*	1.138	0.014	0.61	5.19
广东省 A 民办高校	浙江省 B 民办高校	-2.525*	0.967	0.012	-4.47	-0.58
广东省 A 民办高校	广东省 B 民办高校	-3.125*	1.341	0.024	-5.82	-0.43
广东省 A 民办高校	湖北省 B 民办高校	-3.325*	0.967	0.001	-5.27	-1.38
广东省 A 民办高校	湖北省 C 民办高校	-3.125*	1.148	0.009	-5.44	-0.81
广东省 A 民办高校	湖北省 A 民办高校	-3.125*	1.341	0.024	-5.82	-0.43

续表

（I）您任职学校名称是	（J）您任职学校名称是	均值差（I-J）	标准误	显著性	95%置信区间	
					下限	上限
广东省 A 民办高校	湖北省 F 民办高校	-2.982*	0.878	0.001	-4.75	-1.22
广东省 B 民办高校	湖北省 B 民办高校	3.125*	1.341	0.024	0.43	5.82

＊表示 0.05 信度

◎ 关联知识链接：教职工代表大会 ◎

教职工代表大会的职权：

（一）听取学校章程草案的制定和修订情况报告，提出修改意见和建议；

（二）听取学校发展规划、教职工队伍建设、教育教学改革、校园建设以及其他重大改革和重大问题解决方案的报告，提出意见和建议；

（三）听取学校年度工作、财务工作、工会工作报告以及其他专项工作报告，提出意见和建议；

（四）讨论通过学校提出的与教职工利益直接相关的福利、校内分配实施方案以及相应的教职工聘任、考核、奖惩办法；

（五）审议学校上一届（次）教职工代表大会提案的办理情况报告；

（六）按照有关工作规定和安排评议学校领导干部；

（七）通过多种方式对学校工作提出意见和建议，监督学校章程、规章制度和决策的落实，提出整改意见和建议；

（八）讨论法律法规规章规定以及学校与工会商定的其他事项。

教职工代表大会的意见和建议，以会议决议的方式做出。

教职工代表大会代表权利：

（一）在教职工代表大会上享有选举权、被选举权和表决权；

（二）在教职工代表大会上充分发表意见和建议；

（三）提出提案并对提案办理情况进行询问和监督；

（四）就学校工作向学校领导和学校有关机构反映教职工的意见和要求；

（五）因履行职责受到压制、阻挠或者打击报复时，向有关部门提出申诉和控告。

教职工代表大会代表义务：

（一）努力学习并认真执行党的路线方针政策、国家的法律法规、党和国家关于教育改革发展的方针政策，不断提高思想政治素质和参与民主管理能力；

（二）积极参加教职工代表大会的活动，认真宣传、贯彻教职工代表大会决议，完成教职工代表大会交给的任务；

（三）办事公正，为人正派，密切联系教职工群众，如实反映群众的意见和要求；

（四）及时向本部门教职工通报参加教职工代表大会活动和履行职责的情况，接受评议监督；

（五）自觉遵守学校的规章制度和职业道德，提高业务水平，做好本职工作。

资料来源：教育部令第 32 号《学校教职工代表大会规定》

◎ 工会的建立及作用

工会作为党领导的群众组织，是党联系教职工的桥梁和纽带，肩负着维护职工合法权益的基本职责。本章调查民办高校工会的建立及作用，发现所有学校都成立了工会。关于工会组织在维护教职工合法权益中的作用，调查显示，1.82% 的民办高校工会组织作用非常大，有效维护了教职工的合法权益；3.64% 的民办高校工会组织作用大，一定程度上维护了教职工的合法权益；高达 40% 的民办高校工会组织作用一般；27.27% 的民办高校工会组织作用小或没作用，受限于学校的人事部门决定，是一个形式化的组织。基于调查，研究者针对民办高校工会组织在维护教职工合法权益中的作用是否存在学校差异，应用 SPSS21.0 统计分析软件进行方差分析，结果如表 2-5 所示。

表 2-5　不同学校在工会组织在维护教职工合法权益中的作用差异

	平方和	df	均方	F	显著性
组间	75.934	15	5.062	1.595	0.113
组内	145.954	46	3.173		
总数	221.887	61	221.887		

从表 2-5 可知，各民办高校工会组织在维护教职工合法权益中的作用不存在显著差异（P>0.05）。综上所述，民办高校工会组织在维护教职工合法权益中的作用不大。实地调研显示，工会承担更多的是组织教职工的文体活动和教职工的思想政治教育方面的职能，在维护教职工合法权益方面作用较小，教师的合法权益大多是由人力资源部门来解决。

（五）权益化管理的权益保障

本章以《民办教育促进法》为指导，根据民办高校权益化管理范式内涵主要表现维度，设计了关于民办高校依法治校权益化管理实施决策及监督的 6 个问题，针对 16 所国内民办高校与依法治校相关的职能部门行政人员、一线教师和学生进行问卷调查，梳理民办高校师生申诉制度建设情况、决策机构人员配置是否包括教职工代表情况以及学校营利或非营利分类管理对教职工权益的影响。

◎ 民办高校师生申诉制度建设

在民办高校师生申诉制度建设方面，从建立和实行校内教师申诉制度、建立和实行校内学生申诉制度两个方面来进行调查，分别对学校行政人员、教师和学生三类群体进行调查。

（1）行政人员对师生申诉制度建设的反映

关于行政人员对建立和实行校内教师申诉制度的调查显示，

83.87%的行政人员反映学校建立和实行了校内教师申诉制度，关于行政人员对建立和实行校内学生申诉制度的调查显示，90.32%的行政人员反映学校建立和实行了校内学生申诉制度，如图 2-18 所示。实地调研发现，民办高校都建立了教师申诉制度和学生申诉制度，只是个别学校未将教师申诉制度和学生申诉制度单列，或个别行政人员不了解或者未办理此项业务，导致与问卷调查有一定的出入。但从另外角度来看，民办高校在师生申诉制度实行方面还存在一定的优化空间。办学中师生必然会存在一些不满意之处，因此建立畅通的申诉渠道并应用好，可以预防化解一些师生上访或聚众维权之类的过激行为。

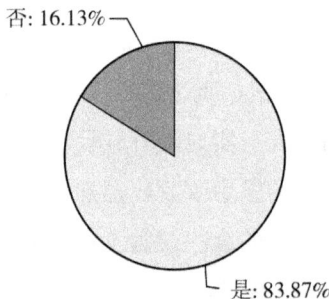

图 2-18　行政人员对教师申诉制度建设的反映

（2）一线教师对教师申诉制度建设的反映

本研究调查了一线教师是否了解或使用了校内教师申诉制度，结果显示，54.69%的一线教师了解或使用过校内教师申诉制度，有 45.31%的一线教师不了解或未使用过。可见，部分一线教师对教师申诉制度还不太了解，也未使用过。作为教师维护个人权益的一个重要渠道，教师有必要了解，学校也有义务让教师明了，在教师业务培训或新进教师培训中需要给予正面引导。

（3）学生对学生申诉制度建设的反映

本研究调查了学生是否了解或使用了校内学生申诉制度，结果显示，66.08%的学生了解或使用过校内学生申诉制度，有 33.92%的学生不了解或未使用过。可见，部分学生对学生申诉制度还不太了解，也未使用过。作为学生维护个人权益的一个重要渠道，学生有必要了解，学校也有义务让学生明了，在新生入学教育中需要给予正面引导。

◎ 决策机构人员配置是否包括教职工代表

《民办教育促进法》指出，在民办高校决策机构中要有一定数量的教职工代表。本研究从民办高校董事会是否有教职工代表、教职工进入董事会的意见等展开调查。

在民办高校董事会是否有教职工代表的调查显示，有 54.84% 的民办高校有教职工代表参与，比如研究组走访的浙江树人大学，其决策机构中除了学校领导外，还包含校内专家学者代表。而针对教职工进入决策机构的意见方面，仅有 20.97% 的民办高校行政人员认为应由举办方任命，有高达 51.61% 的行政人员认为要由全体教职工选举。当然，也有 27.42% 的行政人员认为教职工没发言权，不必要进入决策机构，其调查结果如图 2-19 所示。

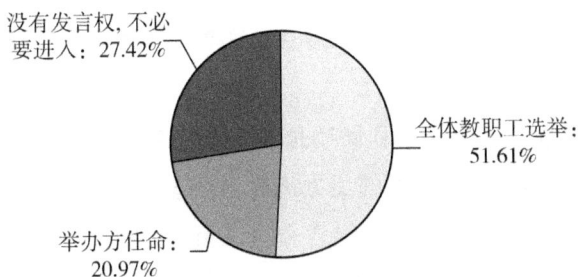

图 2-19　教职工进入决策机构的意见

◎ 学校营利或非营利分类管理对教职工权益的影响

2016 年 4 月 18 日，中央全面深化改革领导小组第二十三次会议审议通过了《民办学校分类登记实施细则》，规定对民办学校实行非营利性和营利性分类管理，民办学校分类管理是党中央、国务院确定的重大改革方向，是贯彻落实《民办教育促进法》修法精神的重要举措，是深化教育领域综合改革的重要内容。民办高校分类，将会对教职工的权益产生怎样的影响，这是分类管理之后面临的新课题。本研究从对举办人、学校、教职工及学生权利和义务方面是否有明确的规定，民办学校计划选择营利性还是非营利性等方面进行了调查。

在举办人、学校、教职工及学生权利和义务方面是否有明确的规定方面，仅有48.39%的行政人员反映全部都有明确的规定，除了3.22%的行政人员反映没有明确的规定外，有48.39%的行政人员反映有些有明确的规定，有些没有规定。如图2-20所示。

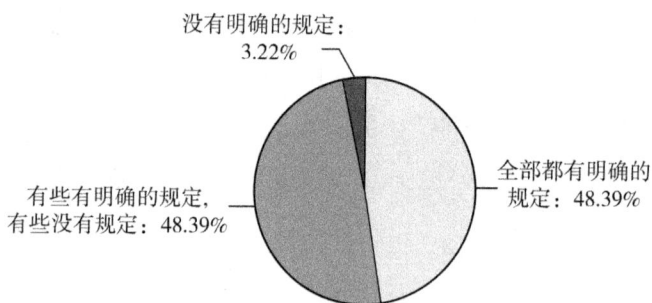

图2-20　举办人、学校、教职工及学生权利和义务方面是否有明确的规定

在民办学校计划选择营利性还是非营利性方面，有66.13%的民办高校选择非营利性，33.87%的民办高校选择营利性。在民办高校分类管理的趋势下，民办高校也在结合自身实际，调整结构，进行分类选择。一些拟选择非营利性的民办高校，欲结合学校实际发展研究生教育以获得国家更多补贴。

◎ 关联知识链接：民办教学分类管理 ◎

民办学校分为非营利性民办学校和营利性民办学校。民办学校的设立应当依据《中华人民共和国民办教育促进法》等法律法规和国家有关规定进行审批。经批准正式设立的民办学校，由审批机关发给办学许可证后，依法依规分类到登记管理机关办理登记证或者营业执照。

设立民办学校应当具备《中华人民共和国教育法》《中华人民共和国民办教育促进法》和其他有关法律法规规定的条件，符合地方经济社会和教育发展的需要。

民办学校的设立应当参照国家同级同类学校设置标准，无相应设置标准的由县级以上人民政府按照国家有关规定制定。申请设立民办学校，应当提交《中华人民共和国民办教育促进法》等法律法规和学校设置标准规定的材料、学校党组织建设有关材料等。

资料来源：《民办学校分类登记实施细则》

第三节　民办高校依法治校的主体对象

明确了民办高校依法治校的着力点在于"校"，"校"是依法治校的实施主体对象，因此，民办高校依法治校要体现民办教育的要求和民办学校的特点。学校工作的核心是教与学。教与学既是教育活动，也是人的集合，反映了教师教的权益和学生学的权益。故而，民办高校依法治校要着眼于促进教与学的配合、互动及平衡。

一、教：民办高校教师依法治校意识

依法治校的着力点在于"校"，教师是立校之本。清华大学老校长梅贻琦指出："大学者，非谓有大楼之谓也，有大师之谓也。"习近平总书记在 2017 年教师节座谈会上深情地说，一个人遇到一个好老师是人生的幸运，一个学校拥有好老师是学校的光荣，一个民族源源不断地涌现出一批又一批好老师则是民族的希望。要办好一所学校，就要抓住教师这个根本，本立而道生。学校里的所有工作、所有改进措施都应以教师为基点，循此生发和延展。本章重点围绕民办高校教师依法治校意识展开调查,从学法、用法及依法办事三个维度调查了一线教师对学校依法治校重要理念的了解、对学校依法治校纳入学校工作议程的了解、对学校章程及执行机制的了解、对教职工权利和义务的了解以及对各方面管理制度内容合法性公正性及公开性情况的满意度、各项管理制度切实有效执行整体情况满意度等。

(一)学法

本章重点调查了一线教师对学校依法治校的了解及参与情况,在一线教师问卷中设置了4个问题。

关于民办高校一线教师是否了解学校将依法治校作为办学的重要理念,调查显示,83.59%的一线教师对此了解。关于民办高校一线教师是否了解学校将依法治校纳入学校工作议程,调查显示,69.53%的一线教师对此了解。关于民办高校一线教师是否参与到学校依法治校方案实施中,调查显示,仅有51.56%的一线教师参与其中。关于民办高校一线教师是否了解学校章程及执行机制,调查显示,有74.22%的一线教师对此了解。具体调查结果如图2-21所示。可见,当前民办高校一线教师对依法治校宏观层面的理念是了解的,但对于依法治校纳入学校工作议程、对章程及执行机制以及个人积极参与其中等实践较欠缺。

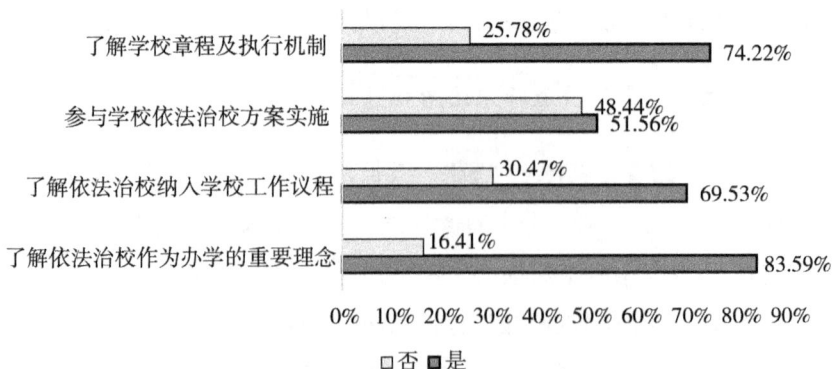

图2-21 一线教师对学校依法治校的了解及参与情况

（二）用法

本章重点调查了一线教师是否了解或使用了校内教师申诉制度、是否了解或通过工会组织维护自己的合法权益、对依法治校理念的认识情况以及对学校依法治校执行情况的总体看法。

在通过工会组织维护自己合法权益方面，调查显示，61.72%的一线教师使用过，38.28%的一线教师未使用过。在对依法治校理念的认识方面，仅有42.19%的一线教师认识较深，有高达46.88%的一线教师认识一般，还有10.93%的一线教师认识较浅。如图2-22所示。可见，当前民办高校一线教师对依法治校理念认识欠缺，导致其在用法上也存在不足。

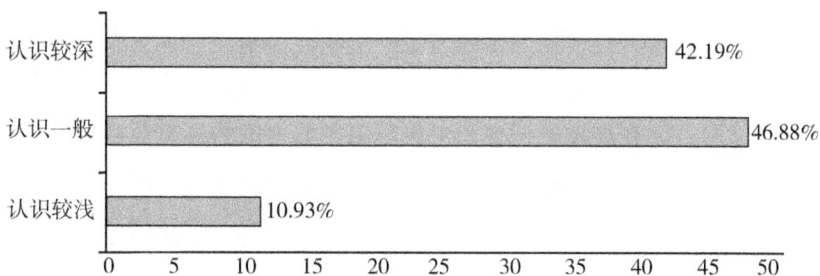

图2-22　一线教师对依法治校理念的认识情况

在一线教师对学校依法治校执行情况总体看法方面，执行得非常好的占25%，执行得好的占41.41%，执行得一般的占30.47%，执行得不佳或执行得很差的各占1.56%。基于调查，研究者针对一线教师对学校依法治校执行情况总体看法是否存在学校差异，应用SPSS21.0统计分析软件进行方差分析，结果如表2-6所示。

从表2-6可看出，各民办高校一线教师对学校依法治校执行情况总体看法存在显著差异（$P<0.05$）。可见，虽然民办高校教师普遍反映学校依法治校执行情况较好，但学校之间存在差异，反映出部分学校在依法治校执行方面不佳。

表 2-6 不同学校一线教师对学校依法治校执行情况总体看法差异

	平方和	df	均方	F	显著性
组间	10.055	6	1.676	2.394	0.032
组内	84.687	121	0.700		
总数	94.742	127			

（三）依法办事

本研究重点调查了学校对教职工权利和义务是否有明确规定，一线教师对学校依法制定管理制度满意度、管理制度切实有效执行满意度、法治主导环境等依法办事效果及氛围的看法。

在教职工权利和义务方面是否有明确的规定方面，调查显示，58.59%的一线教师反映全部都有明确的规定，36.72%的一线教师反映有些有明确的规定，有些没有规定，4.69%的一线教师反映没有明确的规定，可见，民办高校关于教职工权利和义务方面的规定需要进一步加强。关于一线教师对教育教学管理制度、科学研究管理制度、教师职业发展制度、教师管理制度、薪酬待遇管理以及其他管理制度的合法性、公正性及公开性情况满意度，调查结果如图 2-23 所示。

从图 2-23 可以看出，一线教师对薪酬待遇管理制度不满意，有近25%的教师不满意或很不满意，这与一线教师对学校依法治校实施的建议与意见的"教师、待遇、人事制度、涨工资"等词频分析相一致，如图 2-24 所示。

二、学：民办高校学生依法治校意识

依法治校的着力点在于"校"，学生是学校的主体。本研究重点围绕民办高校学生依法治校意识展开调查，从学法、用法及依法办事三个维度调查了学生对学校依法治校重要理念的了解、对学校依法治校纳入学校工作议程的了解、对学校章程及执行机制的了解、对学生权利和义务的了解以及对与学生相关的管理制度内容合法性公正性及公开性情况

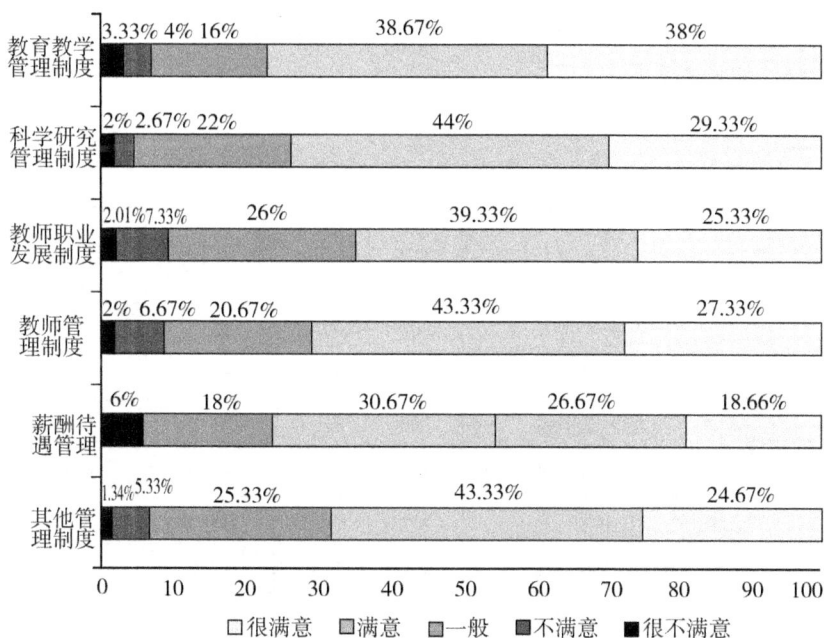

图 2-23 一线教师对管理制度的合法性、公正性及公开性情况满意度

图 2-24 一线教师对学校依法治校实施的建议与意见的词频分析

满意度、对与学生相关的管理制度切实有效执行整体情况满意度、身边
同学是否因为违纪违规而依据学校相关规定而被通报批评或处罚、依法

治校理念的认识、学校依法治校执行情况的总体看法等。调查学生样本的统计如表2-7所示。

表2-7　　　　　　　　　　　调查学生样本的统计

		频率	百分比	有效百分比	累积百分比
所就读的年级	大学一年级	200	35.3	35.3	35.3
	大学二年级	109	19.3	19.3	54.6
	大学三年级	191	33.7	33.7	88.3
	大学四年级	66	11.7	11.7	100.0
	合计	566	100.0	100.0	
承担社会职务	校级学生干部	68	12.0	12.0	12.0
	院级学生干部	91	16.1	16.1	28.1
	班级学生干部	159	28.1	28.1	56.2
	未担任学生干部	248	43.8	43.8	100.0
	合计	566	100.0	100.0	

（一）学法

本研究重点调查了学生对学校依法治校的了解及接受教育情况，在学生问卷中设置了4个问题。

关于民办高校学生是否了解学校将依法治校作为办学的重要理念，调查显示，20.67%的学生了解；关于民办高校学生是否了解学校将依法治校纳入学校工作议程，调查显示，25.97%的学生了解；关于民办高校学生是否接受过依法治校的教育实践，调查显示，有72.61%的学生接受过教育；关于民办高校学生是否了解学校章程及执行机制，调查显示，有22.97%的学生了解，具体调查结果如图2-25所示。可见，当前除了接受过依法教育外，民办高校学生对依法治校宏观层面的理念、依法治校纳入学校工作议程、对章程及执行机制等了解都较弱。

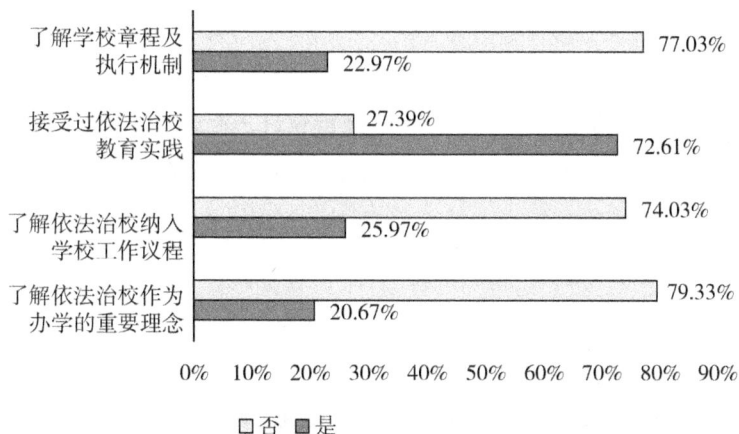

了解学校章程及执行机制 77.03% 22.97%

接受过依法治校教育实践 27.39% 72.61%

了解依法治校纳入学校工作议程 74.03% 25.97%

了解依法治校作为办学的重要理念 79.33% 20.67%

0% 10% 20% 30% 40% 50% 60% 70% 80% 90%

□ 否 ■ 是

图 2-25 学生对学校依法治校的了解及接受教育情况

(二) 用法

本研究重点调查了学生是否了解或使用了校内学生申诉制度、对依法治校理念的认识情况以及对学校依法治校执行情况的总体看法。

在对依法治校理念的认识方面，仅有 46.57% 的学生认识较深，有高达 48.29% 的学生认识一般，还有 5.14% 的学生认识较浅，如图 2-26所示。可见，当前民办高校学生对依法治校理念认识欠缺，导致其在用法上也存在不足。

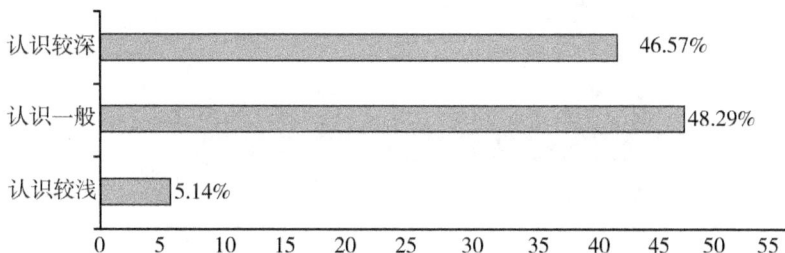

认识较深 46.57%

认识一般 48.29%

认识较浅 5.14%

0 5 10 15 20 25 30 35 40 45 50 55

图 2-26 学生对依法治校理念的认识情况

在学生对学校依法治校执行情况总体看法方面，执行得非常好的占1.77%，执行得好的占 34.1%，执行得一般的占 37.99%，执行得不佳的占 24.91%，执行得很差的占 1.23%。基于调查，研究者针对学生对学校依法治校执行情况总体看法是否存在学校差异、年级差异以及承担社会职务差异，应用 SPSS21.0 统计分析软件进行方差分析，结果显示不存在显著差异。可见，学生对学校依法治校执行情况看法是一致的，反映出学校依法治校执行上的不理想。

（三）依法办事

本研究重点调查了学生对学生权利和义务是否有法可依、学生管理制度合法性公正性及公开性情况满意度、管理制度切实有效执行满意度、法治校园建设氛围等依法办事效果及氛围的看法。

在学生权利和义务方面是否有明确的规定方面，调查显示，57.6%的学生反映全部都有明确的规定，36.75%的学生反映有些有明确的规定，有些没有规定，5.65%的学生反映没有明确的规定。在学生对学生相关管理制度的合法性、公正性及公开性情况满意度的调查显示，学生满意度不高；在学生对各项学生管理制度切实有效执行整体满意度的调查显示，学生不满意度高于满意度。其结果如图 2-27 所示。

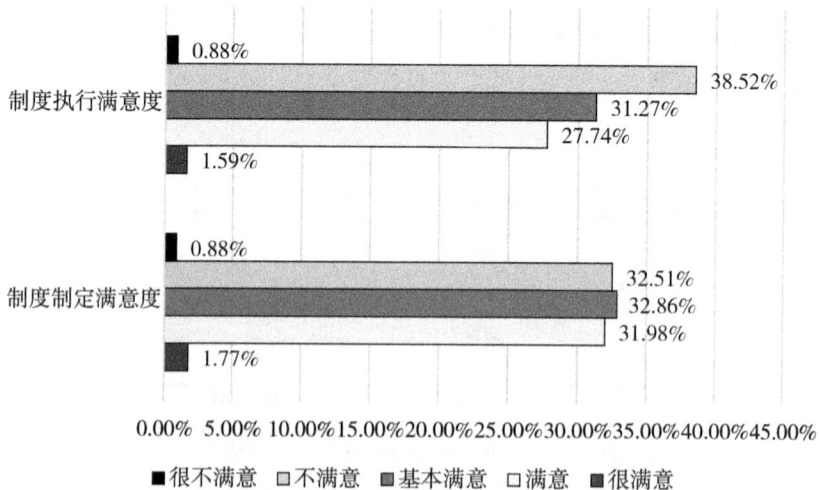

图 2-27　学生对学生相关管理制度及执行满意度情况

第三章 民办高校依法治校存在的困境

☑本章导引

前两章通过理论分析和现状分析，系统梳理了民办高校依法治校的时代背景，全面调查了民办高校依法治校的法律法规、实施范式及主体对象，统计分析了当前民办高校依法治校为什么"治"、依什么"法"、怎么"治"、为谁"法治"四个维度的现状。从整体上讲，在全国依法治国战略背景下，在教育系统全面推进依法治教的环境下，民办高校依法治校得以推进，尤其是独立学院陆续转设，完善学校章程，建立现代大学制度，进行了一系列的探索与实践，取得了一些成果及经验。但从细节上讲，民办高校发展历程短，理论界的研究针对性不强，实务界沉淀的实践经验也不多，加之面临新形势、新时期，民办高校依法治校依然存在诸多困境。本章将系统梳理民办高校依法治校为什么"治"、依什么"法"、怎么"治"、为谁"法治"等四个维度中存在的"瓶颈"，查找民办高校依法治校标准化建设的突破口。

第一节 民办高校依法治校法规政策还需健全

无规矩不成方圆，顺应时代发展要求，《民办教育促进法》于2013年和2016年紧密修订两次，旨在结合新形势新时代，把握民办高等教育脉搏，促进民办高校健康可持续发展。《教育法》《高等教育法》《民办教育促进法》是民办高校依法治校必须遵循的"上位法"，但依法治校依据的"法"，不仅仅包括这些国家法律法规，还包括省级教育行政部门的规章制度及规范性规则，不仅仅要遵循国家宏观层面的规范，还需要有省级教育行政部门微观层面的政策支持。基于民办高校依法治校法律法规的现状梳理，民办高校依法治校法律法规亟须从"下位法"层面进一步健全。

一、省级教育行政部门政策导向存在"单向性"

研究组通过对全国五个省部分民办高校的学校发展规划部门、党委办公室、学校办公室、人力资源部门、学生工作部门、教务部门等与依法治校关系密切的部门行政人员进行问卷调查，发现省级教育行政部门政策导向存在"单向性"，主要表现在政策支持"单向性"和政策指导"单向性"两个方面。

（一）政策支持"单向性"

当前，民办高校普遍反映省级教育行政部门对学校依法治校支持力度大，从支持方式方面，主要是以经费支持方式实施，包括专项资金方式、立项方式等，也给予一些荣誉支持，如示范校、示范中心、标杆等称号。但从支持方式看，主要是根据地方省级教育行政部门单方面发展需求或落实上级教育行政部门相关要求而"临时"制定的，只是针对省级教育行政部门短期发展需要给予的政策支持，欠缺长期效益及长远规划。

依法治校是一个长期的不断完善的工作，是全面依法治国在学校的具体表现，尤其针对民办高校的特征，"单向性"的政策支持，可能无法完全满足民办高校发展需求，因此应通过双向沟通，细致梳理民办高校依法治校中普遍性及独特性的需求，综合民办高校自身需求及省级教育行政部门需求，确保民办高校依法治校政策支持规范，规避省级教育行政部门在政策制定中的"单向性"问题。

（二）政策指导"单向性"

当前，民办高校普遍反映省级教育行政部门对学校依法治校的指导以检查方式为主。检查指导主要是宏观层面的，属于"单向性"的、"走马观花"式的指导，大多只是框架性的指导，没有从细节之处进行剖析，给予微观层面的、具体的指导意见欠缺，甚至一些检查缘于顾及民办高校面子，以优点鼓励为主，对于不足则是点到为止，以致出现"点评式"指导或基本未指导。同时，检查式指导所获得的信息及资料存在一定的不对称，导致指导意见与民办高校的实际存在差距。如在检查学校信息公示制度层面，当前，民办高校普遍认可信息公开的重要性，信息公开除了接受社会监督之外，也是宣传本校形象的重要渠道。但在实际执行中，教育厅及相关部门还没有统一的标准，信息公示制度变成"宣传报道制度"，信息公示内容主要是学校的一些大型活动或是里程碑式的信息。对于学校运营的经济信息分析基本没有涉及，信息公开不是完全地公开，只是有限地公开。虽然每年或两年对学校进行资质检查，但检查组通过信息公示平台查阅到的信息只是一些面上的信息，无法细致地掌握学校的全面信息，导致信息不对称，指导者指出的建议针对性不足。

◎ 概念延伸：单向性 ◎

单向性，指在社会救助法律关系中，公民只是享受救助的权利主体，国家和社会则是提供救助的义务主体。也就是说，公民只要符合社会救助的条件就有权申请和得到救助而无须承担与此相对应的义务；国家和社会对符合社会救助条件的公民必须提供救助而不能要求受救助者事先或事后作某种给付。也就是说，公民只要符合社会救助的条件就有权申请和得到救助而无须承担与此相对应的义务；国家和社会对符合社会救助条件的公民必须提供救助而不能要求受救助者事先或事后作某种给付。

单向性是一种法律关系，本研究提及的"单向性"是基于民办高校依法治校法律法规健全之需，研究省级教育行政部门"立法"时按立法者之需进行，而未综合到法之作用的主体对象之需，上下联动不足，按需制定欠缺等问题，存在单向性。

资料来源：蒋德海：《完善中国制约和监督机制的法理学思考》，同济大学学报（社会科学版）2010年第5期，第57~63页。

二、社会中介机构评估处于"无政府"状态

当前，社会监督方式向多维发展，除了政府监督之外，社会组织监督、新闻媒体监督、社会舆论监督以及社会公众监督已成为社会监督的重要方式，共同对各行各业甚至是社会公众人物进行监督。民办高校普遍认为社会中介机构评估学校办学水平和教育质量是非常必要的，社会中介机构作为第三方，对于民办高校的评价是公平公正的。但从目前以艾瑞深中国校友会网为代表的一些社会中介机构对高校的评估排名来看，大多是自发组织的，没有获得官方的认证，处于"无政府"状态。从政府和社会中介机构双向梳理，目前的状况是政府需求处于设想谋划阶段和社会中介机构处于自由散漫发展阶段等。

（一）政府需求处于设想谋划阶段

在教育系统，要形成科学有效的监督体系，除了专门监督之外，还要接受党内监督、人大监督、民主监督、司法监督、社会监督、舆论监督。对于民办高校，除了来自省级教育行政部门隶属关系上的监督之外，社会组织监督成为监督的重要方式。2015年5月4日，教育部基于《国家中长期教育改革和发展规划纲要（2010—2020年）》，印发了《关于深入推进教育管办评分离　促进政府职能转变的若干意见》，对深入推进教育管办评分离、促进政府职能转变提出了具体的要求。着力构建中国特色教育评价制度，明确提出支持专业机构和社会组织规范开展教育评价，即"大力培育专业教育服务机构，整合教育质量监测评估机构，完善监测评估体系，定期发布监测评估报告。扩大行业协会、专业学会、基金会等各类社会组织参与教育评价。制定专业机构和社会组织参与教育评价的资质认证标准。引入市场机制，将委托专业机构和社会组织开展教育评价纳入政府购买服务范围，按照公开、公平、公正原则，建立健全招投标制度和绩效管理制度，保证教育评价服务的质量和效益。重视扩大科技、文化等部门和新闻媒体对教育评价的参与。重视学生会等学生组织在教育评价中的作用。鼓励有条件的地区和学校积极参与国际组织实施的教育质量评估项目"。① 在 2016 年版的《民办教育促进法》中明确指出社会中介组织评估民办高校办学并向社会公布，接受社会公众监督，也对其操作方式进行了说明。可以由省级教育行政部门组织社会中介机构进行评估，依托社会中介机构的专业力量进行评估，也可以全权委托社会中介机构，由其自行组织力量进行评估。虽然自 2016 年《民办教育促进法》第二次修订至今，已经运行了三年，据接受我们调研的民办高校反映，暂未有省级教育行政部门指定的社会中介组织对学校办学水平及质量进行评估，省级教育行政部门也未组织社会中介组织前往学校进行评估。由此可见，引进社会中介机构对民办高校进行评估还处于酝酿时期，省级教育行政部门亟须出台相应的政策法规，向社会中介机构进行招标以全权委托其对民办高校办学进行评估，或与社会中介进行合作以对民办高校办学进行评估。

◎ 概念延伸：教育管办评分离 ◎

《关于深入推进教育管办评分离　促进政府职能转变的若干意见》

---

① 《关于深入推进教育管办评分离　促进政府职能转变的若干意见》，http://old.moe.gov.cn/publicfiles/business/htmlfiles/moe/s7049.201502/186927.html。

主要内容包括 5 个部分、22 条。第一部分可谓文件的"总则",强调了推进教育管办评分离、促进政府职能转变的重要意义,明确了推进教育管办评分离、促进政府职能转变的指导思想和基本原则。第二部分强调的是"管"的问题,围绕推进依法行政,对形成政事分开、权责明确、统筹协调、规范有序的教育管理体制提出了具体要求。第三部分强调的是"办"的问题,围绕推进政校分开,对建设依法办学、自主管理、民主监督、社会参与的现代学校制度提出了具体要求。第四部分强调的是"评"的问题,围绕推进依法评价,对建立科学、规范、公正的教育评价制度提出了具体要求。第五部分对如何贯彻落实好《意见》提出了要求。

《关于深入推进教育管办评分离　促进政府职能转变的若干意见》总体目标为:深入推进教育管办评分离、促进政府职能转变,就是要按照完善和发展中国特色社会主义教育制度,推进教育治理体系和治理能力现代化这一总目标,以落实学校办学主体地位、激发学校办学活力为核心任务,加快健全学校自主发展、自我约束的运行机制;以进一步简政放权、改进管理方式为前提,加快建设法治政府和服务型政府,主动开拓为学校、教师和学生服务的新形式、新途径;以推进科学、规范的教育评价为突破口,建立健全政府、学校、专业机构和社会组织等多元参与的教育评价体系。到 2020 年,基本形成政府依法管理、学校依法自主办学、社会各界依法参与和监督的教育公共治理新格局,为基本实现教育现代化提供重要制度保障。

资料来源:教育部《关于深入推进教育管办评分离　促进政府职能转变的若干意见》。

(二) 社会中介机构处于自由散漫发展阶段

当前,在一些高校的招生宣传中或是招生简章中,时而出现学校在某年某社会中介机构对中国大学排名时名列第一、第二或前十的说明。有的学校在专业招生宣传单中,指出某社会中介机构对中国专业进行评分中，该专业是六星级专业、五星级专业等。但这些社会中介机构对中国大学、中国大学专业的排名，还未得到省级教育行政部门的认证，省级教育行政部门也未主动对这些排名进行论证，这些排名还处于自发发布状态。也不乏有一些社会中介机构借对高校排名评估，趁机谋取高校钱财，对于愿意散金的高校或是主动公关的高校，根据学校需求任意提高名次，导致排名严重失衡。而且，各个社会中介机构排名的依据也不尽相同，标准尺度各不一致，尤其是其收集学校相关信息的渠道也存在差异。在未获得学校全部信息情况下做出评估，就与高校实际存在失真现象。目前社会中介组织并未与高校对接，也未与省级教育行政部门对接，其信息来源未向社会公布，同时，其评估的标准及体系也未向社会公布，处于自发自由发展时期。未来，社会中介机构对高校的评估排名，需要来自学校或省级教育行政部门的信息提供，也需要省级教育行政部门的论证。

面对政府需求处于设想谋划阶段和社会中介机构处于自由散漫发展阶段，政府或社会中介机构，需要主动"破冰"，以实现社会中介机构出力评估、政府认证的第三方评估机制。为此，在民办高校办学评估中，省级教育行政部门亟待出台社会中介机构评估民办高校办学水平及质量的细则，借助第三方力量进行评估。同时，应保证评估的公平性、公正性、规范性、约束性。

第二节　民办高校依法治校实施范式待完善

2010 年，国务院办公厅公布了《关于开展国家教育体制改革试点的通知》，从专项改革、重点领域综合改革和省级政府教育统筹综合改革三个层面，确定了改革试点的十大任务，其中，"改革高等教育管理方式，建设现代大学制度"是十大任务之一，民办高校实际构建现代大学制度是民办高校依法治校实施的关键。基于民办高校依法治校实施范式的现状梳理，民办高校依法治校实施范式亟须对自主化管理、制度化管理、规范化管理、民主化管理和权益化管理进行内涵建设。但从民办高校目前运行情况进行分析，虽然民办高校依法治校实施范式沉淀了一定的经验成果，依然存在一些不足，需要进一步完善。

一、自主化管理决策监督机构建设标准缺位

自主化管理的要点在于决策机构建设，关键在于监督机构建设。对于民办高校，董事会或理事会或其他决策机构、行政机构、党组织等分别是学校发展、学校内部治理、学校党的建设的决策机构，这些机构是党政层面，即是权力层面的；除了党政层面，伴随着学术在高校发展中的重要地位，学术委员会之类的决策机构成立，这些机构是"非行政化"的，即是学术标准决策层面的。从民办高校走访调研、问卷调查中我们发现，民办高校的四类决策机构建设存在较大差别。

（一）董事会决策机构及其监督机构建设无统一标准

◎ 董事会决策机构建设无统一标准

当前，民办高校基本都设置了董事会决策机构，有些学校设置了理事会，由理事负责学校重大事项的决策，有的学校同时设置了董事会和理事会，个别学校设置了其他的决策机构。缘于民办高校属于民办非企业性质，从严格意义上讲，《公司法》不适用于民办高校。但当前，民办高校是投资方的一份产业，大多以公司建制成立董事会之类的决策机构。然而，一些民办高校套用但未完全按公司建制成立董事会之决策机构，在建设中存在一定的随意性。

表现之一：《公司法》要求董事长为公司的法定代表人，但一些民办高校，董事长并非公司的法定代表人。

表现之二：《公司法》要求董事会成员应当有公司职工的代表且其产生办法由《公司章程》规定，《民办教育促进法》要求学校理事会或者董事会由举办者或者其代表、校长、教职工代表等人员组成。但大多数民办高校没有学校教职工代表且在学校章程中并无此类规定或回避了此类规定。如浙江树人大学董事会，除了学校领导之外，还有校内专家学者代表，与出资单位代表、优秀企业家代表共同议决学校重大事项，筹措办学资金，审议通过学校行政年度工作报告、预算方案、决算方案，对学校重大项目财务开支进行监督和稽核等，没有教职工代表。

表现之三：《民办教育促进法》规定三分之一以上的学校理事或者董事应当具有五年以上教育教学经验。但调查中发现，大多数学校并未落实《民办教育促进法》的这一要求。

◎ 监督机构建设无统一标准

《公司法》规定，监事会是对公司的业务活动进行监督和检查的法定必设和常设机构。当前，部分民办高校成立了监事会。但民办高校对监事会成员组成并未按《公司法》规定的"监事会的监事由股东大会选举产生"，很多监事都是董事会选定的，也未通过学校代表选举产生，而且监事根本未参与过学校的任何事务，对学校的监督完全是空白。因此，是否应该成立监事会，如何成立监事会，成立监事会的标准，这些是民办高校依法治校标准化建设应当思考的议题。

◎ 概念延伸：监事会职责 ◎

监事会职责主要包括：

（一）检查公司财务；

（二）对董事、高级管理人员执行公司职务的行为进行监督，对违反法律、行政法规、公司章程或者股东会决议的董事、高级管理人员提出罢免的建议；

（三）当董事、高级管理人员的行为损害公司的利益时，要求董事、高级管理人员予以纠正；

（四）提议召开临时股东会会议，在董事会不履行本法规定的召集和主持股东会会议职责时召集和主持股东会会议；

（五）向股东会会议提出提案；

（六）依照《公司法》第一百五十二条的规定，对董事、高级管理人员提起诉讼；

（七）公司章程规定的其他职权。

此外，监事可以列席董事会会议，并对董事会决议事项提出质询或者建议。监事会、不设监事会的公司的监事发现公司经营情况异常，可以进行调查；必要时，可以聘请会计师事务所等协助其工作，费用由公司承担。

资料来源：《中华人民共和国公司法》

（二）行政机构建设及主要负责人配置无统一标准

《民办教育促进法》规定：民办学校校长依法独立行使教育教学和行政管理职权。民办学校内部组织机构的设置方案由校长提出，报理事会、董事会或者其他形式决策机构批准。此规定厘清了学校行政（主要是学校校长）与董事会的职责，民办高校内部治理，由民办学校校长依法"独立行使"，也明确了其权限，主要包括教育教学职权和行政管理职权两大权力。对于内部组织机构建设，校长具有提议权，批准决策权在于董事会或理事会或其他决策机构。

当前，绝大多数民办高校的校长是董事会成员，少部分校长是学校的法定代表人。缘于各民办高校办学基础不同，有的民办高校的董事长即是学校的校长，其自然是学校的法定代表人。从董事会决策实施层面讲，民办高校的校长应当是董事会董事，以利于落实董事会相关决策。因此，要制定一个细则，明确提出学校校长必须进入董事会。

对于校长是否应当是董事长的议题，如果校长和董事长为同一人，自然是学校的法定代表人，如果不是同一人，根据《公司法》规定，校长不能担任董事长。因为董事长必须是学校的法定代表人，若校长是学校的法定代表人，则与《公司法》相悖。因此，应制定一个细则，明确学校法定代表人的任命，在各民办高校实施统一的标准。

（三）党组织建设及主要负责人配置无统一标准

《关于加强民办学校党的建设工作的意见（试行）》指出，民办学校党建工作仍然面临一些新情况新问题新挑战，党组织覆盖率比较低，隶属关系不顺畅，党组织书记队伍还不强，党员教育管理比较松散，党组织保证监督作用发挥不到位，思想政治工作薄弱，等等。解决这些问题，迫切需要按照全面从严治党要求，坚持和加强党的领导，充分发挥民办学校党组织战斗堡垒作用和党员先锋模范作用，确保民办学校按照党的要求办学立校、教书育人，把培养和践行社会主义核心价值观贯穿学校教育全过程，引导师生树立正确的世界观、人生观、价值观，努力在办好民办学校中加强党的建设，通过加强党的建设保障民办学校健康发展。在民办高校，加强党组织建设的关键在于队伍，重点在于协调董事会（或理事会）、学校行政及党组织三者的关系。但从民办高校调研中我们发现还要关注以下两点。

其一，民办高校党组织机构建设方面。经过多年的发展，各民办高校之间互相学习、相互研讨，基本构建了党委—党总支（分党委）—基层党支部等三级党组织，机构建设是完善的，但缘于人力资源成本问题，人员配置数量上存在不足，未达到相关规定要求。在配置质量上，各地注重选聘各级党组织的书记，开展了一系列的活动，选优配强书记。如针对民办高校党的建设问题，《关于加强民办学校党的建设工作的意见（试行）》指出："推行向民办高校选派党组织书记。根据实际情况，按照党组织隶属关系，分别由归口管理的党委组织、教育工作部门或教育行政部门党组织具体负责。可从教育行政部门和公办学校在职或退休的党员干部中选派，也可从其他机关和企事业单位熟悉教育工作的党员干部中选派，按党内有关规定任职，一般兼任政府督导专员。派驻党组织书记，全职在民办高校工作，其行政关系不变，报酬待遇由原单位或选派单位负责，除必要工作经费外，不得在学校获取薪酬和其他额外利益。"近年来，湖北省根据《关于加强民办学校党的建设工作的意见（试行）》要求，由省委陆续向民办高校委派党委书记，由其兼任教育督导专员，编制在原单位，工作在民办高校，期望以此加强对民办高校党的建设，以及对教育教学的监督促进。

其二，协调董事会（或理事会）、学校行政及党组织等三者关系是民办高校党组织发展的要务。从整体上看，民办高校三者职责明确，为了处理三者的关系，尤其是学校行政及党组织关系，实行党政联席会议制度是常见的做法，董事会（或理事会）、学校行政及党组织等三个决策机构人员交叉任职，保证整体运行。但在民办高校普遍实行"董事会领导下的校长负责制"下，如何落实"毫不动摇地坚持党对高校的领导"较长一段时间且未来一段时间还无法协调好两者的关系。因此，明确制定一个标准，将两者内涵有机融合，是一个值得探索的议题，也是本研究需要关注的重点内容。

（四）学术决策机构建设与民办高校特征不匹配

《高等学校学术委员会规程》第六条规定："学术委员会一般应当由学校不同学科、专业的教授及具有正高级以上专业技术职务的人员组成，并应当有一定比例的青年教师。学术委员会人数应当与学校的学科、专业设置相匹配，并为不低于 15 人的单数。其中，担任学校及职能部门党政领导职务的委员，不超过委员总人数的 1/4；不担任党政领导职务及院系主要负责人的专任教授，不少于委员总人数的 1/2。学校可以根据需要聘请校外专家及有关方面代表，担任专门学术事项的特邀委员。"

问卷调查反映绝大多数民办高校都成立了学术委员会，但实地调研发现，学术委员会委员组成却无法达到《高等学校学术委员会规程》第六条的要求。缘于一些民办高校领导层来自举办方，一般情况下需要人力资源领导和教学领导进入，但他们大都没有教授级别的职称，无法进入学术委员会，导致学术委员会的标准制定之后无法落到实处。面对民办高校学校领导层组成结构的特征，建立民办高校学术委员会分规程，则对民办高校学术委员会之类学术决策组织成立具有现实应用价值。

二、制度化管理平衡制约机制不够权威科学

制度化管理的要点在于制约机制建设，关键在于科学平衡。2011年7月12日教育部第21次部长办公会议审议通过并于2011年11月28日发布的《高等学校章程制定暂行办法》指出，高等学校应当以章程为依据，制定内部管理制度及规范性文件、实施办学和管理活动、开展社会合作。大学章程应当是学校的"宪法"，是学校一切规章制度的"上位法"，也是中国特色现代大学制度的学校"根本大法"。同时，学校的所有规章制度也应当是高校章程的具体表现。然而，当前民办高校制度化管理平衡制约机制有失权威科学，主要表现在民办高校章程的"宪法"地位及作用未凸显、民办高校内部管理的"人治"现象依然存在等两个方面。

（一）民办高校章程的"宪法"地位及作用未凸显

大学章程是以建立现代大学制度为目标，保存着一所大学处理问题的经验，是通过一系列经验沉淀演变而来的。2013年9月22日，教育部发布了《中央部委所属高等学校章程建设行动计划（2013—2015年）》，明确了各个类型高校章程制定的具体步骤和先后顺序安排，提出"到2015年底，教育部及中央部门所属的114所高等学校，分批全部完成章程制定和核准工作"。民办高校办学历史较短，尤其是独立学院，开办之初依托母体高校，学校内部控制制度"沿袭"母体高校，陆续转设，建立大学章程成为其重要任务之一。当前，绝大多数民办高校都已制定了学校的章程，但还有极少数民办高校未制定学校章程。制定章程的民办高校，其权威性及科学性尚有待考究，表现在以下两点。

其一，存在走过场现象。《高等学校章程制定暂行办法》指出，"章程是高等学校依法自主办学、实施管理和履行公共职能的基本准则"，在整个依法治校的进程中发挥着类似于"宪法"的根本性作用，是"政校分开、管办分离、依法办学、社会参与"的现代大学制度的集中体现。在已经制定大学章程的民办高校中，存在一部分民办高校为了完成必须完成的任务而仓促完成。尤其一些独立学院为了转设的需要，仓促之间完成，大多只是文字的拼凑，甚至有些语句还存在问题，进而导致大学章程本身的形式化与过场化，质量根本无从保证。学校治理无法可依、随意性强的现象依旧大范围存在。

其二，存在"抄袭"雷同现象。我国民办大学章程存在内容千篇一律、特色不突出的情况，体现不出各个高校独有的历史特点和文化底蕴。在"学校功能""组织和结构""教职工和学生""经费、资产和后勤管理"等方面的内容多有雷同。一些高校在规定党委和校长的权力与职责时，则是部分或完全照搬《高等教育法》中的相关条款，实践性和应用性不强，没有体现出大学章程各自应有的特色。

作为民办高校的根本大法，学校章程需要对学校的文化及历史进行梳理，需要通过全校师生进行研讨完成，不能只是几个人几天工夫梳理完成。否则，虽然制定了大学章程，但这一大学"根本大法"的建设工作还远远未完成，其"宪法"地位难以体现。

（二）民办高校内部管理"人治"现象依然存在

从民办高校内部控制的制度体系建设来讲，虽然民办高校在教育教学管理制度、科学研究管理制度、财务管理制度、教师管理制度、学生管理制度、后勤管理制度、安全管理制度以及其他管理制度的制定方面是较好的，很多学校为了制定科学的制度体系，走访同类高校，借鉴先进做法，从制度建设层面来讲，是满意的。但真正落实却无法令人满意，反映出制度建设不切实际，制度建设理想化，制度落实形式化、经验主义，导致制度落实整体满意度低的问题。政策的制定，关键在执行。如果政策制定了之后就被束之高阁，不去执行，或者执行不到位，那政策本身就成了空头支票。

长期以来，民办高校治理中一直存在"人治"现象，科学性严重不足，学校领导的民主决策、公开决策和依法决策的意识不强。人们习惯于由书记、校长或者其他党政领导拍板决定关于学校治理的重大事宜。即便召开学校领导的专门会议，也存在有法不依、法制规章执行力不强的情况。部分领导喜欢当家长式的人物，把个人等同于组织，重大决策既不科学又不民主，搞"一言堂"。高校领导以言代法，既违背法治精神，又破坏法治秩序。"一言堂"往往只是大学领导一人的意见和看法，难免会使其作出的决策有所偏颇，而"失之毫厘，谬以千里"，最终导致的结果有时是难以预估的。大学的学术委员会、学位委员会的作用在很多高校还没有真正发挥出来。这既有学校管理传统的问题，也有社会文化背景的问题，但学校自身推进此项工作的积极性不高是主要原因。大学依法治校，首先就是要变"人治"为"法治"，按照规章制度办事，学校领导和各部门的决策都应依照相关的规章行事。①

三、规范化管理标准体系构架亟待有机建立

规范化管理的要点在于标准建设，关键在于体系完善。当前，民办高校办学活动依法规范、依法治校运行机制及依法治校理念渗透存在"碎片化"，需要探索标准的有机融合及系统构架的完善，主要表现在民办高校办学活动依法规范的基础作用需夯实、依法治校运行机制的关键作用盼凸显、依法治校理念渗透的保障作用待落实等三个维度。

（一）办学活动依法规范的基础作用需夯实

党的十八届四中全会指出，必须弘扬社会主义法治精神，建设社会主义法治文化，增强全社会厉行法治的积极性和主动性，形成守法光荣、违法可耻的社会氛围。学校作为优秀文化传承创新的主渠道、社会主义合格建设者和接班人培养的主阵地，在法治文化建设与法治精神弘扬方面具有明显优势。各级各类学校不仅要关注一般法律知识的传授，更要注意师生法治观念的养成，将法治意识培养与世界观、人生观、价值观培育紧密结合起来，在学校树立法律至上、尊重规则、依法依章程办事的理念，始终把维护宪法和法律尊严作为学校思想政治工作的重要

---

① 李茂林、刘玉威：《大学依法治校的意义、问题与路径》，《北京教育（高教）》2015年第3期，第19~21页。

内容。同时，用良好的法律意识、法治思维指导各项办学活动，以此维护师生的知情权、参与权、表达权和监督权，保障教育事业健康发展。① 民办高校的办学活动涉及学校层面、教师层面和学生层面三个层面的依法规范性，依法规范性的主要表现在于法治氛围的营造。当前，在民办高校层面，因依法治校经验或成果明显受到上级组织表彰的有一定占比，但还有一部分学校未获得相应的表彰，甚至有个别学校因未按相应规范办学受到上级组织的通报批评和处罚。

2011 年 12 月 30 日，由教育部等部门印发的《高等学校教师职业道德规范》，提出爱国守法、敬业爱生、教书育人、严谨治学、服务社会、为人师表的要求，遵纪守法师德建设是办学活动依法规范的重要表现。2014 年 9 月 29 日，教育部印发《关于建立健全高校师德建设长效机制的意见》，梳理了散见于不同文件的高校师德内容，划出被称为"红七条"的师德禁行行为：不得有损害国家利益、损害学生和学校合法权益的行为；不得在教育教学活动中有违背党的路线方针政策的言行；不得在科研工作中弄虚作假、抄袭剽窃、篡改侵吞他人学术成果、违规使用科研经费以及滥用学术资源和学术影响；不得有影响正常教育教学工作的兼职兼薪行为；不得在招生、考试、学生推优、保研等工作中徇私舞弊；不得索要或收受学生及家长的礼品、礼金、有价证券、支付凭证等财物；不得对学生实施性骚扰或与学生发生不正当关系。② 当前，有个别民办高校教师因没有履行好《高等学校教师职业道德规范》、违反"红七条"出现师德规范问题，出现严重违纪和刑事犯罪行为。

综合分析学校层面、教师层面和学生层面三个层面的依法规范性，其在规范化管理标准体系整体构架中的基础性作用亟待夯实。

---

① 宋永忠：《全面提高依法治校能力》，《人民日报》2016 年 7 月 19 日，第 7 版。

② 杜敏：《对高校师德建设的思考——基于〈教育部关于建立健全高校师德建设长效机制的意见〉的认识》，《教育探索》2016 年第 3 期，第 126~128 页。

◎ 概念延伸：高等学校教师职业道德规范 ◎

一、爱国守法。热爱祖国，热爱人民，拥护中国共产党领导，拥护中国特色社会主义制度。遵守宪法和法律法规，贯彻党和国家教育方针，依法履行教师职责，维护社会稳定和校园和谐。不得有损害国家利益和不利于学生健康成长的言行。

二、敬业爱生。忠诚人民教育事业，树立崇高职业理想，以人才培养、科学研究、社会服务和文化传承创新为己任。恪尽职守，甘于奉献。终身学习，刻苦钻研。真心关爱学生，严格要求学生，公正对待学生，做学生良师益友。不得损害学生和学校的合法权益。

三、教书育人。坚持育人为本，立德树人。遵循教育规律，实施素质教育。注重学思结合，知行合一，因材施教，不断提高教育质量。严慈相济，教学相长，诲人不倦。尊重学生个性，促进学生全面发展。不拒绝学生的合理要求。不得从事影响教育教学工作的兼职。

四、严谨治学。弘扬科学精神，勇于探索，追求真理，修正错误，精益求精。实事求是，发扬民主，团结合作，协同创新。秉持学术良知，恪守学术规范。尊重他人劳动和学术成果，维护学术自由和学术尊严。诚实守信，力戒浮躁。坚决抵制学术失范和学术不端行为。

五、服务社会。勇担社会责任，为国家富强、民族振兴和人类进步服务。传播优秀文化，普及科学知识。热心公益，服务大众。主动参与社会实践，自觉承担社会义务，积极提供专业服务。坚决反对滥用学术资源和学术影响的行为。

六、为人师表。学为人师，行为世范。淡泊名利，志存高远。树立优良学风教风，以高尚师德、人格魅力和学识风范教育感染学生。模范遵守社会公德，维护社会正义，引领社会风尚。言行雅正，举止文明。

自尊自律，清廉从教，以身作则。自觉抵制有损教师职业声誉的行为。

资料来源：《高等学校教师职业道德规范》

（二）依法治校运行机制的关键作用盼凸显

依法治校的良好运行，离不开健全的组织架构和实施细则。但当前，在民办高校依法治校运行中，运行机制的关键性作用未得到凸显，主要表现在组织架构建设需完善和运行制度需优化两个方面。

其一，组织架构建设需完善。2016 年 1 月 11 日，教育部印发了《依法治教实施纲要（2016—2020 年）》，要求以法治思维和法治方式推进教育综合改革，加快构建政府依法行政、学校依法办学、教师依法执教、社会依法支持和参与教育治理的教育发展新格局，全面推进教育治理体系和治理能力现代化。《依法治教实施纲要（2016—2020 年）》要求建立学校法律服务和支持体系，各级教育部门要积极推动建立健全学校法律顾问制度。高等学校要有机构专门负责法律事务和依法治理工作，要聘任专任的法律顾问，建立健全面向师生的法律服务体系。[1] 当前，民办高校虽然比较重视法治建设，但在组织机构建设方面，专门组织机构建设还比较欠缺，有些聘用了法律顾问的民办高校，基本只是挂靠在党办或校办，负责法律顾问工作。

其二，运行制度需优化。依法治校是在法治框架内，用制度化手段确保办学行为遵循教育规律。按照教育规律办事，一方面要求制度与法律建设必须遵循教育规律，另一方面要求严格按照体现教育规律的制度与法律办学。依法治校应遵循学生身心发展规律、教师专业发展规律、学校办学规律和教育事业发展规律。具体而言，就是通过制度与法律手段，确保每一位学生的受教育权，使其接受符合身心发展需求、达到一定质量标准的教育，实现育人目标；对教师的合法权益与专业发展权利

---

[1] 《教育部关于印发〈依法治教实施纲要（2016—2020 年）〉的通知》，http://www.moe.gov.cn/srcsite/A02/s5913/s5933/201605/t20160510242813.html。

给予有力法律保障，加大教师培养与师资队伍建设力度，提升教师职业素质，确保教师社会经济地位不断改善；推进学校治理体系与治理能力现代化，理顺政府、学校与社会之间的关系，构建现代学校制度；以制度与法律手段大力推进教育均衡发展，使优质教育资源覆盖更多人群，确保教育事业与经济社会协调发展。① 但当前，依法治校领导小组的成立以及依法治校相关方案的制定基本是应对省级教育行政部门的检查，切实落实领导小组责任及按方案实施的不多，构建规范的依法治校领导小组职责及切合民办高校实际的实施方案值得深入研究。

（三）依法治校理念渗透的保障作用待落实

依法治校理念渗透在规范化管理标准体系整体构架中具有保障性作用。但当前，民办高校依法治校理念渗透中，理念渗透的保障性作用未得到落实，主要表现在依法治校理念认识需要加强和依法治校环境氛围需要营造这两个方面。

其一，依法治校理念认识需要加强。在意识培养方面，要从学校的领导层着手，建立完善的依法治校培训、考核制度，不断提高师生员工的政治素质和业务水平，提高全校师生的依法治校的自觉意识，能够对学校依法治校进行正确的认识和评价，具有较高的守法、用法的自觉性。当前，民办高校普遍重视依法治校工作，将依法治校纳入了工作议程。但在实地调查中，虽然各民办高校从宏观层面将依法治校纳入各项工作之中，但在具体操作方面还存在载体不足、平台欠缺的问题，普遍感觉依法治校较空较虚，需要从微观层面进行深入挖掘、规范设计。

其二，依法治校环境氛围需要营造。当前，民办高校基于全面依法治国大环境，根据省级教育行政部门的要求，采取多种形式开展法治宣传教育活动，学校具备了学法、用法、依法的环境氛围。但在执行方面需要不断落实，营造良好依法治校践行氛围任重道远。

---

① 宋永忠：《全面提高依法治校能力》，《人民日报》2016 年 7 月 19 日，第 7 版。

四、民主化管理沟通机制期待落地生根

民主化管理的要点在于沟通顺畅，关键在于尊重权益。当前，民办高校教职工代表大会和工会组织是师生合法权益维护的重要机构。在民办高校运行中，虽然都成立了教职工代表大会和工会组织，但其职责的落地生根，需要上上下下的努力与支持，主要表现在教职工代表大会的民主管理监督需要强化、工会组织维护师生合法权益需要固化这两个方面。

（一）教职工代表大会的民主管理监督需要强化

学校教职工代表大会是教职工依法参与学校民主管理和监督的基本形式。教职工代表大会应当高举中国特色社会主义伟大旗帜，以马克思列宁主义、毛泽东思想、邓小平理论和"三个代表"重要思想为指导，深入贯彻落实科学发展观，全面贯彻执行党的基本路线和教育方针，认真参与学校民主管理和监督。教职工代表大会和教职工代表大会代表应当遵守国家法律法规，遵守学校规章制度，正确处理国家、学校、集体和教职工的利益关系。虽然各民办高校都成立了教职工代表大会，但各民办高校教职工代表大会在保障教职工参与民主管理和监督中的作用存在差异，部分学校虽成立了教职工代表大会，但基本没发挥任何作用。

（二）工会组织维护师生合法权益需要固化

学校工会为教职工代表大会的工作机构。学校工会承担以下与教职工代表大会相关的工作职责：做好教职工代表大会的筹备工作和会务工作，组织选举教职工代表大会代表，征集和整理提案，提出会议议题、方案和主席团建议人选；教职工代表大会闭会期间，组织传达贯彻教职工代表大会精神，督促检查教职工代表大会决议的落实，组织各代表团（组）及专门委员会（工作小组）的活动，主持召开教职工代表团（组）长、专门委员会（工作小组）负责人联席会议；组织教职工代表大会代表的培训，接受和处理教职工代表大会代表的建议和申诉；就学校民主管理工作向学校党组织汇报，与学校沟通；完成教职工代表大会委托的其他任务。工会组织维护师生合法权益为首要任务，但当前，民办高校工会组织在维护教职工合法权益中的作用不大，实地调研显示，工会承担更多的是组织教职工的文体活动和教职工的思想政治教育方面的职能，在维护教职工合法权益方面作用较小，教师的合法权益大多是由人力资源部门在解决。

五、权益化管理保障实施细则需要明确清晰

权益化管理的要点在于权益，关键在于保障。师生申诉制度、教职工参与决策以及学校分类管理是教师权益保障的重要表现形式。但当前民办高校权益保障实施的细则并不明确，也不清晰，对师生合法权益的保护作用不足，主要表现在师生难以进入高校决策机构、分类管理对师生权益影响不明两个方面。

（一）师生难以进入高校决策机构

申诉是一种合法合规的师生争取个人权益的方式，申诉制度的建立，是为师生表达个人不满情绪的渠道，建立畅通的申诉渠道并应用好，可以预防化解一些师生上访或聚众维权之类的过激行为。但目前，民办高校师生申诉制度落实不足，师生意见难受重视。

《民办教育促进法》规定在民办高校决策机构中要有一定数量的教职工代表，但目前教职工基本没有资格进入，只有少数民办高校在决策机构中有普通教职工的加入。调查普遍认为教职工进入决策机构作用不大，没有发言权，即使要进入，目前也是由决策机构决定，师生员工主人翁精神表现平台欠缺。

（二）分类管理对师生权益影响不明

教育部等五部门联合出台的《民办学校分类登记实施细则》指出，正式批准设立的非营利性民办学校，符合《民办非企业单位登记管理暂行条例》等民办非企业单位登记管理有关规定的到民政部门登记为民办非企业单位，符合《事业单位登记管理暂行条例》等事业单位登记管理有关规定的到事业单位登记管理机关登记为事业单位。但选择之

后，对于师生的权益影响如何，还需要进一步明确，以便于各民办高校结合自身实际及未来发展规划做出合理选择。当前，在调研的民办高校中，计划选择营利性还是非营利性，各民办高校都正在研究抉择。

第三节　民办高校依法治校主体对象应强化法治意识

中国共产党十八届四中全会通过的《中共中央关于全面推进依法治国若干重大问题的决定》（以下简称《决定》），从党和国家事业发展全局的战略高度，对全面推进依法治国作出一系列新的重大部署，是指导新形势下全面推进依法治国的纲领性文件。《决定》提出了推动全社会树立法治意识的重大任务。推动全社会树立法治意识，增强全社会厉行法治的积极性和主动性，形成守法光荣、违法可耻的社会氛围，使全体人民都成为社会主义法治的忠实崇尚者、自觉遵守者、坚定捍卫者，对于全面推进依法治国、建设社会主义法治国家具有重要意义。①基于民办高校依法治校主体对象的现状梳理，民办高校依法治校主体对象的法治意识亟待强化。

一、强化教师法治意识

当前，民办高校依法治校工作不断推进，但教师学法、用法及依法办事方面依然存在一些不足之处，主要表现在教师学法不全、用法不足以及依法办事欠缺等三个方面。

（一）学法不全

当前，民办高校一线教师对依法治校宏观层面的理念是了解的，但对于依法治校纳入学校工作议程、对章程及执行机制以及个人如何积极参与其中等实践层面的了解则较欠缺。

---

① 《中共中央关于全面推进依法治国若干重大问题的决定》，《人民日报》2014年10月29日，第1~2版。

（二）用法不足

当前，民办高校一线教师对依法治校实践层面认识不强，导致其在用法上也存在不足。同时，虽然民办高校教师普遍反映学校依法治校执行情况较好，但学校之间存在差异，反映出部分学校在依法治校执行方面表现不佳。

（三）依法办事欠缺

民办高校教职工权利和义务方面规定需要进一步加强。一线教师对薪酬待遇管理制度不满意，这与一线教师对学校依法治校实施的建议与意见的"教师、待遇、人事制度、涨工资"等词频分析相一致。

二、逐步形成学生法治意识系统化

当前，民办高校依法治校工作不断推进，但学生在学法、用法及依法办事方面依然存在一些不足之处。主要表现在学法认识片面、用法不理想以及依法办事满意度不高等三个方面。

（一）学法认识片面

当前，除了接受过依法教育外，民办高校学生对依法治校宏观层面的理念、依法治校纳入学校工作议程、对章程及执行机制等了解都较弱。

（二）用法不理想

当前，民办高校学生对依法治校理念认识欠缺，导致其在用法上也存在不足。同时，学生普遍认为学校依法治校执行情况不理想。

（三）依法办事满意度不高

在学生对相关管理制度的合法性、公正性及公开性情况满意度的调查显示，学生满意度不高；在学生对各项学生管理制度切实有效执行整体满意度的调查显示，学生不满意度高于满意度。

第四章　民办高校依法治校存在困境的成因剖析

☑本章导引

....

　　针对民办高校依法治校法规政策还需健全、依法治校实施范式待完善、依法治校主体对象应强化法治意识等民办高校依法治校存在的困境，前文系统分析了教育主管单位政策指导存在的"单向性"、自主化管理决策监督机构建设欠缺标准、制度化管理平衡制约机制有失权威科学、规范化管理标准体系整体构架亟待有机融合、民主化管理沟通机制期待落地生根、权益化管理保障实施细则需要明确清晰、教职工法治意识树立需要深化以及学生法治意识形成需系统化等问题，究其原因，主要表现在民办高校依法治校政策落实因素、民办高校依法治校法治氛围营造因素、民办高校师生法治学习因素等三个方面的因素。本章现对这些影响因素进行系统分析。

....

第一节　民办高校依法治校的政策落实因素

　　全面深入开展依法治校工作，对于促进教育观念创新，完善学校管理制度，规范办学行为，提高教育质量，都具有十分重要的意义。从实践层面而言，依法治校工作在全国教育系统引起了普遍重视，已经成为各级教育行政部门和各级各类学校落实依法治国基本方略、全面推进依法治教的重要内容；成为推进学校管理理念变革和管理制度创新的重要手段；成为学校提高管理水平和教育质量，构建法治、民主、和谐育人环境的重要途径；成为落实学校办学自主权，形成学校自主发展、自我管理、自我约束，建设现代学校制度的重要基础。

依法治校是在党的十六大所提出依法治教的基础上提出的，高校依法治校的实质应是通过法律来调整高校在办学中所形成的各种社会关系，明确各种关系主体在法律上的权利和义务，从而对高校管理中政府与高校的权力加以限制，最终实现对权利主体的法律保障。实现高校管理的法治化状态就必须依法治校，依法管理。

依法治校是贯彻落实党和国家教育方针、政策的需要，是以人为本、法律至上、坚持社会主义办学方向的一种体现，它与我们的教育方针在本质要求上是一致的。目前国家出台的法律法规及规章，总体上覆盖了学校工作的方方面面，学校各项工作已经置于统一规范之下，认真执行这些法律法规，有利于规范办学行为，提高学校管理水平，进而实现学校管理现代化。从我国民办高校发展的历程上看，正是有了这一系列有关民办高校管理的法律法规，才实现了目前民办高校的良好发展态势。但是，从现阶段我国民办高校依法治校发展的总体情况来看，我国实行依法治校的基础政策条件还有待加强，主要体现在依法治校法律法规融入学校内部治理相对弱化和依法治校相关政策"校本化"不足两个方面。

一、依法治校法律法规融入学校内部治理相对弱化

（一）当前民办高校产权制度有待进一步完善

我国著名高等教育专家潘懋元教授指出，学校产权是学校财产权利的总称，即学校各类财产及其所派生出来的一系列权利的总称。民办高校如果没有了产权，也就意味着学校没有了办学自主权，没有自主权，也就会被市场所抛弃。浙江树人大学徐绪卿教授认为，产权制度是民办

高校内部管理体制存在和建立的基础，有什么样的产权结构，就有什么样的内部管理体制。当前的民办高校产权制度有待进一步完善的地方有：民办高校投入的资产，在学校存续期间与举办者分离，投资者脱离资产管理存在投资的风险；滚动发展的学校资产不能作为投资方利益回报的基数，投资无法增值，投资利益得不到体现；学校停办后，学校增加的资产与举办者无关，使投资无法保值。当前的《民办教育促进法》和《民办教育促进法实施条例》等相关规定在产权的权能方面考虑了办学期间学校的法人财产权，但没有考虑投资者或举办人的私人所有权，允许出资人合理回报的规定也只是作为扶持与奖励的手段，而不是正式承认出资人对财产的收益权，相关的法律法规只有投入机制，没有退出机制，收益与投入成本不相符。甚至我们注意到《民办教育促进法》修改后，直接取消了"关于合理回报"的表述，政府倡导民办高等教育的公益性无可厚非，也符合世界民办高等教育的发展趋势，但是我国的民办高等教育的发展历史，投资方更多的是"投资办学"，而非"捐资办学"，一定程度上对历史及现状的忽视，政策导向的"理想化"，导致操作性存疑。因此，笔者认为，这是依法治校法律法规难以融入学校内部治理的根源所在。

（二）政府与学校间的法律关系有待进一步理顺

长期以来，由于受到计划经济体制的影响，在教育领域，我国政府层面对高校采取的是以行政命令为主的高度集中的管理方式。政府包揽了从举办到办学、管理的一系列权力。一些本该由学校决策的事务被集中到政府手中。从办学经营、经费投入、专业设置、招生计划、教师管理等，高校的一举一动几乎都直接或间接地受制于政府的行政管理，高校的办学自主权实际上很有限。政府与高校的关系属于行政法律关系，它们之间具有不对等性，高校相对于政府是弱势群体。在高校不履行规定的义务时，政府可强制其履行；而政府不履行职责，学校只能请示履行或通过向有关国家机关提出申诉或诉讼等方式解决。高校进行体制改革后，虽然政府给高校下放了一些权力，但由于办学经费大部分受制于政府财政，高校实际拥有的权力仍十分有限，两者权限划分一直很模糊，尚未完全建立起一个科学、合理的协调机制。民办高校满足了老百姓对高等教育资源不足的需要，教育具有公共产品属性，政府的办学经费支撑缺位导致其并没有为民办高校给予财政上的投入，民办高校未享受"国民待遇"，民办高校的教职工和学生并未作为公办高校同等地位享受到政府提供的服务。我们还注意到，关于民办教育系列政策依然是以"规范"为主线，因此在院校调查中，多数的受访者认为两者关系如不进一步理顺，将给高校依法治校工作带来较大的困难。作为高等教育重要组成部分的民办高校，当然也会受到极大的影响，导致内涵建设的弱化。

（三）传统管理理念对依法治校法律法规融入内部治理的阻碍

在传统的高校治理中大多是以"人治"为主，这种传统的管理理念根深蒂固，使得依法治校在高校中的发展与传播受到阻碍。高校领导通过自身的行政手段对学校事务进行管理，虽然也按照相关的规定进行管理，但是规定成为了权力的工具，使得高校的管理权力高度集中，缺少公平性。党的十九大报告指出："深化依法治国实践，全面依法治国是国家治理的一场深刻革命，必须坚持厉行法治，推进科学立法、严格执法、公正司法、全民守法。"然而受到两千多年封建王朝统治制度的影响，"人治"的固有观念仍然存在于人们的头脑当中，"人治"作为历史意识形态和社会文化传习下来并渗透到社会的各个层面。高校治理工作也受到传统观念的影响，"人治"的观念没有根除，存在着"人情大于法治"的思想。因而高校有轻视法制管理、重视人治管理的倾向，从而导致师生对于维护自身利益的意识较为薄弱，对于法治的认识也不够深入，严重影响了高校依法治校的发展进程。而民办高校由于"人财物"集中于投资方，人治化倾向更加突出也就成为必然。

（四）高等教育法制的有待完善客观上弱化了民办高校内部治理

改革开放后，我国加强了教育立法工作和规章制度建设，教育法制建设也取得了可喜的成就。《教育法》《教师法》《高等教育法》等法律的颁布，以及大批的教育行政法规制定，为依法治校的推行作了法律铺垫。但不可否认，教育法律法规有待进一步完善，立法缺口仍很大。如明确学生具体权利和义务的《学生法》《校园安全法》等就亟待出台，有关民办高等教育的法律法规还有待于细化。此外，有的高等教育法律法规偏于笼统简单不便操作，难以执行和检查落实。教育立法的不完善对高校依法进行内部治理工作带来了较大阻力。

另外，教育执法工作开展得也不尽如人意。究其原因主要是：第一，当前我国市场经济体制的建立与深入发展，使得社会关系愈加复杂，执法的范围也日益扩大，特别是经济领域中纷繁复杂的问题不断给执法队伍加压，使教育执法者难有更多精力关注到高校事务；第二，教育行政部门仍以具体的直接的教育管理为其主要职能，未能彻底实现从人的管理到法的管理、从微观管理到宏观调控的转变；第三，高校在发生纠纷时，鉴于诉讼所需成本高、时间长，而行政处理在讲究合法、合理性原则的同时更注重效率，简便迅速，所以通常选择以行政手段来处理问题；第四，在学校内部对师生处罚问题上，还缺乏有效机构进行监督以保证其合法性。此外，一些已有的教育法律法规未得到全面有效的遵守，相对于刑法、民法，教育法的受重视程度较低，甚至有的违反了教育法的有关规定也没有被追究法律责任。

二、依法治校相关政策"校本化"不足

一方面，一些民办高校内部规章制度滞后以及不够健全。高校的规章制度，作为高校内部管理的标准，是我国教育法制体制体系的延伸。但我国民办高校由于发展历史较短、发展水平参差不齐，并没有形成相对完备、合法的制度规范体系，这导致相关法律法规在高校的具体实施中的存在情况与实际情况不相符。同时，部分民办高校根据法律授权而制定的高校内部管理制度的合法性，缺乏相应的审查和监督机制。另一方面，部分民办高校对自身实际情况的掌握不透彻。高校中人数多、情况杂、事务繁等情况，决定了高校管理者对学校自身的实际运行情况不可能做到事无巨细，这导致学校在推进相关法律法规的具体实施工作之中，不能够根据具体实际情况灵活变通，恰当匹配好学校的实际。这样一来，就会导致依法治校相关政策的"校本化"不足的情况发生，这主要体现在：

（一）依法治校的内部规章制度有待健全

如果说国家对教育领域这几十年来的立法实践是使依法治校"有法可依"的话，那么很多新兴的民办高校在自身规章制度建设方面可以说还没有完全跟上国家的步伐和现实的需要，制度建设还显得不够健全，甚至经常处于"无规可循"的境地。一些民办高校为使自己便于管理，片面追求管理效率，出台了操作性强的校纪校规，但由于欠缺法治理念，缺少民主参与的渠道，结果往往事与愿违。而且当前对于各高校根据法律授权而制定的高校内部管理制度的合法性还缺乏相应的审查和监督机制。

在当前民办高校自己制定的规章制度中普遍存在着重视学校权利而轻视教职工和学生权利，权利性规范与义务性规范严重失衡的现象。比如翻开各校校规，我们看到的是大量的"应该""不准"等限制性条款，几乎属于义务性规范和禁止性规范的罗列，很少甚至没有对学生的授权性规范。没有无义务的权利，也没有无权利的义务。权利与义务是法的核心内容，享受权利的同时必须履行义务，校规中权利与义务设定的严重失衡，足以说明我们对高校学生权利的漠视。同时，在"从严治校"理念的指导下，高校管理者往往从严制定校规。高校学生与高校管理者相比，处于弱势地位。

部分学校规章制度的制定或其管理行为与现行法律相矛盾的现象依然存在。学校规章制度的制定应以国家法律法规为依据，结合学校实际进行，这是依法治校的基本前提。然而据调查，有一部分受访者认为"学校规章制度与法律相矛盾"。这种矛盾，主要表现在两个方面：一是学校部分规章制度的内容与法律相违背或毫无法律根据。比如，个别学校的校规规定"禁止学生谈恋爱"。这样的"校规"，既无法律依据，又无行政授权，无疑是对学生人身权益的一种侵害。二是学校一些管理行为与法律相抵触。调查发现，部分学校管理行为透明度不够，乱收费现象等依然存在。有的高校对犯错师生的处罚也带有很大的随意性，违背法治的统一性和平等性原则。

（二）部分管理人员依法治校意识、观念、管理水平有待提高

目前，在民办高校管理队伍当中，部分管理人员法制观念较淡薄，法律意识不强，在工作中常常有意无意地将有关法律规定置之于脑后，工作中主要依靠行政手段，还没有有效运用法律手段，对学校事务的管理不够公开、不够民主，教职工参与学校民主管理与监督的权利得不到充分的尊重和有效的保障。甚至有些学校依法治校还停留在口号层面，法治精神还没有内化为管理者的一种自觉行为，依法治校还没有真正落实，因而难免不时发生"学生状告母校"、"教职工和临时工状告本单位"等事件。

即使在目前整个教育领域开始全面推行依法治校的大环境下，少数民办高校也并不是自觉自愿地投入到这场变革中，依法治校的意识还有待加强。部分高校目前还没有意识到必须在学校推进依法治校的工作，甚至依法治校的工作在有些学校还没有起步，学校依法管理的意识也比较淡薄。尤其是对于部分民办高校来说，依法治校目前还并没有成为一致认可的办学方略，在依法治校的推进过程之中存在着老旧制度的阻碍与博弈。从学校领导到师生员工还没有从思想上认识到依法治校的重要性，没有认识到依法治校在实现我国依法治国方略中的重要地位。

（三）部分民办高校校务工作中的维权途径有待畅通

民主、公平、透明是依法治校的要义，校务公开是学校推进依法治校的重要环节。然而目前校务公开机制尚不完善，在内容、程序、审查、监督等环节上仍存在不少漏洞。校务公开不够、信息沟通不畅、监督渠道堵塞，成为制约依法治校工作开展的重要因素，也成了众多纠纷和矛盾的诱因。而一旦出现纠纷，众多师生选择的却不是法律途径。在调查中，我们发现在"当你与学校发生纠纷时，通过什么途径解决"这个问题上，一部分受访者表示通过"找关系"，多数人的选择是"行政方法"，只有少数人通过"诉讼"途径解决，选择"其他途径"的也占到一定比例。另外，调查中也有学生这样讲："如果我在学校的权益受到侵害，与其去打官司，还不如打个新闻热线，让媒体保护我来得方便。"这在一定程度上也说明了师生通过法律手段来维护自己权益的意识远不及采取"找关系"、"行政干预"这些法律外的途径来解决争端的意识强，甚至当提到与学校打官司时，许多师生怀有胆怯心理。当然，维权途径不便也是导致师生更倾向于通过法律外的途径来维护自己权益的一个主要原因。一方面，高校缺乏维护师生合法权益的专门法律服务机构；另一方面，诉讼成本高、时间长，也会让想采取这一途径的师生望而却步。

（四）少数民办高校普法工作力度有待加强

广大师生员工知法懂法是高校依法治校的前提。加强法治宣传应该成为全面推进依法治国战略下民办高校依法治校的重点工作。然而现实情况是，一些高校不重视法治宣传教育，没有设置相关的工作机构或安排相应的工作人员来负责法制工作的宣传，有的即使成立了机构，出台了相关政策，也仅为应付检查。此外，多数师生对法的学习仅限于与自己切身利益相关的法律法规，而且了解不深，甚至加以断章取义地使用。如学校师生因对《合同法》《劳动法》等不甚了解，而在对外活动中产生的一系列法律纠纷等，都与普法教育工作未能落到实处有一定关系。在实际工作中，法治宣传教育应坚持分类指导的原则，以青年大学生为重点对象，同时实现教职员工的全员覆盖。应该着力把法治宣传教育的内容落实到青年学生、教职员工、领导干部的日常学习中去，通过多种形式、多种渠道的法纪宣传教育活动，积极营造学法氛围，增强师生遵纪守法观念。

第二节 民办高校依法治校的法治氛围营造因素

一、民办高校法治教育有待加强

(一) 坚定社会主义的法治理念

坚定社会主义的法治理念,是当前民办高校强化法治宣传教育的基础所在。

党的十七大、十八大都明确提出"树立社会主义法治理念",十八届四中全会进一步明确了全面推进依法治国的"建设中国特色社会主义法治体系,建设社会主义法治国家"总目标,党的十九大进一步明确了"坚持依法治国"的基本原则,丰富和深化了社会主义法治理念。民办高校在推进依法治校的进程中,应当明确社会主义法治理念包含六个方面的基本内容:一是明确坚持"党的领导是中国特色社会主义最本质的特征,是社会主义法治最根本的保证"的基本理念;二是明确"坚持走中国特色社会主义法治道路,建设中国特色社会主义法治体系"是社会主义法治建设的基本目标和战略内容;三是明确"坚决维护宪法法律权威,树立宪法法律至上"是全面依法治国的重要前提;四是明确坚持"人民是依法治国的主体和力量源泉,坚持依法维护人民权益"是全面依法治国的重大使命;五是明确"公平正义"是中国特色社会主义的内在要求;六是明确"五个坚持"是确保实现"法治中国建设的根本保证",这五个坚持是"坚持以中国特色社会主义道路、理论体系、制度为根本遵循,全面推进依法治国;坚持从我国基本国情出发,推进国家各项工作法治化;坚持依法治国、依法执政、依法行政共同推进;坚持法治国家、法治政府、法治社会一体建设;坚持依法维护国家安全稳定"。

(二) 完善社会主义的法治知识和健全法治意识

完善社会主义的法治知识和健全法治意识,是民办高校进行法治教育的重要内容。

法治知识概念比法律知识概念的内涵更深刻、外延更广泛。在当前民办高校开展法治教育的活动中，应该着重对广大师生员工及领导进行普法教育，使学校全体人员的法律知识不断更新，还要扩展其法治知识储备，丰富其法治知识结构。一要认识和掌握中国特色社会主义法治的本质特征、理论体系、发展规律和实践经验；二要了解和掌握社会主义法治建设中的宪法法律等方面的基本知识；三要熟悉和掌握高等教育活动中应当遵循的有关教育方面的基本知识，特别是与民办高等教育的教学工作过程中与之相关的法律知识，并且把有关的法治知识与思想道德和科学文化知识有机融合，内化为专业能力与职业素养，以适应未来法治建设的实际需要。

健全的法治意识，是新时代民办高校进行法治宣传教育工作的强大精神要素。对当前的民办高校师生来说，健全法治意识的基本要求是，一要增强尊崇宪法、尊崇法律的法治意识，树立宪法至上的法治观念；二要增强规则意识，明确守法守规是每一个法治国家中公民的基本意识，坚持依法办事，在学习、工作和生活中，大家都应当做到懂规矩、守规则、依规范，坚守规则红线，明确法律底线；三要增强程序意识，明确"程序是法律的生命"，学会依靠程序办事，遵循程序要求，形成程序观念；四要增强平等意识，自觉维护和遵循"法律面前人人平等""法律之上没有特权"，坚持公平正义；五要增强权利意识，依法维权、护权，尊重和保障他人的权利，自觉维护自身的权利，以法律为武器自觉与任何侵权和不法行为作斗争。

（三）培养严谨的法治思维

培养严谨的法治思维，是当前民办高校强化法治教育的必然要求。

法治思维是现代国家治理应当确立的基本思维模式，当然也是广大民办高校依法治校要遵循的思维模式。而广大的师生员工正是推进依法治校的主要力量，学会和运用法治思维是他们必须具备的思维能力。法治思维模式，就是运用法律的思维，是依靠法治本身固有的运行特性和对法治的信念来认识事物、判断是非、解决问题的思维方式。法治思维与道德思维、政治思维、经济思维、行政思维等思维模式的本质区别是，在治国理政、社会治理和行为方式上，它更侧重于对法律规则和法律手段的运用和重视，强调法律的权威、依法行动和依法办事。师生员工树立法治思维，就是要树立权力服从于法律的权力思维、理性平等的权利思维、依法办事的程序思维、自觉主动的法律责任思维，提高对法治的践行能力和运用能力。

社会主义核心价值观的核心要义之一就是法治，而社会主义法治的精神要义之一，就是要在树立法律权威的基础上，形成人们对法治的内在需求和内心拥护，使法治成为人们的精神认同与行动遵循。高等学校是各类人才汇聚的地方，是民族伟大复兴的人才摇篮。民办高校作为其中的重要组成部分，必须要做弘扬社会主义法治精神和信仰法治的表率，要带头树立起崇高的法治信仰、坚定的法治信念、饱满的法治信心、良好的法治风范，成为在未来社会主义法治建设中依法执政、依法行事、依法办事的重要组织者、推动者和实践者，成为社会主义法治的忠实崇尚者、自觉遵守者和坚定捍卫者。

基于以上对民办高校强化法治教育的认识，我们在实践中应该努力开拓渠道，改革创新，多途径去强化学校的法治教育工作，构造浓厚的法治氛围。

一方面，学校应设立专门的法治宣传部门，以推动高校法治宣传。高校必须建立专门的法治宣传部门来统筹高校的法治教育工作，这样才能使高校的法治教育工作系统、长效地进行下去。学校党委应把教育法制法规的学习纳入工作职责范围。校领导要率先垂范，以身作则，带头依法办事；学校应聘请校外法制辅导员，邀请一些司法人员、律师和立法工作者定期给师生作报告，介绍典型案例，剖析师生身边存在的违法现象。

另一方面，学校法治教育需要符合大学生的个性特点。高校学生思想活泼，对新事物接受程度高，偏好轻松娱乐活动，高校法治教育工作

的开展，可以结合大学生的这些特点灵活进行，使得法治教育的效果得
以强化；在学生中成立法律类社团，配备专门的指导老师，使他们成为
学校法制教育的活跃分子；在学校开展一系列的教育活动，例如播放法
制教育电视节目，组织教师、学生自设"模拟法庭"，参观监狱、法庭
旁听等，将所学用于实践，并接受实践检验，以进一步修正、提高自己
的法律意识。

　　此外，学校还可以积极利用线上线下的有机结合，搭建起高校法治
教育的平台。线上可通过学校主页或微博、微信公众号等方式开展法治
教育专栏，提供相关资料，搭建网络交流平台；线下可积极通过教代
会、共青团、学生会等组织，以开展活动的方式进行法治教育。线上线
下法治教育平台的搭建，可以极大地丰富法治教育的内容，加强法治氛
围的营造。

二、民办高校法治文化建设需完善

　　在民办高校依法治校的过程中，法治文化建设属于一种制度上的文
化建设，要将这种文化深深地烙印在广大师生员工的思想中，因此在民
办高校的法治文化建设中，主要是将现代法治文化逐渐深入到人们的内
心，以此来充分地形成一个内化法制的精神世界，最终形成一种法治自
觉。综合目前民办高校法治文化建设发展的实际状况，法治文化理念是
法治精神和要求的表现，不但有利于学生的健康发展，也有利于发展和
谐校园、和谐社会。一个学校法治文化的理念，有利于确保其法治文化
建设方向不会存在偏离，具有一定的指导作用。因此，在学校的实际教
学活动中，渗透高校法治文化理念，对于促进高校法治文化的建设事业
具有重要的影响。

　　每一所学校都有自己的校园文化，法治文化也是校园文化的重要组
成部分。法治文化，是法治建设的灵魂。比起生硬地灌输法律知识，法
治文化的熏陶才更为关键，它可引领所有师生员工的法治思维与精神信
仰的方向。良好的法治文化氛围能够对人才培养起到潜移默化的教育和

影响的作用。民办高校好的法治文化氛围的形成应该注重"三个层面"，即制度层面、物质层面、精神层面开展的工作。

（一）需要健全学校规章制度以完善民主监督机制和申诉渠道

首先，各个学校应根据国家法律法规，结合本校实际，制定完善校园内各种规章制度，让学校的改革发展在法制的轨道上运行，这也是实现依法治校的前提。这就需要高校进一步健全管理体制，完善党群工作管理制度、行政工作管理制度、教学科研管理制度、学生工作管理制度等一系列规章制度。其次，光有制度还是不够的，作为推进校园法治文化建设的一环，必须形成严格的执行程序，让程序正义贯穿依法治校的全过程，避免不利的人为因素对制度的破坏作用。再次，完善健全校园民主监督机制，最大限度地保护广大师生员工的合法权益。充分尊重高校师生的知情权、参与权、批评权。要充分发挥教代会在学校重大制度制定和决策过程中的作用。最后，要健全符合法治原则的校内教育救济制度。我国《教育法》和《教师法》都特别建立了教师和学生的申诉制度。高校要在学校内部提供法律救济渠道，给被处罚的对象解释、陈述的机会。对不当的管理行为要积极纠正，避免校内侵权行为的外部化和复杂化。总之一定要让全体师生有这样的感受：只要严格按照法律法规以及学校规章制度办事，是会受到公正对待的。

（二）需要不断改进学校法治文化建设的物质条件以丰富载体

首先，学校可以设立法律咨询室，主要是在法律或法学专业教师的帮助下，解答同学们在生活中遇见的法律问题。这在一定程度上可以减少校园违法犯罪行为的发生。这种方式同样适用于无法律专业的高校，指导老师可以从教授"思想道德修养与法律基础"的教师中选任。其次，高校可以通过建设法治文化长廊、校内法治教育基地、校园法治网站、法治知识广播等方式，不断创新法治宣传载体，丰富法治宣传形式，营造良好的法治宣传氛围，通过法治文化氛围的熏陶来增强法制教育的实效性。最后，高校可以通过开展法律专家讲座、法律读书活动、法律知识竞答、法律文化展览、法治电影展播和庭审观摩等活动来进一步丰富校园法治文化活动建设。

(三) 需要强化精神引领以法治观念植入校园精神文化建设当中

在学校的日常教学实践活动中，学校应该帮助师生员工树立法治信仰，强化精神引领，将法治精神融入大家的理想信念、价值判断、道德情操、目标追求当中。只有让法治理念内化于心、外化于行，才能让法治成为师生自觉的选择与共同的行为方式。各个高校应通过把以自由、平等、公正、民主、秩序、权利为价值取向的法治精神融入校训、办学宗旨、校园文化、校风、学风当中，逐步形成师生知法、守法、用法的法治素养，引导师生形成良好的法律思维和习惯，最终内化为坚定的法治信仰，依法治校才会得到根本的保障。

在民办高校积极推进依法治校的进程中，法治文化建设的完善有助于学校师生形成共同守法的意识。首先，完善法治文化建设，加强风险防范意识，可以帮助高校更加科学、系统地建立规章制度体系，同时对高校日常生活起到规范和指导作用。其次，法治文化建设的完善有利于加强高校师生的执行力。法治文化建设的完善可以让高校师生意识到依法治校的重要性，建立其合规意识，同时能够让师生避免在日常校园生活之中因不懂法、不知法而产生的问题，规范其日常行为，加强其日常工作及学习的执行力。最后，法治文化建设的完善有利于提升和巩固高校形象，维护高校声誉。树立和维护好高校自身的形象，是保持其活力的重要因素，也是其继续发展的动力。法治文化建设的完善，有助于全校师生形成普遍的知法守法意识，对日常行为起到规范作用，将会对校园形象和声誉的维护和提升起到促进作用。

第三节　民办高校师生的法治学习因素

一、民办高校教师弘扬法治精神待强化

(一) 充分发挥民办高校党的政治核心作用

民办高校应充分发挥党的政治核心作用，更好地引领学校教职工法

129

治精神的学习。

加强党对民办高校的领导，确立民办高校党委的政治核心地位，是我国的国家性质和我党的执政地位所决定的。民办高校的党组织与公办高校党组织一样，是党在社会基层组织中的战斗堡垒，是党的全部工作和战斗力基础的重要组成部分，这是党章赋予民办高校党组织的重要地位。所以，在民办高校推进依法治校的进程中，必须加强党对民办高校的领导，充分发挥其政治优势，坚持和把握正确的办学方向，同市场机制紧密结合起来，形成强大的政治核心，调动一切积极因素，凝心聚力，推动学校的可持续健康发展。在民办高校的办学实践中，党委要积极发挥协调沟通、决策参谋作用，和谐处理各方面利益关系，引导学校遵循市场规律与教育规律，正确处理经济效益与社会效益，打造学校特色和品牌，提高学校的社会形象和声誉。

同时党组织应积极引导全校师生的法治精神学习，特别是要通过党员的先锋模范作用来体现。日常工作中，应增强党性教育，激发教职工党员率先学习法律法规的意识，以党员的先锋模范作用来体现党组织的整体影响力和战斗力，从而提高学校决策的执行力。另外，加强党委对教代会、工会的领导，也是促进校园法治精神学习的有效体现。党委领导下的教代会、工会是民办高校民主管理的基本形式，是教职工参与民主决策、民主管理、民主监督的机构，是民办高校强化依法治校的重要途径。这有利于促进学校决策的科学化、民主化，有利于增强教职工的归属感，也有助于提升他们的法律维权意识和参政议政能力，是广大教职工弘扬法治精神的主要阵地。

（二）创新民办高校内部管理制度

民办高校可以尝试从创新内部管理制度的层面，来完善对法治精神的学习。

创新民办高校的内部管理制度，首先，在于学校举办者的改革意识。创办民办高校，不仅仅在于培养几个人，而且也是教育改革的先行，所以不能跟在公办高校后面一味模仿，应该勇于改革、大胆实践，走出自己的特色之路。其次，在于拥有一支高水平、高素质的管理队伍，关键是以校长为首的执行团队，他们必须积极了解社会对高等教育的需求，掌握最新的高等教育研究成果，在与教职工反复交换思想形成共识的基础上作出科学决策。再次，创新民办高校内部管理制度，必须与营造组织文化密切结合。学校文化是学校在长期的办学活动中所形成的共同价值观、行为方式、行为规范，是学校管理的最高层次。只有抓好规章制度建设，才能促进良好组织文化的形成。制度安排是组织内在精神与理念的外在表现形式，它反过来又培育和营造了组织所特有的文化氛围。目前，在民办高校中教职工有一种对制度本身的抵触性情绪，这就需要以学校的组织文化作为糅合剂，使之增进共识，增强归属感，提高制度执行的自觉性。最后，创新民办高校内部管理制度，广大教职工要主动地学习高等教育发展的理念与趋势，先进的管理思想和动态，主动地思考和表达对现有制度的建议，提高对制度变革的适应能力，最终促进法治精神的深入学习，推动依法治校的进程。

（三）提高民办高校法治教育队伍素质

提高民办高校法治教育队伍的素质是拓宽法治精神学习的基本保障。

一是优化学校法治教育队伍构成。目前，各个民办高校法治教育队伍主要由思想政治理论课教师和辅导员组成，其肩负着用新时代中国特色社会主义法治理论最新成果武装师生员工，帮助他们树立正确的法治观念，培养他们的法治意识和法治精神的重大责任。由于思想政治理论课教师和辅导员大多是非法律专业毕业，很难从专业角度进行法治教育。因此，充分调动真正从事法治教育的社会人士和校外组织的力量，充实高等学校法治教育队伍构成，成为推动大学生法治教育建设刻不容缓的事情。在校内法治教育队伍构成方面，在充分发挥辅导员和思想政治理论课教师作用的同时，应把专业课教师、行政人员等都纳入法治教育工作队伍，形成法治教育人人有责的氛围。在校外法治教育队伍构成方面，应该聘用法官、检察官和律师等专门从事法律职业的工作者，使他们成为学校法治教育的校外骨干力量。校内外法治教育队伍的有机结合，有利于加强法治教育的理论与实践的联系，有利于提高法治教育的效果。

二是加强法治教育队伍的培养。思想政治理论课教师和辅导员作为学校从事法治教育的主力军，其法治教育的专业化程度直接影响教育的成效。为了实现校园法治教育的专业化水平，就必须不断加强法治教育队伍的培养。一方面要提高依法治校意识，所谓依法治校，就是学校各种事务都是按照宪法和有关法律的规定开展。依法治校意识的提高，能够在全校形成良好的法治氛围，而良好法治氛围的形成，又会促使法治教育队伍不断提升自身专业化水平，以适应和满足广大师生对法治教育的需求。另一方面要提高全体教职工的法律素养，教职工担负着大学生法治教育的重任，由于教职工法治专业化程度各异，在对大学生进行法治教育方面，效果程度存在很大差异。对此，学校要加大对全体教职工的法治教育，提升教职工的法治教育水平，营造全体教职工知法、懂法和守法的良好氛围，确保每一名教职工都能成为学校法治教育的示范者、宣传者和教育者。

此外，民办高校在推进依法治校法治学习阵地建设方面还可以从以下方面去探索：其一，学校要根据实际情况，依法设定相应法治管理部门。通过组建专业性的法治管理部门，推进高校依法治校工作的开展。其二，高校要设置相关的法制管理职位，在教师方面以及学生方面均设置相关管理职位，来负责协调全校法制工作的开展。其三，完善依法治校的反馈机制，通过反馈机制来对依法治校工作中所存在的问题进行及时的了解，为今后依法治校工作的开展铺平道路。

二、民办高校学生学习法治课程待落实

随着中国特色社会主义新时代的来临，法治的新时代同样走上了新的大路，大学生作为祖国复兴发展的强大后备军团，应该主动肩负起建设法治国家的重任，面对这一宏大的目标，民办高校作为高等教育的重要组成部分，应当相应地建立并完善与之配套的大学生法治教育平台。

（一）传统的课堂法治教育平台需要继续巩固及不断创新

首先，开设专门的法治教育课程依然是必须的。在现今普通高等学校包括民办高校的课程体系中，法治教育公共必修课主要以"思想道德修养与法律基础"课程来体现，它是唯一一门开展法治教育的公共必修课。这个平台必须继续巩固，但是课程的开设主要是进行法律常识的讲授，并且在应试教育的主导下很难达到大学生法律知识的普及，至于法治理念和法治信仰的养成更是遥不可及。抽象的理论说教较多，具体法律知识及应用较少，缺乏法律背景和系统连续学习的非法学专业学生根本无法理解。况且法治知识体系庞大，在有限课时的情况下，根本无法实现知识内容的全部讲授。因此，要强化法治教育的效果，必须优化法治教育的内容，把抽象概念与具体实例相结合，及时对社会热点问题进行法律剖析，并创新教学方式，充分利用微博、微信公众号等新兴媒体平台的便捷性，与大学生随时交流互动，使大学生在日常生活中养成守法、用法、护法的良好习惯。

其次，如何精选法律知识内容，有针对性地讲解重点难点，是影响大学生法治教育成效的决定因素。对此，高等学校需开设除"思想道德修养与法律基础"课程外的其他法治相关课程作为公共必修课，帮助大学生了解中国特色社会主义法学理论体系的基本内涵，明确坚定不移走中国特色社会主义法治道路的必然性和全面依法治国的战略目标，掌握民事、刑事和行政法律等重要、常用的法律概念及法律规范。增加大学生的法治实践，提高运用法律知识分析、解决实际问题的意识和能力。

在上述课程的基础上，民办高校还可以尝试开设法律方面的通识课。学校要将法治教育纳入通识教育范畴，通识课的开设要将法治教育与德育紧密结合，根据不同教育阶段制定出不同的通识教育课程。大学一年级，重点对大学生进行法治意识的培养，鉴于大学一年级新生对校园文化活动的热爱，可以开设法律导论、法与人权、法治理念与实践等课程，与校园文化活动有机结合，以大学生喜闻乐见的方式进行法治教育，使其以积极主动的心态去接受教育，以具备基本的法律常识，具备基本的法治意识和自我保护意识。大学二年级，鉴于大学一年级期间大学生已经掌握了基本的法律知识，但只是停留在法治教育的理论初级阶段，尚未形成对法治知识的深度理解，无法从专业化的深层角度去观察和分析问题，因此，此阶段的通识课应加大法治知识的深度和广度，开设现代金融与法律、商法和刑法总论等课程，逐步加深大学生对法治知识的专业化培养，使其具有较为专业的法治知识储备。大学三年级，在加强法治知识教育的基础上，开设的通识课应重点培养大学生理论与实践的结合能力，通过加强大学生实践培训，将大学生所学法治知识应用于实践，并通过实践加深大学生对理论知识的掌握深度，使其将理论知识内化于心、外化于行。大学四年级，重点加强大学生法治理念和法治信仰的养成，通过法治教育的加强，确立大学生正确的法治理念，培养大学生对法治理念的认同感，提高大学生对法治信仰的尊崇程度，以实现大学生由"法治教育"向"法治信仰"的转变。

（二）需要开拓自媒体环境下高校大学生法治教育新方式

高校应积极应对当前自媒体环境下高校大学生法治教育可能存在的挑战和问题，实现现实与网络、线上与线下的多维度综合性的法治教育。

近年来，随着自媒体的兴起，对于民办高校大学生法治教育而言，机遇与挑战并存。所谓"自媒体"，又称为"个人媒体"、"公民媒体"，是指个人化、平民化、自主化的传播者，借助现代信息技术手段，向其他特定或不特定的个人或者群体传递信息的新媒体的总称。自媒体以其数字链接和信息传播自主性的特点，深受当今大学生群体的青睐，使得大学生成为我国网络世界中最为活跃的一个群体。在这种大背景下，各个高校应当充分利用自媒体的信息传播优势，结合自媒体环境下高校大学生法治教育可能存在的挑战和问题，实现现实与网络、线上与线下的多维度综合性的法治教育。

自媒体时代下的高校大学生法治教育，不是简单地将法治教育的内容移入自媒体，而是要借助自媒体的法治教育资源优势和平台优势，创新网络法治教育模式，从而提升法治教育的实效性。这种创新性主要表现在以下两个方面：

一方面，高校要结合本校客观资源条件，积极构建以自媒体平台为基础的法治教育网络基地，在这一网络基地中不仅要设有法治教育的宣传专区，而且还要开辟具有高校自身特色的法治教育专题网页和网站。然后通过学校的 QQ、微博、微信公众号等网络社交工具，向大学生积极宣传全面依法治国的理念、内涵，并且定期向大学生传递国家相关法律法规和政策，从而培养塑造大学生的法治精神和法治信仰。但是在实践中，高校中的法治教育工作者不能通过强制的手段让学生关注法治教育公众号，如：将是否关注公众号与考勤、课堂平时成绩挂钩。这样做只会增加学生的逆反情绪，也与现在高校的人性化管理理念、人性化教育理念相悖。因此，可以尝试及时推送与学生利益相关的法治教育内容，例如在大四上学期开始找工作阶段，及时推送《劳动法》《合同法》等与学生找工作利益密切相关的内容。在每年"双十一"网购狂欢之前，推送《消费者保护法》等与网购相关的内容给学生，并告知如果出现纠纷该怎么使用法律维护自己的利益。

另一方面，高校要借助自媒体信息传播的灵活性，改革传统法治教育说教的教育方式，积极采取微视频、微电影、微漫画等大学生喜闻乐见的方式开展网络法治教育工作。比如，高校可以借鉴欧美等发达国家的做法，通过互联网手段将法治教育的课程内容制作成慕课或者翻转课堂教育资源，使之成为创新性的网络法治教育资源。或者是将一些学习资源创造性地设计成能够满足个性化学习需求的"微课"，充分调动学生接受法治教育的主观能动性。

自媒体的出现为高校大学生法治教育带来了更多的资源和形式，可是鉴于自媒体也会对传统的法治教育带来一些潜在的挑战和威胁，所以也必须加强对自媒体时代下的法治教育进行顶层设计，以保证实施过程中的资源整合和自媒体平台的互通互联，同时保证学校各部门能够统筹行动，最大限度地发挥各个部门的合力。针对自媒体时代下的大学生法治教育，还要加强对各项保障机制的建设，从而使大学生法治教育能够常态化。首先，针对自媒体制定相应的管理方案，对自媒体平台进行正确的引导、统一的管理和规范的运营，从而保证自媒体真正成为大学生法治教育、传播社会主义核心价值观的坚定阵地。其次，加强对大学生法治教育师资队伍的培养和优化，既提升法治教育教师队伍的法治教学水平，同时也要强化教师的信息技术应用和网络舆情监管能力。最后，针对自媒体时代下的大学生法治教育设置考核机制，比如对教师的自媒体使用指数进行考核和评优，对教师的网络媒体宣传作品进行打分等，将这些考核结果纳入教师的职务职称评审条件中，能够有效调动广大师生运用自媒体"学法、懂法、守法、用法"的自主积极性。

（三）民办高校大学生法治教育平台建设需拓展

民办高校的大学生法治教育还需要以社会教育为依托，拓展校外实践教育平台。

在校期间，各个高校对大学生进行法治教育的最终目的，就是为了确保大学生进入社会后，能够遵纪守法，树立正确的法治理念和法治信仰。但是社会的复杂性和多样性，决定了大学生法治教育并未结束，社会实践仍然任重道远，在现实中我们还需要引入社会资源，开拓多种实践教育平台。

一方面，要大力引进政府和社会力量的参与。首先，政府要科学立法、严格执法、公正司法，履行职责和义务，形成守法光荣的良好环境。中国特色社会主义进入新时代，我国社会主要矛盾发生了重大变化，新矛盾、新问题和新状况不断出现，这不仅需要政府严格依法办案，确保司法公平、公正和公开，而且需要培养公民的法治思维和法治信仰，积极引导人们真心拥护法治和信仰法律，营造良好的社会法治环境，真正使大学生不仅知法、懂法和守法，而且相信法治、崇尚法治和信念法治。其次，法学相关团体要发挥应有之义，为大学生提供良好的法治实践教育。法学研究会、律师协会等社会团体,不仅要大力开展中国特色社会主义法学理论的研究,更要积极配合高等学校开展大学生法治宣传教育,加强与学校法治教育合作,为学校提供相应的法治教育资源和实践机会。再次,新闻媒体要充分发挥法治宣传教育的主渠道作用。网络、报纸、广播和电视等媒体,要严格把握宣传关,充分发挥媒体在大学生法治教育中的舆论形成和引导的积极功能,确保媒体始终高扬主旋律和正能量,始终坚持以法治教育为目标,创作与传播适合大学生法治教育的作品,牢牢把握大学生意识形态教育,形成法治教育的社会合力和良好氛围。最后,充分发挥民间团体在推进大学生法治教育中的积极作用。群众性文艺团体、行业文艺演出队等民间团体,可以通过排练演出贴近大学生实际、贴近生活的法治文艺节目,将"校园欺凌""校园裸贷""电信诈骗""校园传销"等事件搬上文艺舞台,形象生动地宣传与大学生密切相关的法律知识,潜移默化地培养大学生的法治精神,提高其法治素养,帮助大学生用法律的武器武装自己和保护自己。总之,民办高校的大学生法治教育应通过积极引入政府和社会力量,有效地调动一切人力、物力和财力,充分发挥大学生法治教育的全方位、全动员和全参与的教育作用。

另一方面,民办高校要积极开拓社会法治实践教育活动的平台。

"纸上得来终觉浅,绝知此事要躬行。"当前,大学生法治理论教育与社会实践教育未能实现双向融合,传统法治教育偏重于理论知识的讲授,缺乏运用理论知识去解决实践问题的能力,缺乏将理论与实践进行有机的结合,导致法治理论教育与社会实践教育严重脱节。对此,大学生法治教育不能仅停留在理论知识的传授上,还要注重理论与实践的有机结合,知与行的统一。政府相关部门和学校要高度重视大学生的法治社会实践教育基地建设,积极在公检法、律师事务所和社区等建设大学生法治教育实践基地,充分利用社会资源,安排大学生在真实的法治实践情景中进行实践学习,以训练大学生接触法律问题并运用法律手段解决这些问题的能力。例如,通过法学专家和相关学者的法治案例讲

137

解，使大学生深刻认识违法的严重性和法治的重要性；邀请法官、律师和检察官，组织模拟法庭活动，让大学生扮演事件中的各种角色，并由现场司法人员当面指导，使大学生真切了解、熟悉和体会法律的威严，树立法治信仰；组织大学生实地参加法庭审判、参观监狱和看守所等，以真实的现场体验来加强大学生的法治教育。此外，高等学校还可以同一些司法部门建立大学生法治教育实践基地，利用实习形式到一些司法部门进行实践，开辟大学生法治教育的"第二课堂"，引导大学生实现由"被动学习"向"自主学习"转变。

党的十九大强调，要加大全民普法力度，提高全民族法治素养和道德素质，建设社会主义法治文化，树立宪法法律至上、法律面前人人平等的法治理念。民办高校大学生作为当代大学生的重要组成部分，也是社会主义的建设者和接班人，肩负着实现中华民族伟大复兴的历史使命。在新时期新形势下，各个民办高校需要在充分认识和解读新时期新要求的基础上，清醒地认识到相关工作改革也应与时俱进。大学生法治教育作为法治中国的基础性工程，需要长期坚持不懈的努力，需要不断更新教育内容、转变教育理念、完善教育方式、拓展教育队伍以及优化教育环境，以进一步深化和完善大学生法治教育工作，在全面推进依法治国的基础上，积极探索出一条循序渐进、系统有效和扎实有力的大学生法治教育之路。

第五章　国内外非公办高校依法
治校的经验及启示

☑**本章导引**

　　以铜为镜，可以正衣冠；以古为镜，可以知兴替；以人为镜，可以明得失。民办高校实行依法治校是实行依法治教的重要组成部分，也是建立现代大学制度的重要内容。美国是高等教育发展强国，法治化力量渗透其中，不仅仅是一种法律规范，更是一种推进与引导，其依法治校发展经历了移植模仿时期、特色创建时期、逐步完善时期三个时期，逐渐形成了高等教育成文法的法治系统，其与判例法一同促进高等教育的发展，其非单一性、资助性、文本变化性为我国民办高校依法治校提供了经验与启示。我国教育立法从空白到初步成型经历了恢复重建时期、快速发展时期、修改完善时期三个时期，随着我国高等教育的不断发展，依法治校理念的不断深入，陆续出台的政策法规推动了我国高等教育事业的蓬勃发展，也为我国民办高校依法治校沉淀了经验。梳理国内外关于民办高校依法治校的实践，可为民办高校依法治校内涵建设提供借鉴。

第一节　国外高校依法治校的实施经验与启示

国外高校发展历史与我国相比，起步早，发展历史悠久，现今私立教育与公立教育发展几乎同轨，甚至在有的发达国家，私立学校比公立院校办学水平更高，所以在国外高等教育发展中，并未作明显的公立、私立区分。

一、国外高校依法治校的历史

早在 16 世纪，欧洲的英国、法国等国家就开始实施以法教学，推行法治管理。20 世纪伊始，随着资本主义国家经济社会的发展，发达国家开始注重发展高等教育事业。发达国家为了保障高等教育事业的持续发展，相继出台了一些保障性的法律法规。这些发达国家先后在 20 世纪中叶，基本完成高等教育事业的法治化转型。在这些完成法治化的国家中，高校法治化的进程大致分为以下四个阶段：

第一个阶段，在 1870 年前，英法等国家开始运用法律手段对教育进行规范，将高等教育放在了较为重要的位置，使得英法等国家的高等教育迎来了变革。例如，1561 年《约律首卷》就削弱了罗马教皇对高等教育的影响，从而促进了苏格兰高等教育体系的形成。该法典与 1579 年出台的《圣安德鲁斯大学法》是最早规范教育的普通法，开启了高校依法治校的先例。当然，早期的大学都是自治的，学校的自治权力来源于《学院特许法》，只需要获得皇家特许的"自治大学"，就可以制定适用于本校的法律法规，并可以在学校内有效实施。比如在 1570 年颁布的《牛津大学法案》和在 1571 年颁布的《剑桥法案》就属于这类大学自治法规。美国实行依法治校的立法则始于土地赠予。1787 年美国国会通过的《西北法令》第 3 条规定："宗教、道德和知识对于良好政府和人类福祉是至关重要的，政府应给予学校和教育设施永久性的鼓励和支持。"根据该法令，联邦政府向两个城镇分别提供了 46080 英亩的土地，用以建立当今的"俄亥俄大学"，这是美国最早有关高等教育的立法。1819 年联邦最高法院判决的"达特茅斯大学董事会起诉伍德沃德案例"，以学院胜诉而告终，为美国私立高等教育机构后期的高速、高效发展提供了有效保障。1862 年美国总统林肯签署了《莫里尔法案》，该法令促进了农业科技的发展，使得农工学院逐步在各州建立起来。此后，美国国会还通过了一系列法案来资助各类学院。政府对高等教育的扶持力度，无论是对公立还是私立，在当时世界上都处于领先位置，这一系列的立法活动，成为美国高等教育高速发展的重要助力。

第二个阶段，1870 年到 20 世纪初，随着经济社会发展，许多国家开始意识到教育在发展中的重要性，特别是高等教育。部分西方发达国家开始对本国的高等教育进行干预，高等教育的法制建设开始被各国政府重视，慢慢纳入立法议程。例如，1877 年英国政府修订了《牛津大学法案》和《剑桥法案》，以建立牛津大学和剑桥大学的基本管理模式。美国国会在 1887 年通过的《哈奇法案》中规定：应该把农工学院的农业教育和科学研究结合起来，用来促进教学与农业生产的关系，让农业类课程变得更加细化。美国国会于 1890 年通过的《第二莫里尔法案》规定，联邦政府将拨款用于课程教学，特别是工业和农业应用以及相关的教学设备购置以及维护。美国通过法律增加了对高等教育事业的管理和经济帮扶。

第三个阶段，20 世纪初到第二次世界大战前，大部分西方国家开始进入高等教育立法阶段，主要是建立和完善高等教育管理体制，高等教育开始实行行政管理。为了能依法行政，这个阶段出现了大量与高等教育相关的立法文件，为依法治校提供了较为充足的依据。如 1919 年德国制定的《魏玛宪法》废除了双轨制，主要是剔除等级性，提倡教育平等，将公民享有平等接受教育的权利作为基本原则之一。这条法规的出台极大地影响了现代教育体系的建设。

第四个阶段，在第二次世界大战结束之后，随着世界大部分国家社会、经济高速发展，高等教育开始向大众化趋势发展。从目前来看，这一阶段是世界各国高校进行依法治校改革的关键时期，高等教育法制化不断推进。在这段时间有两次较为集中的立法。第一次从 1950 年到 1970 年。战争刚结束，各国都处于全面恢复的过程中，经济百废待兴，社会发展急需高质量的人才，以推动经济社会发展，从而获得或者稳固其在世界格局中的地位。1958 年，美国国会通过了《国防教育法》，规定进一步增加教育投入，并对研究生教育首先开始经济补贴，为高等教育提供经济支持。1965 年，美国又颁布了《高等教育法》，更进一步明确增加对高校的资金投入，从而进一步扩大对高校建设的经济支持。1968 年，为了打破传统的高等教育模式，许多欧洲国家开始了大规模的革新运动。这个时期高校发展还是按照原有的运行模式，缺少革新，学校内部教师和学生的主动性和积极性被传统制度压抑。社会和经济的发展使得教师和学生迫切地需要参与到学校的管理和发展中去。在这场运动中，法国率先开始改革。同年 11 月，法国颁布《高等教育基本法》，第一次提出让教师、学生和社会相关群体参与高校管理，充分释放高校活力。这部法律还被欧洲其他各国纷纷学习和效仿。第二次为 1970 年以后。这一时期高等教育立法特点，主要是为了促进高等教育适应经济的快速发展。许多国家提出了要通过科学和教育振兴国家的发展战略。例如在这个阶段，法国仍处于领先的地位，还率先提出了要对《高等教育基本法》进行全面修改。在此基础上，法国于 1986 年颁布了《德瓦凯高等教育法案》。英国也根据本国国情，于 1992 年颁布了《继续教育与高等教育法》，该法案对高等教育的要求更高，旨在提高教学质量及进行职业化教育。在这次高等教育立法热潮中，和法国一样制定新的《高等教育法》的国家还有美国等发达国家。

二、国外高校依法治校的经验

西方国家高等教育依法治校的历程相对我国较早，对于我国的民办高等教育依法治校也有一定的启示作用。在西方国家依法治校的历史进程中，我国民办高等教育可以从以下几个方面进行学习和借鉴。

（一）根据经济社会发展不断修改完善法治体系

1945 年后西方国家更加重视教育对社会经济发展的作用，高等教育快速发展，使得高等教育立法进一步科学合理。随着高等教育立法的不断完善，行政机关、教育机构和受教育者之间的关系得到了很好的协调。

西方国家高等教育的立法不会刻意地为了法律体系的完整而进行调整，而是根据现实需求，制定相应的法律规范或是进行制度调整。例如英国在成文的法律中，尊重大学自治，同时根据各个大学的实际情况，针对不同的大学会制定不同的单项成文的法律规范性文件，例如，《牛津大学法案》《伦敦大学法案》《威尔士大学法案》《维多利亚大学法案》等。美国同样对法律体系的完整性不作苛刻要求，而是和英国一样，针对实际情况，制定各州各大学的法律规范。当然，不注重体系的严谨性，并不意味着西方高等教育法律是杂乱无章的。相反，西方国家的教育法规体系层次较为分明。例如，美国高等教育法案分为两个等级：联邦和州。一是由国会通过、总统签发的法律；二是由教育部长根据联邦法律以及州级相关规定颁布的法规。另外，西方国家会适时修订高等教育法中的相关法律条例，这也是法律形成的重要基石。只有与时俱进、不断完善的法律法规，才能有效改善教育立法，切实维护教育法规的权威和实施。例如，1965 年，美国颁布《高等教育法》时，废止了 1963 年颁布的《高等教育实施法》，同时还分别废止了 1958 年颁布的《国防教育法》、1965 年颁布的《高等职业教育学生贷款保险法》中涉及与该法案有冲突的条款。而后，美国分别在 1968 年、1972 年、1980 年、1986 年、1992 年和 1998 年对于 1965 年颁布的《高等教育法》共进行了 6 次修改。它们以高等教育实际发展需求为目的，不注重形式上的完整，以法制内容完善为主，制定适时且符合高等教育发展的法制体系。

（二）完善高等教育法治的执行与监督制度

在西方国家，从立法的早期阶段就形成一个从立法、执法到司法的相对完整的法治体系。例如，美国的高等教育立法都涉及财务分配和开支等问题，而在立法的时候，往往会考虑把经费申请、用途指定和资金监管这三个方面规定得比较清楚，有力地保障了每笔资助经费的用途。

法律的执行与法制环境是密不可分的，良好的法治环境，能让大众更容易遵循规则。一方面，法律约束的对象，对于法律的理解、遵守以及主动执行，都会比较容易，阻力小；另一方面，完善的法律制度，以及完整的执法体系，更有利于各个部门之间明确权责，执行起来效率更高。在西方教育法律中，均很明确地规定了法律责任、确定了执法监督主体以及完整又公正的执法监督程序和制度，它在确保教育法律的顺利实施、调解教育纠纷、维护公民的教育权益方面发挥着有效的作用。

（三）健全的司法制度

当前，西方国家的教育司法制度除民事司法渠道外，主要处理教育纠纷和违法教育案件，侧重教育系统内的司法制度，例如教育行政执法制度、教育纠纷仲裁制度和教育法院制度。在制度之外的行政司法系统中，许多国家建立了单独的行政仲裁制度和机构，专门处理涉及行政违法的诉讼案件。这些行政司法机关有权对所有行政违法行为进行裁决，包括违反教育法律的教师及教育行政人员，审理涉及公职人员的案件，为国家机构的金融活动提供专门的审计制度。许多国家还独立设置了国家审计机构，以监督和审计教育机构在内的公共机构的金融活动。

第二节　我国民办高校依法治校的实施经历及启示

近现代意义上的中国高等教育立法是从晚清时期开始产生和发展的。中华人民共和国成立后我国民办高等教育得到曲折发展，自 1977 年高考恢复后，开始慢慢复苏，不过多以文化补习、职业技能培训、函授教育和高等教育自学考试助学等形式为主，基本上限定为非学历教育领域。中国高等教育的发展经历了一百多年的曲折道路，依法治校的过程也体现于中国复杂多变的社会发展中。

一、我国高等教育立法的经历

从中华人民共和国成立后的民办高等教育的立法可知，我国民办高等教育的法制进程较短，这里以我国近现代高等教育发展为主要研究对象，不区分民办和公立高等教育，以更好地完善我国民办高校的依法治校体系。2002 年《中华人民共和国民办教育促进法》的颁布，以及 2004 年《中华人民共和国民办教育促进法实施条例》的出台，标志着我国民办高等教育的管理进入到依法治教、依法办学、依法管理的新阶段，有效地保障了民办教育的可持续发展。2007 年至 2008 年，教育部颁发的《民办高等学校办学管理若干规定》《独立学院设置与管理办法》等文件，其相关制度的内容规定更加接近我国民办教育的发展实际。

从我国近现代历史发展的轨迹来看，我国依法治校的过程大致可以分为晚清、民国和中华人民共和国这三个阶段。

（一）清末时期

19 世纪末，清政府开始提出要实施"新政"，包括：教育方面的改革，推行新型教育，制定相关教育法律条例；同时废除科举制度、兴办学校等。这代表了封建旧教育制度的彻底衰落和资产阶级新型教育制度的兴起。这是中国近代高等教育立法的开端。在此期间制定了更具代表性的教育法规是 1902 年颁布的《钦定学堂章程》，其主要由六部分组成，其中包括《京师大学堂章程》和《高等学堂章程》等，这是近代中国第一部教育法，是一部相对完整的学校章程体系。1903 年，颁布《高等学堂章程》，也被称为"癸卯学制"，此章程对学校教育目的、课程设置、教学内容、教师管理、资金来源、图书设备等都作了明确规定。这是一部相对完整的教育法，并在全国正式颁布实行，在推动"新教育"和统一学术制度方面发挥了重要作用，一直沿用到 1911 年清王朝灭亡为止。

1905 年 8 月，清政府宣布："清帝谕立停科举以广学校"，"著即自丙午（1906 年）科为始，所有乡会试一律停止，各省岁科考试亦即停止"，废除存在了 1300 多年的科举制度。此后，中国的高等教育水平进入一个全新的发展时期。据清政府统计，到 1909 年，全国共有 127 所高等学堂。为了加强教育管理，1905 年清政府建立了最高教育行政管理机构——学部，撤销国子监，其相关教育工作职能由学部统一承担，教育管理、学校制度、职业教育、入学考试、毕业证书、毕业奖、留学和教师培训等一系列教育法规相继出台。清政府制定的教育法规主要借鉴日本和德国，具有旧社会的教育痕迹和强烈的封建主义色彩，因此，它不能充分适应当时高等教育发展的需要。但不可否认的是，清末的教育立法对民国时期的高等教育立法和法治管理具有启发意义，同时也为现代高等教育的发展奠定了一定基础。

（二）民国时期

1911 年爆发的辛亥革命彻底推翻了统治中国两千多年的封建君主专制制度，在孙中山先生领导下建立了中华民国，随后成立了教育部，颁布了《普通教育暂行办法》，并要求立即实施。该办法宣布废除旧社会教育制度，进行重要的教育改革。同年 7 月，教育部宣布召开临时教育会议，会后颁布《教育宗旨令》，要求必须废除"忠君、尊孔"的内容，对建立反对封建教育制度的民主共和国起到了非常积极的引导作用。随后，公布了《学校系统令》和一些学校令及有关制度，内容包括《专门学校令》《师范学校规程》和《大学令》，其内容包含了办学目的、学籍管理、学习年限、教师聘任等，这一系列的学校令和规程构成了一个相对完整的管理体系。此后，教育部颁发了《大学规程》和《公立私立学校规程》，为高校科目分类等提供了详细、明确的规定。1913 年 2 月，教育部颁布了《高等师范学校规程》，对高等师范教育的发展做出了一些特殊的规定，包括经济特惠权。

袁世凯夺取了中华民国政权后，颁布了一系列封建守旧的高等教育法，使得有所起色的高等教育事业停滞不前。例如，1915 年，发布了《特定教育纲要》和《国民学校令》等法令。1919 年爆发的"五四运动"，标志着中国进入了新民主主义革命时期，中国的高等教育模式和教育立法也发生了重大改变。

1927 年，在南京国民政府成立之后，依法治校的进程进入新的发展阶段。在此期间，高等教育法规的形成和制定相对规范，初步形成了高等教育规章制度体系，先后颁布了：《大学法》《大学组织法》《大学规程》《学位分级细则》《大学及独立学院各学系名称》《大学研究院组织规程》《硕士学位考试细则》《大学医学院及医科暂行课目表》《修正师范学院规程》《改进师范学院办法》和《大学教员资格条例》。总的来说，中华民国的高等教育立法借鉴了国外高等教育立法的先进经验，整体而言比较完整和规范，但这些高等教育法规具有某些封建和专制色彩，而且高等教育法在执行力方面不强，使得许多高等教育法规都流于形式。

（三）中华人民共和国时期

中华人民共和国成立后，各项立法工作都开始进入积极筹备状态，高等教育立法也在计划之中，高校开始制定自己的章程制度，以维护校园的正常秩序。总体来讲，我国高等教育依法治校可以分为以下三个阶段：

1. 创建阶段（1949—1957年）

中央首先制定和颁布了《高等学校暂行规程》《专科学校暂行规程》，有力配合了建国初期的高等教育工作。这个阶段学习、借鉴苏联的法律规定较多，如《关于中国人民大学实施计划的决定》《关于翻译苏联高等学校教材的暂行规定》等。国务院、教育部结合国情也制定了一系列单行法规，如《关于高等学校教师调动的暂行决定》《高等学校培养研究生暂行办法》《高等学校课程考试和考查规程》等。这一阶段高等教育法制建设的步伐是比较快的，初步形成了我国的高等教育法规体系，奠定了高校依法治校的基础。

2. 曲折发展阶段（1957—1976年）

1958年全国掀起了大跃进运动，对教育事业影响也较大。中共中央、国务院发布《关于教育工作的指示》，提出：全国应在三年到五年时间内，基本上完成扫除文盲、普及小学教育……的任务。将以十五年左右的时间普及高等教育。由于对教育事业发展趋势的错误预估，忽视教育发展规律，制定的政策过于激进，导致许多政策无法得到有效实施。1960 年底开始纠正"左"倾错误及有法不依现象。1961 年颁发了经中共中央批准试行的《教育部直属高等学校暂行工作条例（草案）》（简称"高教六十条"）纠正了高等教育有法不依的错误，用法律肯定了国家的教育方针和大学的基本制度、基本工作和教学原则，在我国高等教育法制建设中具有重要意义。但是到了"文化大革命"时期，高等教育法制遭到了严重破坏。高考被中断了十年，人才的选拔机制被破坏，学校政治化严重，学术氛围被破坏，高等学校由 1965 年的 434 所减少到 1971 年的 328 所，原有的 6 所政法院校全部被撤销，学制也缩短了，这些问题都由"文革"造成，使我国教育事业受到了严重的打击。

3. 恢复和迅速发展阶段（1976 年以来）

"文化大革命"结束后，全国社会经济全面恢复正常，党的十一届三中全会着重提出了发展社会主义民主、健全社会主义法制的任务，我国的高等教育法制建设开始走上健康发展的轨道，高校依法治校也进入了一个崭新的时期。

1980 年 2 月第八届全国人民代表大会常务委员会第十三次会议通过了《中华人民共和国学位条例》，这是中华人民共和国成立以来第一部由最高权力机关制定的有关教育的法律，完善了高等教育法律体系。1993 年 10 月第八届全国人民代表大会常务委员会第四次会议通过了《中华人民共和国教师法》，第一次以法律形式明确了教师的法律地位，为维护教师的合法权益提供了根本保障。1995 年 3 月，第八届全国人民代表大会第三次全体会议通过了《中华人民共和国教育法》，这是涉及教育改革和发展全局，全面规范和调整各类教育关系的教育基本法，填补了教育法律体系中缺乏最高层次母法的空白。1998 年 8 月，第九届全国人民代表大会常务委员会第四次会议通过了《中华人民共和国高等教育法》，标志着我国高等教育立法已取得重大进展。《中华人民共和国高等教育法》的颁布，使我国高等教育工作开始全面置于该法的规范之下，为高等教育领域内的全面依法治教提供了基本的法律依据。

此外，国务院也制定了一批涉及高等教育的行政法规，如《高等教育管理职责暂行规定》《普通高校设置暂行条例》《学校工作条例》《学校体育工作条例》《教学成果奖励条例》《高等教育自学考试条例》等。原国家教育委员会在其职责范围内也制定了《高校教师职务条例》《普通高校招生暂行条例》《高校培养研究生工作暂行条例》《普通高校本科专业设置暂行条例》《成人高校设置暂行规定》《各类成人高校招生暂行规定》《关于开展大学后继续教育的暂行规定》等一大批规章。地方人民代表大会和地方政府也制定了不少有关高等教育的地方法规和规章。这些法律、法规的制定和施行，结束了我国高等教育工作无法可依的局面。

2005年3月教育部颁发了《普通高等学校学生管理规定》（教育部令第21号），高等教育依法治校进入崭新的阶段。该《规定》遵循"育人为本，依法建章，规范管理，加强监督"的原则，鼓励和引导高校建立并实施学分制、主辅修制、跨校修读制等新的有利于人才成长的管理制度，确立了一系列依法治校、维护学生合法权益的新规则，并扩大了高校依法办学自主权。这一时期，国家十分重视加强高等教育立法工作，加速了立法进程，制定了一大批高等教育法律、法规和规章，依法治校工作取得了很大的进展。

二、我国民办高校依法治校的启示

我国民办高校虽然具有一定的独特性，但是在依法治校方面与公立高等院校具有一定的共同性，所以这里不区分民办高校和公立高校。高等教育依法治校中的"法"，是随着中国特色社会主义法律体系的形成而逐步完善的。由于中华人民共和国成立后，受社会发展的影响，法制建设中途有段时间停滞不前，甚至部分地区还出现了倒退。改革开放后，社会活力逐渐被释放，同时国家开始注重法制建设，注重法制对社会的作用，使得高等教育法制建设在此期间也高速发展，取得了一定成就。随着民办院校的兴起，相关法规也开始逐步完善。我国高等教育法制建设时间不长，并随着高等教育由精英化向大众化发展，高等教育扩招，使得教育立法显得更为重要，原有的法律制度已经满足不了当下的法治需求，为此教育部于2003年颁发的《关于加强依法治校工作的若干意见》指出，目前学校的法制观念和依法管理的意识还比较薄弱；依法治校的制度和措施还不健全；依法治校还没有完全成为学校的自觉行为，与依法治国基本方略的要求还有一定的距离。

（一）高等教育法制体系不完善

高等教育的高速发展，使得高等教育立法相对滞后，民办高等院校作为高等教育的重要组成部分，自然也受法制环境影响。第一，高等教育法律法规从横向看，涉及面不够广，涉及具体事项不够完整细致，大多为指导性规范，可操作性不强，例如《教育经费法》《高等教育行政组织法》《教育督导条例》《校园法》等尚未颁布或处在制定修改中。第二，高等教育法律法规从纵向看，无法形成一套完整且行之有效的体系。从高等教育的办学主体高校而言，还未建立起完善的，并适应高等教育快速发展需要的，与国家法律法规以及地方法规、规章制度相适应的校内规章制度。第三，从高等教育法律法规的立法内容和技术上看，法律法规条款原则性表述较多，某些权利救济措施缺乏明确的规定，可操作性不强。如一些法律法规条文中"按照国家有关规定"、"逐步"、"适当"等用语都比较原则和概括，在具体实践过程中较难理解和操作。又如，一些法律法规条文中"部分"、"必要的"、"必要条件"、"有条件的"等用语较模糊，具有不确定性，实施中难以操作，以致影响立法对象和执法者的实施和执行。另外，尚有相当一部分颁布于20世纪八九十年代的高等教育法规、规章中冠以"暂行"、"试行"等名称，这些法规规章"暂行"、"试行"了十几年，仍在暂行、试行，在实践中降低了高等教育法的效力和权威。

（二）法制基础薄弱，法律修改制定相对滞后

就我国目前的《高等教育法》而言，还存在一些不尽如人意之处，主要表现在法律条款修订的滞后，远远跟不上如今快速发展的社会。当今现行的几部法律中，只有《中华人民共和国学位条例》在 2004 年 5 月进行了修订，其他几部法律条款均一成不变，沿用至今。比如《高等教育法》规定："高等学校的校长，由符合教育法规定的任职条件的公民担任"，而在《教育法》中又有不一样的条款："学校及其他教育机构的校长或者主要行政负责人必须由具有中华人民共和国国籍、在中国境内定居……"《教育法》中的该项条款不能适应经济社会发展的步伐。而在现实生活中，不仅中国公民可以出任境外教育机构的校长，外籍人士也可以出任中国教育机构的主要行政负责人。

我国在 1999 年宣布实施的《高等教育法》，还存在严密性不够、条款中授权性规定滞后等不足，如条款中写明"根据国家有关规定"和"依法制定"等，并没有随着社会的发展而修订这些"规定"和所依之"法"，导致实施过程中行政部门和高校没有统一明确、具体的规范性程序，各部门、教育机构各行其是。比如在与高校教师切身利益密切相关的专职技术评定的问题上，在《高等教育法》中有这样的规定："按照国家有关规定，评聘教师和其他专业技术人员的职务"，但是由于目前与评聘专业技术职称配套的有关法律法规尚未出台，以致各地区教育行政主管部门在对高校教师职称评定，特别是对高级职称评定方面规定各不相同，而且在不停地改变。如果出现教师因职务评定不公而与高校发生纠纷，有关行政部门在处理此类纠纷时就处于无法可依的尴尬境地。在《高等教育法》中并没有对教育行政部门的责任和义务作出详细的解释，所以对其缺乏强有力的约束力。而其在赋予高校自主教育和自主办学的权利中，又没有具体阐明如何保障这些权利，在受到侵害时怎样使用法律救济途径。曾有很多学者专门为如何落实高校自主办学权利而进行深入调研，在调研过程中发现，部分高校认为在自主招生、专业配置、行政管理、颁发"两证"、财务自由等方面都难以"称心合

意"。

（三）高校内部法制体系不健全

随着学生自我维权意识不断增强，接二连三地暴露出高校内部制度体系的各种弊端。先是出现田永起诉北京科技大学案，接着发生北京大学博士生刘燕文与母校间的学位纠纷案。这两个案件学生均胜诉（注：刘燕文在一审胜诉，在二审中以程序问题被判败诉）。

学生状告母校的案例，按照数据显示，可按诉因不同分为八类：（1）考试作弊被取消学位；（2）考试不及格被取消学位；（3）大学生英语四级未过而被取消毕业证和学位证；（4）学校侵权；（5）学生在校期间被无故侵害；（6）因非法定缘由不被学校录取；（7）违反校园纪律被勒令退学；（8）学校乱收费。按诉讼种类不同可分为两类：（1）民事诉讼，例如：学校提供的服务不到位、学生在校期间人身财产受到侵害、学校管理方式存在漏洞、学校对学生监管不力等；（2）行政诉讼，例如：学校因学生某种行为不颁发"两证"、学生因违反校纪校规被从重处分等。前面所讲到的"田永诉北京科技大学案"和"刘燕文诉北京大学案"就是比较典型的案例。

关于"田永诉北京科技大学案"，法院认为：学校虽然有一定的自主权，但是不得与上位法相违背。田永虽然携带写有与考试有关内容的纸条进入考场，仅仅违反考试纪律，但是其行为并未构成作弊。北京科技大学可以依照学校的规章制度对田永违反考场纪律的行为进行处理。根据教育部发布的《普通高等学校学生管理规定》相关内容：凡擅自缺考或作弊者，该门考试课程以零分计，不准正常参加补考，如确实有悔改表现的，经教育部门批准，在毕业前可给予一次补考机会。而北京科技大学的"068号通知"，扩大了认定"考试作弊"的范围，对于考试作弊的处理方法和规定退学的条件明显重于《普通高等学校学生管理规定》的相关规定，该校的处理办法与教育部的《普通高等学校学生管理规定》相违背，应属无效。北京科技大学未将处理决定直接向被处理者本人宣布、送达，允许被处理者本人提出申辩意见，因而其行政管理行为具有不合法性。

关于"刘燕文诉北京大学案"，法院认为："根据我国相关法律的规定，高校具有对受教育者进行学籍管理的权利，有代表国家对受教育者颁发相应的学业证书、学位证书的职责。高校虽然不是法律意义上的行政机关，但其作为公共教育机构，对受教育者颁发学业证书与学位证书等权利是国家法律所授予的，在教育活动中的管理行为是单方面作出的，无须受教育者的同意。根据《高等教育法》第二十八条、二十九条规定，学校作为教育者享有按照章程自主管理的权利，行使对受教育者颁发相应的学业证书的权利，同时还有义务保护受教育者的合法权益，并依法接受监督。"本案中，高校作出不予授予学位的决定后，刘燕文一直向北大等有关机构提出异议，希望得到答复，但是北大未给刘燕文申诉的权利，并且一直未就该问题给予答复，北大处理刘燕文对自己未被授予博士学位的决定提出异议后，处理的程序不合法，导致北大一审败诉。

在行政诉讼范围内，学生状告母校且准予立案的非常少。但近年来，随着行政诉讼法的完善，立案条件降低，该类型案件立案率急剧提升，而且学校败诉的居多。综上所述，高校依法治校的体制不完善主要体现在以下四个方面：

一是高校现行的规章制度与国家法律法规相抵触。比如"田永诉北京科技大学案"，学校根据《关于严格考试管理的紧急通知》中有关规定，作出了给予田永退学处分的决定，而该通知与教育部在1990年颁布的《普通高等学校学生管理规定》中第十二、第二十九条规定相抵触，所以法院裁定学校《关于严格考试管理的紧急通知》中，有关退学处分的规定是无效条款。

二是高校在对问题学生受教育权的处理程序上不规范。正如在"田永诉北京科技大学案"中，北京科技大学未直接将处理决定送达给被处理者本人，没有允许学生本人提出申辩，学生的被告知权、申辩权得不到充分保障，导致该大学行政行为程序不当，最终败诉。

三是高校对学生法治思维教育引导不够。在学生入校时，部分学校没有对规章制度作系统的宣传和讲解，很容易使学生产生误解，往往会给学生状告母校埋下隐患。

四是高校目前缺少浓厚的民主与法治校园氛围。规章制度均是学校为主导，部分规章制度忽视了学生主体性，在执行过程中难免出现不太合理之处。

（四）高校师生缺乏法治意识

高校师生法律意识、法治思维尚未完全形成，以致观念里仍存在许多思想误区，一些学生在做出违法违纪行为后，还浑然不知，且在面对违法违纪行为时表现得十分漠然。比如老师在处理学生违纪行为时，不按照程序处理，有时还不给学生正规的申诉渠道，或是仅仅形式上给予申诉，实际上并不听取学生的意见，容易留下隐患。而学生在遇到不公正的处理后，往往由于缺乏法制意识而不会寻找正常的申诉渠道，一种是听从学校的处理安排；另一种是走上极端，希望通过极端的方式迫使学校妥协，重新作出决定。

（五）救济制度还不够完善

当前，国内只有少数高校建立了教育法律救济制度，高校法律救济制度还不够健全。有关教师和学生申诉的条款不清晰，比如《教师法》规定：教师认为当地人民政府有关行政部门侵犯其根据本法规定享有的权利的，可以向同级人民政府或者上一级人民政府有关部门提出申诉，同级人民政府或者上一级人民政府有关部门应当作出处理；受教育者对学校给予的处分不服向有关部门提出申诉，对学校、教师侵犯其人身权、财产权等合法权益，可提出申诉或者依法提出诉讼。这些规定是好，但实际操作性不强。

完善的法制体系和良好的法治环境，是依法治校的前提，我国高校目前法制体系初步形成，为依法治校和依法治教提供了有法可依的基础，但是在法制体系的完备性上还略显不足，法制内容上还需进一步具体化，在保证高校办学自由、学术自由的基础上，应进一步完善救济制度，充分保障师生的合法权益。政府对高校的帮扶政策也应制度化、常态化，为高校发展提供稳定支持。当然再完备的法律也需要由人来执行和遵守，为了提高执法效率，应进一步加强执法人和守法人的法治教育，提高高校师生的法治意识，法治意识提高，法治环境也会随之改善，就能形成良性循环。

第六章　民办高校依法治校内涵建设思路

　　民办高校依法治校为什么"治"、依什么"法"、怎么"治"、为谁"法治"等是本研究关注的四个主要内容，通过前面几章的调查分析、问题梳理、原因剖析，借鉴国内外高校依法治校的实践经验，本章将从完善民办高校依法治校依据的法律法规、构建民办高校依法治校治理的内涵建设体系、全面提升民办高校依法治校能力等三个维度解决当前民办高校依法治校存在的问题，研究民办高校依法治校内涵建设的思路，为民办高校依法治校提供指导。

第一节　建立健全法律法规

　　《中华人民共和国宪法》明确规定："中华人民共和国实行依法治国，建设社会主义法治国家。"依法治国，建设法治国家，是我国建设社会主义的基本方略。国家事务管理的法治化，必然要求高等教育领域也要加强法制建设，全面推进依法办学、依法治校、依法治教。新时代的到来，使高等教育进入一个需要用好法律法规和各项权利的时代。

一、完善国家层面的政策导向

　　依法治校的主体，是依照宪法和有关教育法律的规定，通过各种途径和方式，管理和监督学校工作的参与者。包括学校、教育机构、企业事业单位、社会团体及公民；还有各级教育行政部门、各级权力机关、审判机关和检察机关等。这些主体在参与管理学校、学校管理的过程中，如果不依法办事，就可能侵犯学校、教师、学生的合法权益，依法治校就无法实现。依法治校的范围既包括举办学校、学校办学、教师教学、学生学习等具体活动，又包括与上述活动相关的教育经费拨款、捐资助学等活动。因此，国家层面的政策必须完善，如此才能更好地保证高等学校尤其是民办高校在办学和教育实践中有法可依。

（一）《民办教育促进法》要在教育实践中不断修订

在相当长时期内，《民办教育促进法》（以下简称《民促法》）及《民办教育促进法实施条例》（以下简称《实施条例》）是关于民办高等教育最重要的法律政策依据。但《民促法》在民办高校产权问题规定、合理回报与"非营利性"的表述、民办高校法人地位的确立等方面有一定的模糊性、妥协性，在一定程度上制约了民办高等教育的进一步发展。其法律缺失主要体现在以下方面：

1. 民办高校产权法律关系即主体权利与义务的内容规定不明晰

《民促法》规定："民办学校对举办者投入民办学校的资产、国有资产、受赠的财产以及办学积累，享有法人财产权。""民办学校存续期间，所有资产由民办学校依法管理和使用，任何组织和个人不得侵占。"从中可以看出，民办教育的出资人不能享有其所投入资产的产权，而民办学校只是一个法律意义上的实体，究竟由谁代表学校处理财产问题并不明确；民办高校财产权的界定，只体现了国家与学校之间的权责关系，私人所有者和学校之间的权责关系；在产权权能方面只考虑了办学期间学校的法人财产权，而没有考虑投资者或举办人的私人所有权。

《民促法》第59条规定：民办学校终止并进行财产清算时，在清偿各种费用、债务后，"剩余财产，依照公司法的有关规定处理"。在此既没有明确规定返还出资人的投入，也没有明确规定出资人投入的资产及办学积累的最终归属。清偿后的资产只有投入机制，没有退出机制，收益与各自投入成本不相符合。根据科斯定理，产权不明将导致效益的低下，要提高办学效益，就必须明确和规范产权关系。《实施条例》也仅对民办学校资产中的国有资产和受赠资产的监督、使用和管理作了原则性规定。

2. 民办学校的法人主体类型不明确，无法享受税收优惠

《民促法》第 10 条规定："民办学校应当具备法人条件"，但其具体归类于哪种主体类型《民促法》未予说明。实际执行时常依据国务院规定登记为民办非企业法人，但这种新兴的法人类型却无法纳入《民法通则》中现有的法人类型之中。因为《民法通则》根据生产职能将法人分为企业法人与非企业法人，而非企业法人又具体包括机关法人、事业单位法人和社会团体法人三个亚类型。作为"民办非企业单位"的民办学校无法纳入现有的法人分类，这必将制约民办高校在民事活动中依法享有民事权利、承担民事责任，影响有关民办学校与公办学校"具有同等的法律地位"规定的有效落实。

《民促法》第 47 条规定："民办学校享受国家规定的税收优惠政策"，但在 2004 年财政部、国家税务总局颁布的《关于教育税收政策的通知》中并未体现，《税法》规定"凡民办非企业单位都要向国家交纳税款"，导致民办高校难以享受税收优惠。

针对以上法律缺失，国家对《民办教育促进法》进行了修改完善，于 2016 年底出台，2017 年正式实施，从法律层面破解了民办教育发展面临的法人属性、产权归属、扶持政策、平等地位等方面的突出矛盾和关键问题，进一步鼓励社会力量兴办教育，促进民办教育健康发展。

(二)《纲要》指出了民办高校依法办学的工作内容

《国家中长期教育改革和发展规划纲要（2010—2020 年）》（以下简称《纲要》）从建立现代大学管理制度、办学体制改革、管理体制改革三大章节指出了民办高校依法办学内涵建设的工作内容。

1. 要求高校建立现代大学管理制度

　　《纲要》指出，要适应中国国情和时代要求，建设依法办学、自主管理、民主监督、社会参与的现代学校制度，构建政府、学校、社会之间新型关系。探索适应不同类型教育和人才成长的学校管理体制与办学模式，避免千校一面。完善学校目标管理和绩效管理机制。健全校务公开制度，接受师生员工和社会的监督。高等学校按照国家法律法规和宏观政策，自主开展教学活动、科学研究、技术开发和社会服务，自主设置和调整学科、专业，自主制定学校规划并组织实施，自主设置教学、科研、行政管理机构，自主确定内部收入分配，自主管理和使用人才，自主管理和使用学校财产和经费。要加强章程建设。各类高校应依法制定章程，依照章程规定管理学校。尊重学术自由，营造宽松的学术环境。全面实行聘任制度和岗位管理制度。确立科学的考核评价和激励机制。要扩大社会合作。探索建立高等学校理事会或董事会，健全社会支持和监督学校发展的长效机制。探索高等学校与行业、企业密切合作共建的模式，推进高等学校与科研院所、社会团体的资源共享，形成协调合作的有效机制，提高服务经济建设和社会发展的能力。

　　2. 推进办学体制改革

　　《纲要》要求在深化办学体制改革方面，要坚持教育公益性原则，健全政府主导、社会参与、办学主体多元、办学形式多样、充满生机活力的办学体制，形成以政府办学为主体、全社会积极参与、公办教育和民办教育共同发展的格局。调动全社会参与的积极性，进一步激发教育活力，满足人民群众多层次、多样化的教育需求。

　　《纲要》特别提出将大力支持民办教育。民办教育是教育事业发展的重要增长点和促进教育改革的重要力量。各级政府要把发展民办教育作为重要工作职责，鼓励出资、捐资办学，促进社会力量以独立举办、共同举办等多种形式兴办教育。完善独立学院管理和运行机制。支持民办学校创新体制机制和育人模式，提高质量，办出特色，办好一批高水平民办学校。

　　要依法落实民办学校、学生、教师与公办学校、学生、教师平等的法律地位，保障民办学校办学自主权。清理并纠正对民办学校的各类歧视政策。制定完善促进民办教育发展的优惠政策。对具备学士、硕士和博士学位授予单位条件的民办学校，按规定程序予以审批。建立完善民办学校教师社会保险制度。

健全公共财政对民办教育的扶持政策。政府委托民办学校承担有关教育和培训任务，应拨付相应教育经费。国家对发展民办教育作出突出贡献的组织、学校和个人应给予奖励和表彰。

3. 依法管理民办教育

《纲要》要求教育行政部门要切实加强民办教育的统筹、规划和管理工作。积极探索营利性和非营利性民办学校分类管理。规范民办学校法人登记，完善民办学校法人治理结构。民办学校依法设立理事会或董事会，保障校长依法行使职权，逐步推进监事制度。积极发挥民办学校党组织的作用。完善民办高等学校督导专员制度。落实民办学校教职工参与民主管理、民主监督的权利。依法明确民办学校变更、退出机制。切实落实民办学校法人财产权。依法建立民办学校财务、会计和资产管理制度。任何组织和个人不得侵占学校资产、抽逃资金或者挪用办学经费。建立民办学校办学风险防范机制和信息公开制度。扩大社会参与民办学校的管理与监督。加强对民办教育的评估。

（三）进一步完善高等教育法律法规体系

高等教育法律体系既包括横向结构，也包括纵向结构，这些法律、法规对政府管理高等教育的职责和行为、高等教育机构的设置和管理、税收和高校经费的核拨乃至校舍和土地的使用等都有原则性的规定。在每项教育法律之下，应制定配套的规范性文件，以便对法律执行过程中可能涉及的各种问题做出明确细致的规定。

我国高等教育管理法律规范主要指调整我国高校与学生之间关系的，涉及高校的法律地位、高校的主要权利和义务、学生的主要权利和义务、学生权利的救济等方面内容的法律规范。目前我国高等教育法律体系主要有以下几种：（1）宪法。（2）高等教育基本法，如《中华人民共和国教育法》和单行法《中华人民共和国高等教育法》《民办教育促进法》。(3) 高等教育行政法规。主要有《普通高等学校学生管理规定》《中华人民共和国学位条例》等,其效力低于高等教育单行法。(4) 地方性高等教育法规。它是由省级和经国务院批准的较大市人大及其常务委员会,根据宪法和法律制定的、施行于本行政区域的法律文件。(5) 高等教育行政规章。此外,还有地方政府各级教育行政机构发布的决定、命令和指导意见等文件及高校设立时经过批准生效的章程和根据相关规定制定的学生管理规定,如学生手册等。

总体上看,我国现行教育法律体系未能使国家、高校、学生三方之间形成合理有效的权限配置和权力制衡,高等教育的公益性缺乏稳定的法律保障,学生的法律权益在现实中难以落实。因此,我们可以从以下几个方面加以完善:

第一,要发挥国家教育立法的基础性制约作用,确立高校与学生间权力制衡的制度架构。在国家教育法律法规中明确学生民主参与学校管理的权利,明确高校支持和保障学生依法参与管理的义务,确立高校与学生间权力制衡的制度架构,明确规定学生行使参与学校民主管理的权利途径或方式。

第二,明确高校的公法人地位或作为授权行使教育管理权的行政主体地位。立法机关在制定新的法律或修改现有的《高等教育法》时,应把高校定位于公法人或作为授权行使教育管理权的行政主体地位,明确高校与政府之间的关系,并明文规定和保障其权限,如在《高等教育法》中应增加一条:"高校享有学术自主权,不受行政机关、社会团体或其他个人的干涉。"

第三,增强高等教育法律法规的可操作性。要对原则性规定予以量化,对法律用语要规范,对法律概念、法律条款、法律救济措施应具体规定。

第四,完善高校学生管理的立法体系。我国对于高校学生权益的保护没有法律法规的具体规定,不利于保护高校学生权益,因此应制定

《高校学生权益保护法》，明确高校学生权益法律救济的具体途径。

　　2017年教育部先后出台了《国家教育考试违规处理办法》（教育部33号令）、《普通高等学校学生管理规定》（教育部41号令），前者进一步规范了对国家教育考试违规行为的认定与处理，维护国家教育考试的公平、公正，明确了国家教育考试中的各个主体责任，保障参加国家教育考试的人员、从事和参与国家教育考试工作的人员的合法权益，堵塞考试领域中存在的法律漏洞，明确考试作弊人员的法律责任。后者与2005年开始实施的原规定相比较，新规定更加突出立德树人要求和以学生为本的理念。新规定还要求，高校应坚持社会主义办学方向，全面贯彻党的教育方针，坚持立德树人，加强理想信念教育，培育和践行社会主义核心价值观。加强对学生思想品德考核，强调恪守学术道德，开展诚信教育，建立对失信行为的约束和惩戒机制。同时，针对近年来学生创新创业的热潮，新规定提供了弹性学制、学分积累和转换、创新创业活动可以折算为学分等制度保障。新规定更加注重保护学生权益，完善各种奖励制度。对学生的处分程序，新规定专门新增"学生申诉"一章，完善申诉制度和程序，强化了学生申诉委员会的职责，增加了教育部门对学校行为的监管措施。新规定还强调促进学生自我管理，规定学校应建立健全学生代表大会制度，为学生会、研究生会等开展活动提供必要条件。

（四）建立完备的高等教育法律执行体系

　　1. 加强国家教育法制建设，增强依法治校保障

　　高等学校要实现依法治校的目标，还要加强教育法制建设。十八届四中全会以来，加强教育法制的系列意见先后出台，《中共中央关于全面推进依法治国若干重大问题的决定》要求各级党委全面准确贯彻决定精神，健全党委统一领导和各方分工负责、齐抓共管的责任落实机制。《党政主要负责人履行推进法制建设第一责任人职责规定》要求党政主要负责人要履行推进法治建设第一责任人职责，切实履行依法治国重要组织者、推动者和实践者的职责。《关于进一步把社会主义核心价

值观融入法治建设的意见》要求大力培育和践行社会主义核心价值观，运用法律、法规和公共政策向社会传导正确价值取向，把社会主义核心价值观融入法治建设。《关于深入推进管办评分离　促进政府职能转变的若干意见》明确提出要推进依法行政，形成政事分开、权责明确、统筹协调、规范有序的教育管理体制；建设依法办学、自主管理、民主监督、社会参与的现代学校制度；推进依法评价，建立科学、规范、公正的教育评价制度。《关于高等教育领域简政放权放管结合优化服务改革的若干意见》要求全面贯彻党的教育方针，坚持社会主义办学方向，完善中国特色现代大学制度，破除束缚高等教育改革发展的体制机制障碍。

2. 建立高等教育行政系列强制执行制度

将强制执行与说服教育结合起来，有利于充分发挥教育行政机关的职能作用，更好地保护当事人的合法权益。

一是要健全高等教育纠纷的仲裁制度。高等教育纠纷的仲裁不同于法院的审判，也不同于行政机构的行政处理。用于仲裁解决的高等教育纠纷，主要包括教师的招聘、晋升、教师行为的处理、学生处分等方面的纠纷，或者是平等主体之间的财产纠纷、合同纠纷等。仲裁机构应设置在教育行政主管部门内部；仲裁员的组成应由教育行政部门代表、高校代表、教育界人士、法律界人士等组成，从而保证纠纷解决的专业性和公正性。

二是要建立高等教育法庭制度。高等教育法庭是西方一些发达国家为处理大学、教师、学生权益纠纷而实行的一种司法制度。高等教育法庭的庭长通常是由具有丰富司法经验的人士担任，主要受理对高等教育行政机关做出的复议决定不服的权益纠纷案件，其法庭组成人员由教育行政机关任命并独立审理有关高等教育的上诉案件。高等教育法庭的裁决是终局性的，其裁决报最高法院备案。这种高等教育法庭制度，既不同于行政机关的行政复议制度，也区别于审判机关的司法审判制度，有利于及时受理各种高等教育权益纠纷案件，避免冗长的司法程序，也有利于针对高等教育权益纠纷案件的特点，根据高等教育规律的要求来处理纠纷。

二、提高大学治理的社会参与度

（一）完善社会第三方机制，成立由政府资助的半官方社会中介机构

为避免政府与高校之间发生直接的摩擦，需要建立一种中介机构，使之成为协调政府和大学之间的"缓冲器"。这种缓冲机构，吸收学者参与其中，允许学者向政府提建议，并共同对有关高校和学科发展等问题作出决策。他们了解大学的需要，又能较好地贯彻政府的意图，既可以约束政府过强的行政导向而忽视办学规律的行为，又可以约束学校只强调学术需要而忽视现实社会需要的行为，有利于政府行政导向和学校学术权威导向的有机结合。

美国学者伯顿·克拉克把以上缓冲机构称为"学术协调模式"。这种中介机构的类型可以是半官方的，也可以是民间性的。就其活动的内容来说，可以是咨询、审议、评估、监督，或代行某些行政职能。如英国 1999 年就建立的大学拨款委员会，日本的"中央教育审议会"、"临时教育审议会"、"教学审议会"，美国的"基准协会"，都成为联系政府和高校之间的桥梁和纽带，可充分发挥社会中介机构在政府与大学之间的双向沟通、协调、服务作用。同时，社会中介还可以对高校学科、专业、课程等进行评估。

（二）建立校企合作、产教融合的协同育人机制

为拓宽办学视野，健全社会对学校办学与管理活动的监督、评价机制，学校应建立由地方政府、行业组织、企业事业单位和社会知名人士、国内外知名专家参加的专业建设指导委员会，作为支持学校发展的咨询、协商、审议与监督机构，参与学校的专业规划、发展愿景、人才培养等问题的研究和实践，形成社会广泛参与、资源共建共享且与行业企业紧密联系的办学模式，将社会力量吸收到大学经营管理中，有效实施校校、校企、校地、校所及中外合作的协同育人机制，使大学教育贴

近市场、贴近经济社会发展需求，形成社会需求导向。

（三）充分发挥校友会反馈机制

校友会是学校发展的资源，尤其是杰出校友，是学校人才培养的"优质产品"。定期组织校友反馈学校的人才培养、课程设置、办学资源及市场对专业岗位能力素质需求建议，尤其是协调组织校友用各种方式回报母校，这对学校的长远发展，提高办学水平，提高教学质量有着积极意义。

因此，要加强校友组织建设，健全运行机制，推动校友工作有序开展。完善校友工作网络，充分发挥校友会与地方校友组织的作用，将其作为开放合作办学、建构现代大学体制的重要内容。不能将大学校友停留在聚会、捐点款的层面上，应让校友参与教育、参与学校的办学决策，关心在校生的成长。

第二节　民办高校依法治校的内涵建设范式

一、完善内部监督系统

民办高校内部监督形式简单、方法单一，内部监督系统不够完善，因此要建立以学术反腐、行政监察、经济审计等为主要职能的内部监督系统。充分发挥教代会、学术委员会的民主监督职能，实现多元民主监督。建立和完善大学内部治理决策权、执行权、监督权相互制约、相互协调的运行机制，提高监督效果。

在学校内部监督系统中，教职工和学生既是学校决策的实施者，也是决策的受益者，对决策实施后的影响和效果有直接的感知，最具有发言权。因此，要充分利用学校工会、学生会这样能联系师生员工、维护师生员工正当权益的组织来加强信息反馈。将师生员工的反映准确、及时地反馈给学校的决策系统，让决策者对大学的治理作出准确的调整以实现办学目标。为促使高校管理者依法行政，要推进民主建设，完善民主监督，进一步完善教职工代表大会制度，切实保障教职工参与学校民主管理和民主监督的权利，保证教职工对学校重大事项决策的知情权和民主参与权。

二、完善依法治校体制

依法治校的目的，就是使学校教育教学工作走上法制化的轨道。从根本上说，就是要实现学校工作主体合法、依据合法、程序合法。

其一，学校作为办学主体，要做到主体合法。《教育法》第 29 条规定：学校及其他教育机构行使下列权利：按照章程自主管理；组织实施教育教学活动；招收学生或者其他受教育者；对受教育者进行学籍管理，实施奖励或者处分；对受教育者颁发相应的学业证书；聘任教师及其他职工，实施奖励或者处分；管理、使用本单位的设施和经费；拒绝任何组织和个人对教育教学活动的非法干涉；法律、法规规定的其他权利。学校的职权是法律赋予的，学校只有在其权限范围内活动，才是有效的行为。超越法定权限的活动，不仅无效，而且是违法的。在这方面，学校的违法表现集中在三类活动——罚款、没收、搜查。

其二，学校制定校纪校规必须依据合法。依法治校的依据，不仅包括专门的教育法律、法规和规章，也包括其他有关的法律、法规和规章。我国的法律体系主要由宪法、法律、行政法规、地方性法规、规章以及条约和协定这五个层级构成。由于制定机关的性质和法律地位的不同，不同的法律法规就具有不同的效力。按照效力的大小，可以将教育法律法规五个层级从高到低排列。这五个层次的教育法律、法规和规章以及相应机关制定的其他与教育有关的法律、法规和规章，是教育活动的行为规则，也是教育行政机关进行教育管理活动和教育行政复议的依据。其中前四个层次是人民法院审理教育案件的依据。以上五个层次的教育法在效力上，上位法优于下位法，新法优于旧法，特殊法优于一般法。《教育法》是教育法律体系中的基本法，它规定着国家教育方面的基本政策和大政方针，原则性比较强，对全部教育法律法规起统帅作用。学校制定的校纪校规必须以法律、法规、规章为依据，执行没有法律依据的校纪校规的行为属于依据不合法的违法行为。

其三，学校办学的程序要合法。学校在教育、管理活动中，不但只能行使法律法规赋予的权利，依据法律法规的相关规定行事，而且方式方法必须合法。否则，程序不合法也是违法行为。民办高校在作重大决策时，要按照师生参与、专家论证、风险评估、合法性审查和集体讨论决定的程序，避免内部行政权力对重大事务的专断行为，确保决策程序正当、过程公开、责任明确。

其四，建立法律顾问制度，协助学校依法办学。应聘任法律顾问参与审查学校规章制度和规范性文件，协助学校依法依规开展办学活动；为学校重大决策、办学行为、合同行为进行法律论证或提供法律意见；参与学校重大事项、重要行政行为的风险评估，提供法律论证意见；代理学校参加诉讼、仲裁及其他相关法律事务；参与处理学校的行政、民事非诉讼法律事务，调解涉及学校的重大纠纷，参与学校的谈判等。

三、健全学校工作机制

（一）加强高等学校内部管理制度建设

现代大学制度是理顺和解决政府与大学、大学自身管理、社会与大学三个方面关系的制度。大学作为独立的法人实体，在政府的宏观调控政策指导之下，独立自主地面向社会依法办学，在大学内部实行科学管理，合理划分行政权力和学术权力，实现大学与政府、大学与社会的和谐发展。在经济全球化的视野下，高校在履行人才培养、科学研究、服务社会和文化传承创新功能上面临机遇和挑战，加快现代大学制度建设刻不容缓。内涵建设在实践中对实现高校管理的效率、民主、规范有着十分重要和积极的作用。

从现代大学管理者的角度看，大学自治和学术自由是现代大学制度的两大基石，依法治校是社会发展对大学管理的要求，是依法治国原则在教育领域的具体体现和延伸。大学内部管理体制建设是现代大学制度建立的关键，政府的宏观管理与指导，社会广泛的参与则是现代大学制度建立与实施的外部条件。

首先，要加强大学章程的制定和修订。在章程制定过程中要重点把握好两方面问题：一方面要正确处理好章程与教育法律法规的关系。章程要符合《高等教育法》等国家法律法规规定；对章程体现的大学特有的办学理念、学科特色的内容，要符合学校自身实际，既有历史的继承性，又与时俱进。把决策机制、治理结构、民主管理、学术体制、专业评价、社会合作等建立现代大学制度所必备的制度规则作为章程内容。同时，大学章程是大学重要事项的原则性、制度性规定，但章程在实施过程中，要根据实际情况的变化进行修订和完善，及时修改与法律法规不一致、与学校发展不相符的制度，使章程具有较高的连续性、权威性。

其次，要构建以大学章程为龙头的规章制度。构建中国特色现代大学制度，要通过完善大学的制度体系，使大学从人治模式走向法治模式。要坚持多路径推进依法办学，做到以法治理念为基础，以制度建设为前提，以组织建设为依托，以有效监督为保证，以司法救济为补充，实现大学内涵建设目标。要通过一定方式明确大学的办学宗旨、办学特色、教育理念和历史传统，准确定位大学与政府管理部门和社会之间的关系；明确学校经费的来源渠道、财产性质、使用原则、管理方式、接受赠与的办法和规则；明确学校举办者对学校的管理和考核方式、标准；明确学校负责人的产生和任命机制、组织机构的设定原则和方法、举办者的投入与保障机制；完善大学的领导机制、决策机制、执行机制、监督机制，充分体现民办高校董事会领导下的校长负责制，明确党委会的议事规则、党政联席会的议事规则，规范学校重大事项的决策程序，健全学术委员会制度，探索教授治学的有效组织形式。同时，要坚持立、改、废、释并举，及时公布制度的立改废情况，建立规章和规范性文件清理长效机制，形成动态化、信息化管理。

总之，高校要以《高等教育法》等法律法规为依据，根据本校的实际情况及时、系统地修订完善本校的高校管理规章制度。在制定和修订的过程中，应注意与国家相关法律法规保持一致，不应出现冲突。

（二）建立科学有效的工作运行机制

完善大学内部治理结构是建设中国特色现代大学制度的必然要求。高校要不断完善行政权力与学术权力相互制衡的工作运行机制，而非权力的简单分工合作，逐步建立学校自主办学、自主发展、自我管理、自我约束的制度框架。

首先，要推动学术权力与行政权力的分离与制衡。

学术活动的特点是自主性与自由性，遵循的原则是批判与创造；行政活动的特点是权威性与等级制，遵循的原则是管理与控制。大学这一组织体现的是大学学术性活动的规律和逻辑，如果学术权力依附和服从于行政权力，以行政的手段来处理学术事务，则违背了学术的本质和规律，有悖于学术的发展。由于现代大学的本质是学术性，教授参与大学的学术决策是他们享有学术权力的体现，参与学术决策的主要途径是学术委员会。大学要坚持学术委员会的学术权力主导，凡涉及学术问题，党政领导可以参加讨论，但绝不能以行政权力干涉，更不能以行政权力来取代学术权力。同时，还要注意学术资源的分配要顾及大学整体发展的需要，为学校的建设目标服务，需要考虑到学术资源分配的合理性、学术资源供给的可能性和决策方案的有效执行。

学术权力与行政权力如何制衡？一是采用校、院学术委员会统分结合模式。学术立法、程序性审批集中在校级学术委员会，立法执行、实质性审查评定分散于院级学术委员会与专门委员会。二是要明确学术委员会的主要职能。学术委员会负责审议学科、专业、教师队伍建设规划，学术机构的设置方案，学科资源配置方案，科研、学术交流合作等重大学术规划，教学科研成果、人才培养质量评价标准以及考核办法，招生标准与办法，教师职务聘任的学术标准与办法，学术评价、争议处理规则，学术道德规范等事宜，学位授予标准和细则，教学计划等。要严格规范会议程序和规则，特别是要在定期召开学术委员会会议、议题确定、委员会主任任命、票决制等方面作出明确规定。未经学术委员会审议的学术事项，学校不予决策，要落实学者专家参与学术事务决策的权力。三是建立学术委员会通报制度。学校在作出与学术事务相关的决策前，需要通报学术委员会。由学术委员会提出咨询意见，对提出明确不同意见的，学校应当作出说明，重新协商研究或者暂缓执行。四是要坚持学术性与效率性相结合。行政权力应在学术权力失范时给予救济，防止出现效率低下等消极后果，防止学术权力运行不当，出现部分学术精英垄断学术资源的现象，使学术权力回归正轨。

其次，实行内部分级管理机制。

目前我国大学主要实行韦伯的科层式管理体制，亦即校、院、系的直线职能组织结构。这种结构与体制具有强调等级层次与秩序、权力统一与集中等特征。这种管理体制使大学权力集中于学校一级，院、系权力微弱。基于此，大学可以探索将行政权力重心下移，实行分级管理的机制，使学校一级及其职能部门的部分权力向院系基层组织转移，赋予院系一级更多的行政权力和学术权力。为最大限度地减少学校改革风险，可采取试点试验、院系先行、全校推广的分步骤模式，逐步实现由"校办院"向"院办校"的转变，从而使大学更具活力。实现管理重心下移，扩大学院办学自主权需要坚持职能、责任、权力、利益相一致原则，应做到以下几点。

第一，理顺校院两级关系。一是要明确学校与学院的职责与权限。学校行使对教育事业的宏观管理权，主要任务是统筹规划、掌握政策、组织协调和检查监督。学院主要负责具体实施。在宏观调控下，学校应允许学院提出自身的发展方向和学科建设重点，允许学院在学校总体要求下根据自身情况制定政策，允许学院根据教师不同的贡献值确定不同的待遇。二是要实施目标管理。由学院提出每个年度学科建设、改革发展、教学科研、学生事务、党建等方面要实现的目标，经学校论证，签订目标任务书。三是建立配套制度，制定相应的宏观调控制度，例如学院党政联席会议制度、院学术委员会制度、二级教代会制度、学院考核制度、院务公开制度等，使学院工作的出发点以学校大局为重，不偏离学校的中心工作。

第二，明确界定学院工作职能。学院的具体职能主要有以下九个方面：一是根据学校总体发展战略目标制定学院的发展规划，报学校批准后实施；二是根据学校的学生培养目标，确定学院的学科建设、专业设置、教学计划和招生规模；三是开展全院学生教育管理；四是开展学院的科学研究工作；五是加强教职工队伍建设，发挥好教授治学作用；六是做好学院经费的统筹、管理和使用；七是做好师生员工的思想政治教育工作，推进党建和行政业务工作深度融合；八是充分挖掘校外资源，加强合作；九是管理固定资产。

第三，扩大学院的管理权限。学校应进一步下放人、财、物的管理权力。一是依据发展需要由学院负责人才的引进与退出、职称评审和进修培训方面的具体工作；二是在学校设置的教育资源下，学院自主优化配置教学、行政和科研资源；三是经学校授权后，学院可直接与国内外高校、企业开展学术交流、合作等活动；四是允许学院在规定范围内管理并使用办学经费；五是应当在院系设置或者按照学科领域设置学术分委员会，越到基层，学术事务越集中，学术分委员会的权限应越大，应充分体现"教授治学"。

第四，加大对学院的实绩考核。学校须通过对学院领导班子及领导干部的实绩考核与结果通报、反馈、运用，来对学院进行管理、监督、制约和引导，以保证学院围绕学校中心工作创造性地开展工作，用好用活学校赋予的权力。

四、加强民主治校建设

（一）创建和谐校园，营造民主治校氛围

"天人合一"、"以和为贵"是中国传统文化的重要理念。民办高校的举办方来自企业，民办高校的主管领导有的也来自企业，他们对高等教育规律、办学规律了解较少，在内部管理体制中，与崇尚民主自由的教授（教师）们之间在办学理念上可能会有冲突或不同的意见，因此要相互理解、相互支持。校领导班子应有内聚力，内设的各部门及水平机构间各自定位、各尽其责，制度先行，照章办事。全体员工团结向上，奋发图强，学校偶尔出现的内部问题能及时得到解决，使学校成为和谐校园、平安校园、人文校园，充满和谐文化。

（二）学校的管理工作要实行民主集中制

高等学校具有学科和事业单位双重权力矩阵结构的特点，要使两种权威能够较好地协调和结合，就要创造一种组织形式，尽可能吸收教学、科研人员特别是各学科、专业的教授参与民主管理。学校的重大管理工作要充分听取和善于集中教师们的意见，特别是在专业设置、学科建设、发展规划等学术性工作方面。实行教授治校，即运用教授会、评议会、理事会等形式，使教授在院（系）及学校的管理中具有很大的权力，发挥着很大的作用。教授治校是中国高等教育的传统。蔡元培主持北京大学就是实行教授治校。他在 1922 年发表的《教育独立议》一文中说："大学的事务，都由大学教授所组织的教育委员会主持。"在20 世纪 30 年代任清华大学校长的梅贻琦，曾在其"就职演说"中说："所谓大学者，非谓有大楼之谓也，有大师之谓也。"

五、维护学生和教师的合法权益

维护学生和教师的合法权益是大学内部管理机制不可或缺的部分。2017 年教育部出台了新的《普通高等学校学生管理规定》，新规定遵循育人为本、德育为先的原则，确立了一系列维护学生合法权益的新规定。各高校应严格贯彻执行这一新办法，及时修订学校有关大学生管理的规章制度，取消与国家现行基本法律不一致的特殊规定。另外，高校应该根据《教师法》的相关规定保护高校教师的合法权益，合理制定工作量要求，合法规定假期等。当教师出现严重侵犯学生合法权益的行为时，要公正严肃地处理，杜绝教师侵犯学生人身权的违法犯罪行为发生。

第三节 强化主体对象的法制意识

一、营造良好的学法氛围

（一）民办高校党委要树立法制观念

根据《中共中央关于加强党的执政能力建设的决定》精神，民办高校党组织领导干部首先要起好带头作用，要树立法制观念，在法律允许的范围内开展相关教育教学活动。无论是领导还是组织成员，都要不断提升自己的法律素养，注重法治精神的养成，不断加强法律法规的学习，严格根据相关规定来办事，为广大师生做好依法治校的引导者与榜样。

（二）加强法律知识的宣传教育

让高校广大师生知法，是高校依法治校的必然要求。依法治校的关键在于转变观念，以良好的法律意识、法制观念指导学校管理和教育教学活动。高校要把法制宣传和教育纳入工作职责范围，积极引导广大师生树立法制观念，提升依法治校素养，通过各种形式组织全校师生员工认真学习贯彻《教育法》《高等教育法》《普通高等学校学生管理规定》等系列法律法规。同时，经常开展依法治校的广泛讨论，提高教职工对法治价值和精神的认同。

二、构建良好的用法环境

（一）厘清依法治校与以法治校的关系

依法行政是依法治校的前提和保障，高校管理者应摒弃人治的思想，树立以人为本、依法治校的理念。构建良好的用法环境，首先应厘清依法治校与以法治校的关系。"依法治校"是指按照法律法规管理学校事务、开展学校工作；而"以法治校"包含两方面意思：一指运用法律法规管理学校；二指运用法律手段管理学校。其中，只有拥有执法权的主体才能运用法律手段,学校不是执法者,不能运用法律手段。但是,执法主体虽然可以运用法律手段,但也必须依法,否则它的执法行为也是违法的。

(二) 坚持董事会领导下的校长负责制

民办高校校长在董事会领导下,依法行使职权,积极主动地做好教学、科研和行政管理工作。校长应全面执行党的路线方针政策,贯彻执行党的教育方针,坚持社会主义办学方向,坚持立德树人,依法治校,推进学校思想政治工作和德育工作开展,讨论决定学校内部组织机构的设置及其负责人的人选,讨论决定事关学校改革发展稳定及教学、科研、行政管理中的重大事项和基本管理制度。

(三) 加快中国特色现代大学制度建设

为了更好地促进高校依法履行职责、完成使命,民办高校必须加强中国特色现代大学制度建设。现代大学处在复杂的社会关系中,它不仅要处理好外部关系,即学校与政府、社会、市场的关系,还要处理复杂的内部关系,比如科研、教学、人员管理、师生关系等。要努力探索教授治学的有效途径,充分发挥教授在教学、学术研究和学校管理中的作用。加强教职工代表大会、学生代表大会建设,发挥群众团体的作用。依法制定章程,依照章程规定管理学校。尊重学术自由,营造宽松的学术环境。全面实行聘任制度和岗位管理制度,确立科学的考核评价和激励机制。扩大社会合作。探索建立高等学校理事会或董事会,健全社会支持和监督学校发展的长效机制。探索高等学校与行业、企业密切合作共建的模式。

三、树立良好的依法办事意识

(一) 民办高校领导干部要率先树立法治理念

民办高校领导干部只有树立法治理念,才能维护学校依法治校权威和信念。依法治校的生命力和权威在于实施,要让依法办事的理念成为领导干部主动自觉的惯性思维方式,成为领导干部在处理任何重大问题时的一个价值选择，自觉依法办事，从而提升依法办事的领导能力。

（二）加强法治管理的评价体系建设

民办高校应将依法办事成效引入领导干部绩效考核和选拔任用的标准中，作为领导干部工作实绩的重要内容，只有这样，才能让依法办事意识成为领导干部主动自觉的惯性思维方式；把能不能遵守法律、依法办事作为考察干部的重要内容，相同条件下，优先提拔使用法治素养好、依法办事能力强的干部。

（三）严格落实违法问责追究制度

对违反依法办事、踩红线行为，实行零容忍。加大问责力度，使领导干部普遍养成遵法、信法、守法、用法的行动自觉。

第七章　民办高校依法治校案例选编

☑本章导引

2015 年 3 月，武汉华夏理工学院获批"湖北省依法治校示范校"，之后几年里，武汉华夏理工学院持续开展了"现代大学制度建设"的研究与实践，进行了《校院两级管理办法》修订工作，通过校内调研、校外调研，构建了《校院两级管理办法》框架，并认定了两个试点学院。成立了学校和学院两级的学术委员会，完善了各级学术委员会章程及组织机构。武汉华夏理工学院四年来的依法治校内涵建设工作积累了丰富的实践经验，是一个成功的案例。受篇幅所限，本章仅简单介绍建设过程，欢迎专家学者到校与项目组交流指导依法治校内涵建设工作。

第一节　武汉华夏理工学院现代大学制度建设

2016 年 7 月，武汉华夏理工学院启动了现代大学制度建设工作，重点围绕校院两级管理办法、学校管理规章制度、学院（部）管理规章制度三项内容展开研制。历经多次研讨、多层次交流，通过调查研究，结合学校实际，多次分析，制定了适用于武汉华夏理工学院的现代大学制度。

一、关于现代大学制度建设的总体方案

为实现学校办学目标，推进依法治校、规范管理、科学持续发展，促进大学理念、大学制度和办学行动的统一，加强现代大学制度建设，特制定本实施方案。

（一）指导思想

以邓小平理论和"三个代表"重要思想为指导，深入贯彻落实科学发展观，以《中华人民共和国高等教育法》《中华人民共和国民办教育促进法》《武汉华夏理工学院章程》为依据，坚持社会主义办学方向，遵循高等教育规律，结合民办高等教育实际，全面落实学校宏观指导服务、院（部）微观自治的两级管理机制，体现学术自治、权责分明的现代大学制度特征，促进学校法治建设、民主管理和规范发展。

（二）基本原则

坚持自上而下和自下而上相结合的原则。制度建设要体现合理性、可行性、民主性，要加强校内外调研，广泛听取学校职能部门、直属机构和各学院（部）的意见，注重沟通，反复研究，确保制度的可操作性，以有利于提高学校管理效率，有利于提高学校管理水平。

坚持整体规划和分步制定相结合的原则。制度建设是对学校办学历史的梳理和对学校未来发展管理的规划，坚持全局规划，合理分解任务，分步实施，交叉落实，确保制度体系建设的内在联系性，体现整体性。

（三）主要内容

◎ 校院两级管理办法

校院两级管理办法是学校管理规章制度、学院（部）管理规章制度的基础，是宏观层面的指导性制度。

校院两级管理的目标是构建学校宏观调控、重心下移、责权明确、管理规范、运行协调的管理体制。实行校、院两级管理，学校侧重于宏观管理与目标管理，主要履行统筹规划、宏观指导、组织协调、服务保障、决策与考核等职能;各学院(部)侧重于过程管理,主要负责本院(部)在教学管理、专业建设、科学研究、人才培养、队伍建设、党建与思想政治工作、工会工作等的规划、落实。

◎ 学校管理规章制度

学校管理规章制度是校院两级管理办法的学校一级实施细则,是微观层面的操作性制度。

学校办公室、党群工作部、教务处、科研处、学生工作处、人力资源部、财务处、国际交流与合作处、后勤保障与保卫处9个职能机构和教学督导办公室、图书馆2个直属机构负责对学校各项工作制定相关的制度。在制度制定中,要体现服务性、指导性、可操作性、监督性。

◎ 学院(部)管理规章制度

学院(部)管理规章制度是校院两级管理办法的院(部)一级实施细则,也是微观层面的操作性制度。

学院(部)结合本单位实际,制定相关规章:制定事业发展规划;制定和执行院(部)工作制度和工作程序,履行目标管理责任;制定监督院教职工履行聘用合同并对院教职工进行考核管理的制度;制定教育、管理和服务学生的制度;制定管理并合理使用学校核拨的经费、设备和其他资产的制度;与本单位发展相关的其他制度。在制度制定中,要注重切实可行性、具有特色性和科学合理性。

(四)实施办法

第一环节(2016年7月至2016年8月):制定《武汉华夏理工学院关于现代大学制度建设的实施方案》,规划设计现代大学制度建设实施办法。基于前期调研,制定《武汉华夏理工学院校院两级管理办法(讨论稿)》。

第二环节(2016年9月至2016年10月):通过校外调研、校内专题研讨,审议审定《武汉华夏理工学院校院两级管理办法(讨论稿)》;同时,各职能机构和直属机构分工合作,制定出学校管理规章制度。

第三环节（2016 年 11 月至 2016 年 12 月）：各职能机构和直属机构通过与各学院（部）进行沟通交流，制定学校管理规章制度；同时，各院（部）结合学校管理规章制度和本单位实际，修订完善学院（部）管理规章制度。

第四环节（2017 年 1 月至 2017 年 3 月）：通过校院两级各层次研讨，编撰并审定《武汉华夏理工学院校院两级管理办法》《学校管理规章制度汇编》《学院（部）管理规章制度汇编》等现代大学制度体系。

第五环节（2017 年 4 月至 2017 年 7 月）：通过现代大学制度运行，查找不足之处，进一步完善制度，提交专题研讨会（或 2017 年暑期教学工作研讨会）讨论确定。

第六环节（2017 年 8 月至 2017 年 9 月）：制定《武汉华夏理工学院校院两级管理办法》《学校管理规章制度汇编》《学院（部）管理规章制度汇编》等现代大学制度体系，于 2017 年 9 月全面实施。

关于武汉华夏理工学院现代大学制度建设的规划图如图 7-1 所示。

（五）相关要求

其一，加强领导。学校成立现代大学制度建设工作领导小组，吴永桥校长任组长，校领导、各职能机构和直属机构负责人任成员，领导小组办公室设在党群工作部，党群工作部部长任领导小组办公室主任；学院（部）现代大学制度建设工作领导小组以院长为组长、党总支书记或直属党支部书记任执行组长、各院（部）内设机构负责人任成员。

其二，全员参与。制度建设的目的是规范管理、科学管理，在制度修订完善中，切忌官僚主义和形式主义，要采取碰头会、研讨会、教职工代表大会等多种形式，全员参与，广泛听取意见，确保制度建设的可行性，调动全体师生员工的积极性和创造性。

其三，强化监督。贯彻落实是制度建设的关键所在，在制度试运行期间，各执行单位要加强对制度落实的主动性、及时性、全面性、规范性、完整性和成效性进行总结评价，对制度执行及本身提出建设性意见，同时，各制度编撰部门要坚持检查反馈，每半年至少检查一次，书

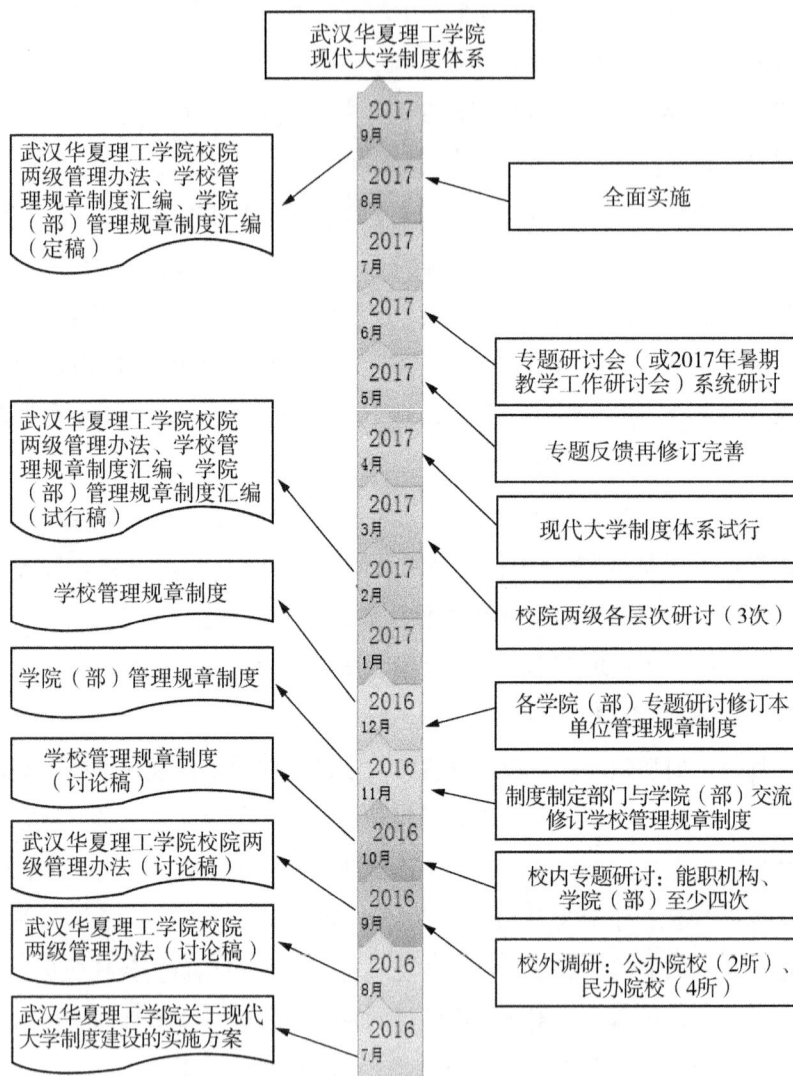

图 7-1　武汉华夏理工学院现代大学制度建设规划图

面反馈意见交学校现代大学制度建设领导小组办公室。

二、关于校院两级管理办法的制定

校院两级管理办法是校院两级管理办法、学校管理规章制度、学院

（部）管理规章制度等三项内容中最基础、最关键的制度，是学校所有制度体系建设中的"总领性"文件。

（一）校院两级管理办法制定任务分解

为保证校院两级管理办法如期科学制定，学校现代大学制度建设领导小组办公室制定了《校院两级管理办法（框架）》，并进行详细的任务分解，实行部门负责制，责任到部门，责任到条款。表 7-1 所示为武汉华夏理工学院校院两级管理办法制定任务分解表。

表 7-1　　武汉华夏理工学院校院两级管理办法制定任务分解表

章节	条款	内容	基本框架	负责部门	联络人
一	一	制定依据	上级文件	党群工作部	
	二	管理目标	校院管理体制	党群工作部	
二	三	管理定位	校院管理定位	党群工作部	
	四	学校职责执行机构设置	职能机构与直属机构	党群工作部	
	五	院（部）职责执行机构设置	院（部）机构	党群工作部	
三	六	机构设置及岗位分类	职能机构、直属机构设置；院（部）设置；岗位分类设置	人力资源部	
	七	事业发展规划	发展规划制定；发展规划督查与评估	学校办公室	

续表

章 节	条 款	内 容	基本框架	负责 部门	联络 人
三	八	教学管理工作	教学管理规章制度；人才培养；专业建设；教学质量监控和保障体系；教学质量工程项目；评优评先	教务处	
	九	学生工作	学生工作管理制度；日常管理工作；就业服务；学生资助；心理健康教育；评优与处分；学工队伍管理；校园文化；招生	学生工作处	
	十	教科研工作	教科研发展规划及制度建设；纵向课题申报；横向课题申报；日常管理及评优、学术交流；产学合作	科研处	
	十一	人力资源管理与开发	师资队伍建设规划；招聘与配置；教师培养政策；绩效考核与激励机制；劳动关系	人力资源部	
	十二	财务管理	财务制度体系；经费预算；经费划拨；经费报销；审计；资产管理	财务处	
	十三	国际合作与交流	总体规划和规章制度；协调指导；出国（境）管理；国际合作办学	国际交流与合作处	
	十四	党建工作	五个建设；意识形态；政治学习；党校管理及表彰	党群工作部	

续表

章节	条款	内容	基本框架	负责部门	联络人
三	十五	工会工作	师德建设；教职工合法权益；沟通纽带；文体活动	党群工作部	
	十六	后勤保障与安全管理	制度建设；资产保养与维修；后勤管理；教材；校车管理；安全教育；户籍管理；安全保卫	后勤保障与保卫处	
四	十七	院（部）运行机制	工作会议制度、民主管理制度、院（部）务公开制度、院（部）务公示制度	党群工作部	
	十八	学校运行机制	学术委员会制度、教职工代表大会制度、目标管理考核制度	党群工作部	
五	十九	细则制定	学校管理制度、院（部）管理制度	党群工作部	
	二十	解释权	执行及解释	学校办公室	

（二）研讨制定校院两级管理办法

历经 10 次分层次讨论，4 校调研，出台了《武汉华夏理工学院校院（部）两级管理办法（试行）》，指导学校校院（部）两级管理。全文如下：

武汉华夏理工学院校院（部）两级管理办法（试行）

第一章　总　　则

第一条　为进一步深化我校管理体制改革，保证学校各项工作正常

183

运行，依据《中华人民共和国高等教育法》《中华人民共和国民办教育促进法》及学校有关管理制度，特修订本办法。

第二条　校院两级管理的目标是构建学校宏观调控、重心下移、责权明确、管理规范、运行协调的管理体制。实行校、院两级管理，学校侧重于宏观管理与目标管理，主要履行统筹规划、宏观指导、组织协调、服务保障、决策与考核等职能；各学院（部）侧重于过程管理，主要负责本院在人才培养、教学管理、专业建设、科学研究、队伍建设、党群工作等的规划、落实。

第二章　管理定位与机构设置

第三条　学校实行董事会领导下的校长负责制，学校是具有独立法人资格的办学实体，依法享有自主设置和调整内设教学、科研机构的权力，依照学校相关规定对学院工作进行宏观管理、领导协调和监督检查；院（部）实行院（部）长负责制，院（部）是学校下属的内部办学主体，在校党委和行政的领导下，履行本院（部）人才培养、科学研究、社会服务、文化传承等职能。

第四条　党委办公室、学校办公室、教务处、科研处、学生工作处、人力资源部、财务处、国际交流与合作处、后勤保障与保卫处等9个职能机构和教学督导办公室、图书馆、宣传中心等3个直属机构负责对学校各项工作制定政策、组织协调、监督评估、服务保障。

第五条　机电工程学院、汽车工程学院、生物与制药工程学院、商学院、土木建筑工程学院、外国语学院、信息工程学院、艺术设计与传媒学院、创新创业学院、马克思主义学院和体育部等11个教学机构内设办公室、系、中心及课部，按其职权范围，依据有关规定履行职责。

第三章　权限与职责

第六条　机构设置及岗位分类

（一）学校职能

1. 决定学校二级行政管理机构的设置与调整；

2. 对学院设置进行统一规划，决定学院设置或撤销；

3. 决定学院内设行政管理机构的设置与调整。

（二）院（部）职能

1. 根据具体情况决定设置或撤销学院所属系、实验中心、课部等，并报学校审批；

2. 在岗位编制内，自主决定学院所属系、实验中心、课部等教学科研机构岗位配置。

第七条 事业发展规划

（一）学校职能

1. 制定学校事业发展规划和专项规划，并负责组织实施、监督检查和总结评估；

2. 对学院事业发展规划的编制和实施进行指导、审定和监督，检查和评估学院规划的执行情况；

3. 制订学校年度工作计划，并据此对学院下达年度目标任务，对学院实行目标管理。

（二）院（部）职能

1. 根据学校的事业发展规划、专项规划和自身实际，制定学院事业发展规划并报学校审定；

2. 组织实施学院事业发展规划，自觉接受学校的检查、评估和监督；

3. 组织落实学院年度目标任务，接受学校组织的目标评估。

第八条 教学管理工作

（一）学校职能

1. 制定专业建设整体规划，负责专业结构的优化和调整；

2. 制定教学工作管理规章制度和教学管理工作流程；

3. 制定学校教学工作的总体目标和年度工作要点，对教学工作进行统筹协调和管理；

4. 建立学校教学质量保障体系，进行教学质量监控，组织教学评价与教学评估工作；

5. 负责教学信息化建设与管理；

6. 负责组织省级教学质量与教学改革工程项目申报及校级重点建设项目的管理；

7. 组织开展学校教学竞赛，优秀教学成果和优秀教师的评估；

8. 统筹编制学校招生计划，做好招生宣传录取工作。

（二）院（部）职能

1. 围绕学校教学工作总体要求，制定院（部）教学工作目标和工作任务；

2. 制定专业与课程建设规划，负责推进专业（课程）建设与发展，实现学校人才培养的目标要求；

3. 制定学院教学管理的实施细则，组织日常教学工作，保障教学工作正常运转；

4. 负责制定人才培养方案，落实教学执行计划，实施教学过程管理，执行学校教学各环节质量标准，保证人才培养质量；

5. 负责各类教学质量与教学改革工程项目的申报和实施，并协助学校或上级部门进行项目的检查和验收；

6. 根据学校招生计划，合理安排本学院年度招生计划，并报学校审定，积极参与招生宣传和咨询，组织新生报到接待及专业教育等；

7. 负责履行学校授权的其他职能。

第九条　学生工作

（一）学校职能

1. 制定学校学生工作规章制度，对学院学生工作进行指导、检查、考核与评估；

2. 负责制订学生思想政治教育计划，组织开展全校性学生思想教育活动；

3. 负责学生工作队伍建设方案的制定及实施，指导、协调学院做好辅导员、班主任的选拔、聘任、培养和考核工作；

4. 负责学生就业工作的组织与指导；

5. 负责学生资助体系建设、大学生心理健康教育、咨询与应急干预体系建设，开展全校性学生资助和心理健康教育工作；

6. 负责校级及以上各类评奖评优工作，负责留校察看及以上学生违纪的处分工作，负责学生档案的转接与管理；

7. 负责学生公寓的宏观调配与公寓文化建设，组织全校性公寓文化建设活动；

8. 负责学生重大突发事件的协调和处理工作，指导学院处理一般突发事件；

9. 负责全校共青团工作，指导学校学生会和社团工作。

（二）院（部）职能

1. 组织开展学院学生日常教育和管理工作；

2. 组织开展学院学生资助、心理健康教育、科技文化、社会实践、就业指导等工作；

3. 组织开展学院学生的奖惩工作，负责留校察看以下处分，对留校察看及以上处分提出建议；

4. 组织实施本院辅导员、班主任的选拔、聘任、培养和考核工作；

5. 负责毕业生就业工作；

6. 负责学院学生住宿安排和公寓文化建设工作；

7. 处理学生工作中的一般突发事件；

8. 负责学院共青团工作，指导学院学生会和社团工作；

9. 完成学校布置的其他学生工作。

第十条 教科研工作

（一）学校职能

1. 制定学校科研发展规划和年度计划，并有效组织落实；

2. 制定科研工作政策和项目管理办法，建立健全科研人员考核评价体系、表彰奖励制度，建立符合国家法律、协议规定和科研活动实际开展的经费管理制度；

3. 组织学院各级各类纵向科研项目（课题）的申报、中期检查和结题验收（鉴定）等工作，负责项目资料档案管理工作；

4. 负责科研合同的审核、签订、登记、管理等工作，协助各院（部）积极争取横向科研任务和科研经费；

5. 确定校科研基金的重点资助方向、年度科研指南修订和发布，组织校基金项目申报、评审、中期检查、结题验收（鉴定）等工作；

6. 组织科研成果的申报与评奖、科研奖励、优秀科研工作者评选奖励;

7. 负责校企产学研合作与社会服务工作,建立多种形式的科研协同创新联合体和科研机构(所、中心),服务科研人员推进科研成果转化应用、技术转移推广、科学普及等工作;

8. 负责科研信息化建设总体规划;

9. 根据高等教育发展改革趋势,结合学校的实际情况,拟定教学研究项目申报指南,组织年度教学研究项目申报、专家评审与立项工作;

10. 加强与湖北省教育厅联系,在已立项的校级教学研究项目中,遴选推荐申报湖北省教学研究项目和湖北省教育科学规划课题;

11. 组织各级教学研究项目中期检查与结题验收、鉴定;

12. 组织校内优秀教学成果奖评选,推荐省级及以上优秀教学成果奖申报参评奖项;

13. 负责校内科研工作的协调和各单位之间的课题协作,并代表学校处理项目对外的有关事宜。

(二)院(部)职能

1. 制定院(部)科研工作发展规划、科研团队或者科研平台建设规划、科研重点方向规划;

2. 履行对院(部)科研行为的监管责任,对项目执行、经费使用等情况予以指导和监督、协调与服务;建立科研诚信档案制度;

3. 负责纵向科研项目过程管理等日常工作,协助科研处开展各级各类纵向科研项目的申报、立项、中期检查、结题验收(鉴定)以及成果申报等工作;

4. 负责横向项目过程管理等日常工作,协助科研处做好科研合同的审核工作;

5. 明确院(部)校科研基金的重点研究方向;负责校科研基金申报材料的初审及推荐、项目的过程管理、结题验收(鉴定)的准备工作;负责本单位每年度召开一次科研项目汇报交流会;

6. 负责院(部)教师年终科研工作量的统计、审核与汇总;负责本单位科研年度总结及年度考核自评；

7. 负责教师科研成果的转化推广工作，密切与企业的联系，承担科研课题，开展产学研活动；

8. 负责院（部）科研信息（项目、成果、机构或平台等）的归档和维护，推动科研管理信息化建设，协助科研处实现科研项目从申报、评审、立项、执行到验收的动态监管；

9. 根据学校教学研究项目立项要求组织召开专家组会议对本单位教学研究项目申报材料进行初审，并向学校推荐申报项目名单及等级；

10. 配合学校组织开展本单位教学研究项目中期检查工作；

11. 加强院（部）项目管理，督促项目负责人做好项目结题工作；

12. 鼓励院（部）各立项项目多出优秀成果，组织推荐参加校级优秀教学奖评选，发挥优秀成果的示范作用，推动学院教学改革实践。

第十一条　人力资源管理与开发

（一）学校职能

1. 制定和组织实施学校师资队伍建设整体规划，核定学院教职工编制数和各类各级岗位数，规定各类各级岗位的基本职责和任职条件；

2. 根据学校相关规定实施对教职工的引进、聘任管理、考核及奖惩等；

3. 对学院整体工作和领导班子进行绩效考核、监督检查；

4. 任免和考核学院院长、党总支书记兼行政副院长、教学副院长等中层领导；组织教学行政办公室主任、学生工作办公室主任、党总支秘书的竞聘选拔工作；

5. 组织实施中级及以上职称的评审、推荐申报和聘任工作；

6. 根据国家相关政策，核定和调整工资、社保、住房公积金等；制定学校的绩效考核奖金分配办法，审定各学院的绩效考核奖金分配方案。

（二）院（部）职能

1. 根据学校师资队伍建设整体规划及学校核定的编制数和各级各类岗位数，制定和实施学院师资队伍建设规划及年度计划；

2. 向学校推荐专业技术职称岗位拟聘人选，报学校进行聘任；

3. 根据学校干部选拔相关规定，确定学院系、实验中心和课部主任、副主任等人选，报学校批复；

4. 组织实施学院教师初级职称的评审和聘任工作；

5. 制定学院内部考核细则，并按规定的权限负责本院（部）教职工的考核工作；

6. 制定学院年度绩效考核奖金分配方案，并报学校审定发放；

7. 对违纪或不能胜任工作的教职工提出相应意见，报学校按有关法律规定或学校规章制度处理；

8. 学院制定教职工绩效工资分配办法，并报学校审定后实施。

第十二条　财务管理

（一）学校职能

1. 严格遵守国家财经法纪及学校各项规章制度；

2. 负责制定资金管理、会计核算、资产管理、审计监督等管理办法及实施细则，根据财政部和教育部的有关规定，尊重教学规律，对学校的资产和经费进行分类管理和指导；

3. 负责学校年度预决算及下拨经费的预决算，科学配置资源，合理分配各类经费，坚持"结余留用，超支不补"的预算原则；

4. 严格报销程序和手续，坚持"厉行节约、精打细算、量入为出、合理安排、保证工作"的收支原则使用经费；

5. 负责学校会计、统计等工作，反映学校财务状况，对学校各项经济活动进行审计监督管理；

6. 制定各类资产的相关管理办法和实施细则，做好资产的账务核算、监盘及核对，考核资产的使用效益等。

（二）院（部）职能

1. 严格执行相关财务管理制度，负责制定院（部）内部财务管理制度；

2. 按照经费分类，结合实际做好本院（部）经费预算；

3. 拓展办学资金筹措渠道，负责本院（部）的财务管理，自觉接受上级有关部门的监督和审计；

4. 按经费项目的规定，根据学年工作计划，按时间进度分轻重缓急合理使用资金，下拨给各院（部）的经费实行负责人审批制度；

5. 根据本院（部）预算的执行情况，进行决算分析，科学制订下一年度预算计划；

6. 制定学院资产管理的实施细则，落实管理责任到人，做到账、签、物相符，不断提高资产使用效率。

第十三条　国际合作与交流

（一）学校职能

1. 制定学校国际合作与交流总体规划和规章制度；

2. 开展校际战略合作交流，协调各院（部）的国际合作与交流工作，为各院（部）开展国际合作与交流工作搭建平台；

3. 负责学校外事管理工作以及学校师生因公出国（境）的派出管理工作；

4. 组织中外合作办学及境外办学项目的申报工作；

5. 调研和拓展与国（境）外高水平大学的交流，引进国（境）外优质教育资源，探索多种模式的国际合作办学等运作方式，并开展国际会议的筹备工作；

6. 负责外籍语言教师和外籍专家的聘请和管理工作；

7. 负责向校内外全面介绍本校外事工作的各项进展；对外宣传学校的发展与成就。

（二）院（部）职能

1. 根据学校总体规划和有关政策，制订院（部）国际合作与交流工作实施计划；

2. 独立自主地利用各种条件组织教师和学生开展国际合作与交流；

3. 负责学院中外合作办学的执行，会同学校有关部门和合作的国（境）外大学共同编制中外合作办学项目专业实施计划、培养方案、课程教学大纲等，以及组织招收国（境）外留学生来校学习或访问学者合作研究；

4. 积极寻求国际交流与国际合作的渠道；

5. 负责选派学生出国（境）留学或交流，以及相关事项管理；

6. 参与选派并上报派出人员名单以及做好出国前的行前教育、经费审核，及派出人员回国后的总结及财务报销工作。

第十四条　校园信息化建设

（一）学校职能

1. 负责制定学校信息化建设总体规划，对信息化建设中的重大事项进行决策，统筹规划学校信息化建设工作，审议全校信息化建设战略和实施计划。

2. 确保预算的信息化建设资金到位，用之于学校信息化基础设施、教学科研公共资源、面向校内的公共服务信息系统等建设。

3. 制定学校信息化建设的管理制度；

4. 建立、管理与维护数据中心机房，保障数据中心机房及相关设施的正常运行；搭建校园信息化所需的硬件平台，管理信息化建设项目；

5. 制定并监督执行学校信息化编码规范与标准，确保编码标准一致，保障全校的数据共享与业务协同，建立学校统一信息门户和统一身份认证；

6. 负责学校信息化基础平台和网络安全的运行维护、技术支持、使用培训与应用推广；

7. 学校信息化建设领导小组下设信息化办公室，挂靠图书馆，负责监督管理和指导服务；制定学校《校园信息化建设考核办法（试行）》等相关规定，将二级单位的信息化建设情况纳入学校信息化年度考核之中。

（二）院（部）职能

1. 按照学校统一规划，组织制订本单位的信息化建设计划，推进信息化项目建设，负责本单位业务信息系统运行维护和信息安全、使用培训与宣传推广，配合制定学校信息标准；

2. 按照国家标准、教育部标准、行业标准及学校标准，制定与本单位业务相关的信息标准规范，并报信息化办公室备案；

3. 明确专人负责系统运行维护工作，接受信息化办公室业务指导，做好与学校基础信息化平台的集成工作，以及业务系统数据维护工作，确保数据安全、共享、及时、准确、完整；

4. 根据学校信息系统安全管理相关规定对本单位业务系统进行安全管理，确保系统运行安全和信息安全；

5. 负责本单位业务系统的培训与推广工作，制订详细培训计划，及时编制和更新系统使用手册，定期开展使用培训与宣传推广工作。

6. 统筹本单位的信息化建设项目配套经费；

7. 根据学校《校园信息化建设考核办法（试行）》的规定，制定并完善本单位年度考核细则。

第十五条　党建工作

（一）校党委职能

1. 加强党的思想建设、组织建设、作风建设、反腐倡廉建设和制度建设；

2. 注重舆论引导，把握意识形态主动权，加强对师生员工的思想政治教育，维护校园稳定；

3. 负责党员组织生活和教职工政治学习计划的制订和实施，做好党员发展、教育、管理的指导；

4. 做好入党积极分子培训和党支部书记培训等党校工作，负责二级党组织的党建工作考核和党内评选先进表彰活动。

（二）各党总支、直属党支部职能

1. 加强本单位党的思想建设、组织建设、作风建设、反腐倡廉建设和制度建设；

2. 探索实践本单位的特色党建工作，做好本单位的宣传工作；

3. 组织本单位党员的学习计划安排和落实，负责党员组织生活和组织教职工政治学习，掌握师生员工的思想动态，负责党员培养、考察、教育的全过程管理；

4. 组织本单位党章学习小组活动，做好党校学员选拔工作、新党员发展和预备党员转正工作，抓好基层党支部考评、建设。

第十六条　工会工作

（一）校工会职能

1. 加强师德师风建设，做好教职工思想政治工作；

2. 维护教职工的合法权益，代表和组织教职工参加学校的民主管理和民主监督，推进学校的民主政治建设，关心群众生活，搞好教职工生活困难补助，参与调解劳动争议；

3. 经常听取教职工的意见、要求和建议，及时向校党委、行政提供信息，做好领导与教职工的联系，发挥桥梁与纽带作用；

4. 组织开展有益教职工身心健康的全校性文化、体育活动。

（二）各分工会职能

1. 积极协助党政组织做好本单位教职工的思想政治工作，着力加强教职工师德师风建设；

2. 反映工会会员的意见和要求，及时了解、反映教职工在工作和生活中的困难，维护教职工的合法权益；

3. 负责组织分工会的教职工文体活动和参与全校性的活动。

第十七条　后勤保障与安全管理

（一）学校职能

1. 制定各项后勤管理工作的办法和实施细则，负责制定、落实相关制度及安全保卫工作责任制；

2. 组织学校各项大额采购项目的招投标工作，负责招标书的撰写、评标、调研等工作，负责签订采购合同；审核各单位的资产购置及维修需求，并进行落实及反馈；

3. 负责全校水电设施设备、房屋、家具及其他固定资产的保养及维修工作；

4. 负责检查、监督后勤集团的服务质量、服务态度，监督学生食堂的食品卫生安全、防疫工作；

5. 负责全校学生及教师教材的征订、采购、发放及结算工作；

6. 组织对全校师生员工的法制教育、涉密教育和维护社会、校园政治稳定以及治安、消防安全宣传教育；

7. 负责学生身份证办理和户籍管理；

8. 在学生中建立健全治保会、义务消防队等群防群治组织，加强人防与技防，做好安全及突发事件的应急处理；

9. 负责教职工通勤、学生实习及其他工作用车的调度及管理工作。

（二）院（部）职能

1. 上报本单位各项采购及维修需求，提供主要采购设施设备的技术参数；

2. 落实学校安全工作责任制，制订本院（部）治安保卫和消防工作的年度计划并组织实施，开展法制、消防安全、食品安全宣传和创建安全文明单位活动；

3. 负责本院（部）的水电、房屋、家具日常维修报修及阶段性大修的报修统计工作；

4. 配合学校做好每学期教材或日常教学资料征订及发放工作；

5. 负责学生安全教育和安全管理，提高学生自我防范及安全意识，定期进行安全检查，防范各种安全事故的发生；

6. 负责本学院学生突发事件的处理和上报。

第四章　运行机制

第十八条　学校运行机制

学校明确决策机构、咨询机构、执行及监督机构，完善学术委员会制度、教职工代表大会制度和目标管理考核制度。

1. 学术委员会制度。学术委员会是学校最高学术权力机构，统筹行使学术事务决策的咨询、审议和评定等职权。审议院（部）学科专业设置、教学和科研成果评价标准、人才培养质量评价标准、职称聘任的学术标准，评议和仲裁涉及学术争端和学术道德等事宜。

2. 教职工代表大会制度。充分行使教职工代表大会职权，促进教职工行使民主权利，参与学校民主管理和监督。

3. 目标管理考核制度。学校制定院（部）目标管理考核评价方案，并逐步完善考核评估办法和量化考核指标体系，对院（部）工作进行全面、客观、公正的考核；成立目标管理工作领导小组，对院（部）的管理与监督以目标管理为主，坚持绩效导向原则，评价考核结果作为院（部）办学资源配置的重要依据。

第十九条　院（部）运行机制

根据本院（部）实际，建立健全院（部）工作会议制度、院（部）民主管理制度、院（部）务公开制度和院（部）务公示制度。

1. 院（部）工作会议制度。完善院（部）会务制度和党总支委员会制度和教授委员会制度：院（部）务会由院（部）长、党总支书记、副院长、各系（中心）主任或课部主任组成，负责讨论决定教学管理、专业建设、科学研究、人才培养、队伍建设、党建与思想政治工作、工会工作等方面的重要事项；党总支委员会是院（部）的政治核心，在校党委的领导下，宣传、执行党和国家的方针、政策及学校各项规定，并为其贯彻落实发挥保障监督作用；教授委员会是院（部）学术权威机构，负责本院（部）人才培养、教师招聘、专业建设、毕业论文（设计）审核、教师教科研成果申报及结题验收等学术事务，贯彻执行校学术委员会的相关决议和精神。

2. 院（部）民主管理制度。充分发挥本院（部）教职工参与管理与决策的积极性，全面落实学校教职工代表大会的决策与意见，民主管理、依法治理本院（部）的各项事务。

3. 院（部）务公开制度。实行自我监督、民主监督，保障教职工监督和学生评议监督的落实，保证学校各项政策的落实和学院权力的正确行使。

4. 院（部）务公示制度。对本院（部）的考核与奖惩、岗位聘任、进修培训、职称评定、津贴发放等方面的办法、措施、程序、结果等向本院（部）教职工公示以征求意见。

第五章　附　　则

第二十条　各职能部门、直属部门、教学机构结合本单位的实际情况，制定本单位的岗位职责及具体实施细则。

第二十一条　本办法自公布之日起执行，原办法自动作废，由校长办公会负责解释。

二〇一六年八月八日

第二节　武汉华夏理工学院学术委员会建设

2016年3月，武汉华夏理工学院（原武汉理工大学华夏学院）开始组织成立学校学术委员会。学术委员会候选人通过民主推荐，学术委员会委员由教职工代表大会投票选举，最后，于5月6日经教职工代表大会审议并通过了《武汉华夏理工学院学术委员会章程》。

一、学术委员会成立及组织机构

（一）学术委员会成立

为了促进学院规范建设，完善内部治理结构，根据中华人民共和国教育部令第35号《高等学校学术委员会规程》精神，成立学院学术委员会。学院学术委员会拟设置15人（不含特邀委员），结合各系（部）当前学科专业数量和专职专任的正高级以上职称人数，候选人名额分配如附件。各单位通过教职工代表大会、全体教职工大会、教授委员会及其他民主形式民主推荐学院学术委员会委员候选人，候选人原则上为本单位专职专任的教授及具有正高级以上专业技术职务的人员，并进行了候选人名额分配。

（二）学术委员会下设委员会

研究设计了学术委员会下设委员会方案，图7-2、图7-3分别是学术委员会下设委员会的两种方案。以学院为单位设置分委员会，但缘

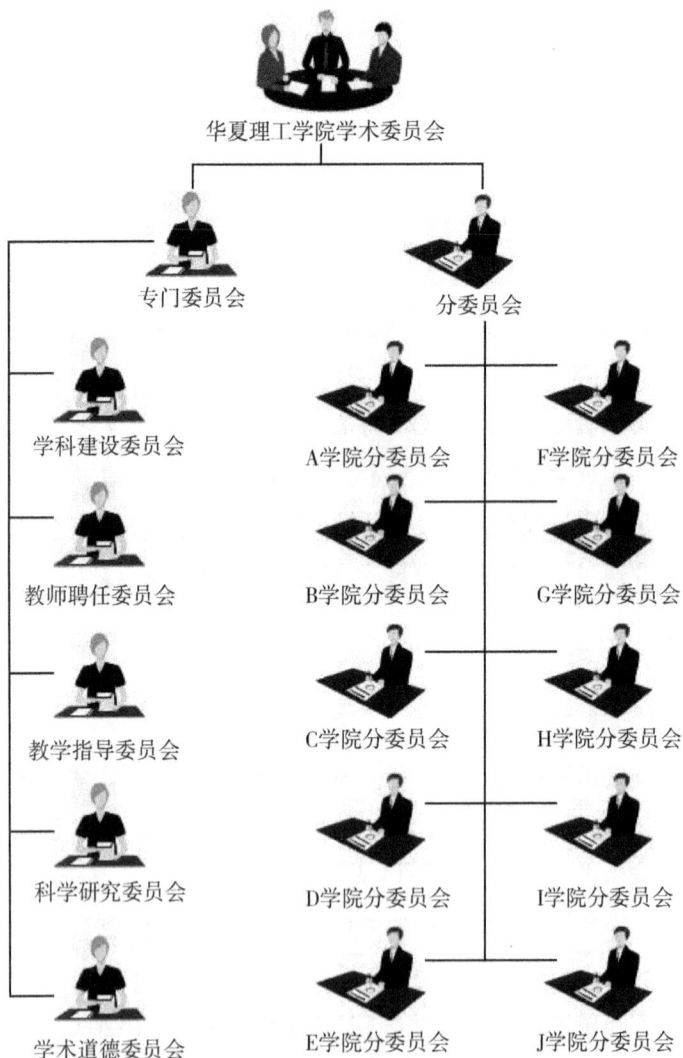

图7-2　学术委员会下设委员会方案（以学院设分委员）

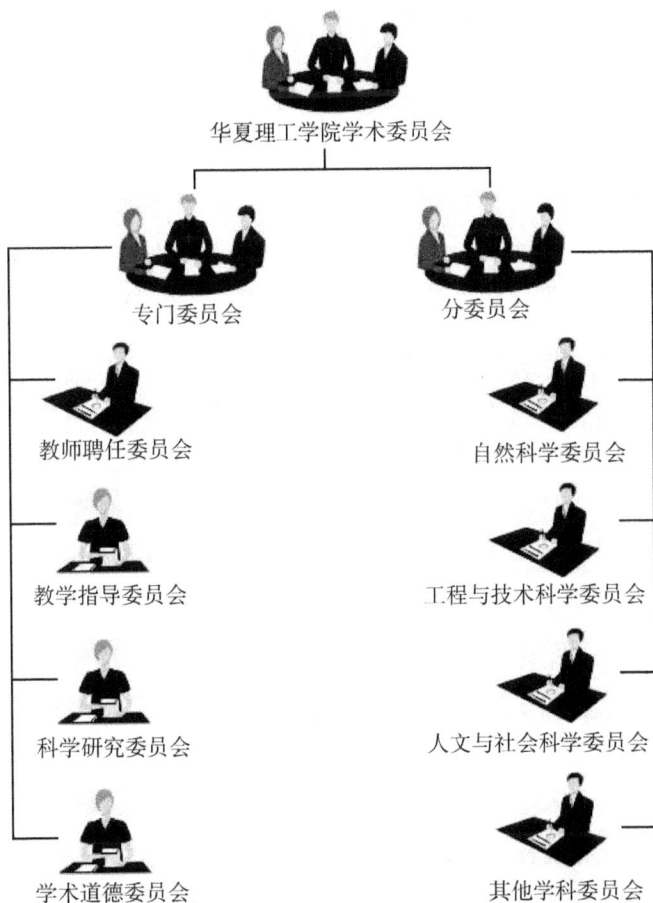

图7-3　学术委员会下设委员会方案（以学科设分委员会）

于民办高校教授职称占比相对较小的实际，以学院为单位成立分委员会
条件不足，以学科为单位设置分委员会是民办高校学术委员会下设分委
员会的可选方式。

二、学术委员会章程

2016年5月6日学校教职工代表大会审议通过了《武汉华夏理工
学院学术委员会章程》，全文如下：

武汉华夏理工学院学术委员会章程

第一章　总　　则

第一条　为促进武汉华夏理工学院规范发展，完善内部治理结构，保障学术委员会在教学、科研等学术事务中有效发挥作用，根据《中华人民共和国高等教育法》《高等学校学术委员会规程》和《武汉华夏理工学院章程》有关规定，特制定本章程。

第二条　学术委员会的工作理念：遵循学术规律，尊重学术自由，追求学术平等，鼓励学术创新，促进学术发展和人才培养，提高学术质量。

第三条　学术委员会应当公平、公正、公开地履行职责，保障教师、科研人员和学生在教学、科研和学术事务管理中充分发挥主体作用，促进学校科学发展。

第二章　组织机构

第四条　学术委员会是学校最高学术权力机构，统筹行使学术事务决策的咨询、审议和评定等职权。

第五条　学术委员会设主任委员1人、副主任委员2~4人。主任委员、副主任委员候选人由校长提名，经学术委员会全体会议选举产生。

第六条　学术委员会下设秘书处，负责日常事务管理；学术委员会的运行经费，须纳入学校预算安排。设秘书长1人，由副教授职称及以上专职教师担任。

第七条　学术委员会可就具体学术事务成立职称评审委员会、教学指导委员会、科学研究委员会、学术道德委员会、学位评定委员会等专门委员会。

第八条　学术委员会可下设若干按学科设置的分委员会。

第九条 专门委员会、分委员会根据学术委员会审定通过的工作规程组建，经学术委员会授权具体负责处理专项学术事务，并向学术委员会报告工作。

第三章 工作职责

第十条 学术委员会的主要职责：

（一）审议学科、专业及教师队伍建设规划及学科专业设置与调整，科学研究、对外学术交流合作等重大学术规划，交叉学科、跨学科协同创新机制的建设方案、学科资源的配置方案等；

（二）审议学校教学和科研成果、人才培养质量评价标准；审议学术评价、学术争议处理规则和学术道德规范等；

（三）审议学校教师职称聘任的学术标准，评定高层次人才引进岗位人选、人才选拔培养计划人选等；

（四）评定校级科研平台、校级学科建设项目和校级科研项目的申报和立项、校级学术成果奖、校级各类优秀人才，评定学校自主设立的各类学术、科研基金、教学和科研项目等；

（五）开展对学校制定与学术事务相关的全局性、重大发展规划的咨询工作，开展学校预算决算中教学、科研经费的安排和分配及使用，教学、科研重大项目和成果的申报及资金的分配使用的咨询工作；

（六）评议和仲裁涉及学术争端、学术道德等方面的重大问题。

第十一条 专门委员会的基本职责：讨论、审议与本专门委员会相关的学术事务。其中，教学指导委员会、科学研究委员会、职称评审委员会具体负责学校的学科建设、人才培养、科学研究、职称评审等工作；学术道德委员会负责制定学术规范与相关标准，处理学术不端行为；学位评定委员会负责学生学位授予评定。各专门委员会的具体职责应在各自章程中有详细的规定。各专门委员会在学术委员会指导下，依据各自章程独立地处理与其相关的学术事务及其他有关工作。

第十二条 分委员会的基本职责：审议本学科的学科建设、人才培养、科学研究、学术交流、学术道德等学术事务，具体职责在分委员会章程中规定。

第四章　委　　员

第十三条　学术委员会设置委员 15~19 人的单数，原则上由学校不同学科、专业的教授及具有正高级专业技术职务的人员组成，有一定比例的青年教师。其中，担任学校及职能部门负责人的委员不超过委员总人数的 1/4。

可以根据需要提出聘请校外专家及有关方面代表担任特邀委员。

第十四条　学术委员会委员应当具备的条件：

（一）坚持社会主义办学方向，遵守宪法法律，学风端正、治学严谨、公道正派；

（二）学术造诣高，在本学科或者专业领域具有良好的学术声誉和公认的学术成果；

（三）关心学校建设和发展，有参与学术议事的意愿和能力，能够正常履行职责。

第十五条　学术委员会委员的产生，经教授委员会（成立之初暂由教职工代表大会或全体教职工大会负责执行）民主推荐，通过公开公正的遴选等方式产生候选人，并由校教职工代表大会审议通过。

特邀委员由校长、学术委员会主任委员或者 1/3 以上学术委员会委员提名，经学术委员会同意后确定。

第十六条　学术委员会委员享有以下权利：

（一）知悉与学术事务相关的学校各项管理制度、信息等；

（二）就学术事务向学校相关职能部门提出咨询或质询；

（三）在学术委员会会议中自由、独立地发表意见，讨论、审议和表决各项决议；

（四）对学校学术事务及学术委员会工作提出建议、实施监督；

（五）学校章程或者学术委员会章程规定的其他权利。

第十七条 学术委员会委员应履行以下义务：

（一）遵守国家宪法、法律和法规，遵守学术规范、恪守学术道德；

（二）遵守学术委员会章程，坚守学术专业判断，公正履行职责；

（三）勤勉尽职，积极参加学术委员会会议及有关活动；

（四）学校章程或者学术委员会章程规定的其他义务。

第十八条 学术委员会委员由校长聘任。学术委员会委员实行任期制，每届任期四年，连任不得超过两届。每次换届，连任的委员人数应不高于委员总数的2/3。

第十九条 学术委员会委员在任期内有下列情形之一，经学术委员会全体会议讨论决定，可免除或同意其辞去委员职务：

（一）主动申请辞去委员职务的；

（二）因身体、年龄及职务变动等原因不能履行职责的；

（三）怠于履行职责或者未尽委员义务的；

（四）有违法、违反教师职业道德或者学术不端行为的；

（五）因其他原因不能或不宜担任委员职务的。

第二十条 学术委员会委员增补由学术委员会主任委员提名，校长办公会会议讨论通过，经公示无异议后由校长聘任。

第五章 议事规则

第二十一条 学术委员会每学期至少召开一次全体会议，议题由主任会议提前确定，再通知全体委员。经与会1/3以上委员同意，可临时增加议题。根据学术委员会主任委员或1/3以上委员提议，可临时召开全体会议。

第二十二条 学术委员会主任委员可根据工作需要主持召开主任会议，商议学术委员会日常工作。主任会议成员由主任委员、副主任委员组成，秘书长列席主任会议。

第二十三条 学术委员会全体会议原则上应有2/3以上委员出席方

可举行。会议由主任委员主持，主任委员因故不能主持时，可委托一名副主任委员代为主持。秘书长列席全体会议。

第二十四条　学术委员会委员不得无故缺席全体会议。因特殊原因不能出席的，应事先向学术委员会主任委员请假。不能出席会议的委员不得委托其他委员代为表决。

第二十五条　学术委员会议表决事项采取少数服从多数的原则，重大事项表决须经与会委员的 2/3 以上同意方可通过。

第二十六条　学术委员会议决策事项一般应以无记名投票方式进行表决，也可根据事项性质由会议主持人选择以举手、记名投票方式进行表决。遇有紧急事项需要表决时，经学术委员会主任会议商定，可进行通信表决。

第二十七条　学术委员会在审议事项时，应根据相关事项性质分别邀请相关专门委员会、分委员会主任委员或副主任委员列席会议。

第二十八条　学术委员会在召开会议时，可由主持人决定要求当事人或有关部门负责人到会陈述意见或接受询问，或者邀请相关专家学者列席会议，充分听取意见。

第二十九条　学术委员会在审议、评定与委员本人利益相关的事项时，有关委员应予回避。是否必须回避，由主任委员决定。

第三十条　学术委员会做出的决定应根据所涉事项性质在相应范围内予以公示，并明确相应异议期。

对于学术委员会做出的决定，相关单位或当事人如有异议，可于异议期内向秘书处提出书面复议申请，由秘书处征得 1/3 以上委员同意后召开全体会议予以复议。经复议后做出的决定不再复议。

第三十一条　学术委员会应向校教职工代表大会提交年度报告，接受校教职工代表大会审议。

第六章　附　　则

第三十二条　本章程如需修订，应由学术委员会主任委员提议，修订后的章程经学术委员会 2/3 以上委员表决通过后生效。

第三十三条　本章程自发布之日起施行，由武汉华夏理工学院学术委员会负责解释。

第三节　武汉华夏理工学院二级学院制度体系建设

武汉华夏理工学院各二级学院结合自身实际也进行了相关制度体系建设，形成了具有二级学院特色的内部控制体系，本研究摘录了部分试点学院建设实施方案，以资研讨。

一、武汉华夏理工学院关于推进试点学院改革的实施细则

武汉华夏理工学院关于推进试点学院改革的实施细则（试行）

武华校教〔2017〕33 号

根据《教育部关于推进试点学院改革的指导意见》（教高〔2012〕11 号）、湖北省教育厅《关于推进高校试点学院改革的意见》（鄂教高〔2013〕2 号）文件精神和学校《关于校级试点学院改革工作与 2017 年校级试点学院申报的通知》（武华校教〔2016〕71 号）要求，为推进试点学院综合性改革，创建学校"教育教学改革特别实验区"，充分发挥示范作用，特制定本细则。

一、指导思想

以科学发展观为指导，围绕建成高水平应用型大学的办学目标，以社会需求为导向，构建面向区域经济社会、对接行业企业的人才培养体系，创新教育教学模式，创新学校内部管理体制机制，发挥试点学院的主动性和积极性，着力激发学校改革发展新活力，构建学校与社会协同发展新机制，推动学校内涵式发展。

二、基本原则

（一）总体规划与先行先试相结合

试点学院改革要体现学校发展规划方向，坚持学校对试点学院改革和发展的总体引导；通过改革的先行先试，探索发展的新途径、新举措和新机制，通过试点、示范为学校整体发展提供强大动力。

（二）统筹协调与重点突出相结合

在学校政策允许范围内，对进入试点学院的单位，提供政策倾斜，加大对人、财、物的支持力度；重点支持改革力度大、成效明显的校级试点学院申报省级试点学院改革项目。

（三）权力下放与目标考核相结合

学校进一步完善校院两级管理体制，实现管理重心下移，扩大学院自主权，调动学院改革的积极性、创造性。同时，学校实行绩效管理，综合评估，加强对试点学院领导履职情况的监督，促进民主办学，推进学院的改革创新。

三、组织机构

学校成立试点学院改革工作领导小组，由校长任组长，分管教学工作的副校长任副组长，试点学院领导及相关职能部门负责人为成员，组织开展试点学院改革项目的实施及绩效考核。分管教学工作的副校长，兼任试点学院建设联系协调专管领导。

试点学院成立由院长任组长的试点学院改革项目工作组，制定完善方案，组织开展试点学院改革项目的具体实施工作，并向学校报告试点学院改革工作目标完成情况。

四、改革目标

结合学校实际，重点探索学生招录和选拔方式、人才培养模式、教师选拔与考核、学院管理体制等方面的改革，着力破解现有制约学校内涵发展的问题，将试点学院建设成为体制改革的先行区、人才培养的试验区、特色发展的示范区、协同发展的创新区，努力实现人才培养模式改革、特色院系建设、协同创新发展、体制机制创新"四位一体"的改革目标，增强二级学院的办学活力，形成良性循环、科学发展的学校内部治理结构，提升人才培养质量。

五、改革内容

（一）改革招生选拔与录取方式，扩大招生自主权

鼓励试点学院根据社会发展需求、学校发展目标、学科及专业属性，结合办学条件，在政策许可范围内灵活选择招生方式。

（1）大类招生。经学校报请省教育厅批准，试点学院可探索按专业大类招生。以大类录取的学生，先按大类培养，两年左右后进行专业分流，具体方案由试点学院自主确定。

（2）优生优录。在学校录取批次线以上，试点学院可附加标准选拔具有创新潜质、学科特长的学生。可适当降低该专业录取分数线。

（3）转专业优先。学生入校后，学校给予试点学院扩大转专业自主权，以学院需求为主确定转入、转出指标。具体转入、转出办法由试点学院自行制定，并向教务处备案。

（4）研究生培养。试点学院积极探索各种形式的研究生联合培养方案。条件成熟后鼓励申报专业硕士研究生授权点。

（二）改革人才培养模式，创新管理体制

1. 创新人才培养模式

（1）实行教学管理模式改革。试点学院可自主确定毕业学分、毕业条件。试点学院的专业人才培养，推行导师制，创造条件使学生尽早进实验室，参与创新实践和科学研究；核心专业课程实行小班化教学；在国家学籍管理政策范围内实行弹性学制。

（2）实施个性化人才培养。试点学院应积极开展校企合作，以就业需求为导向，开设订单班、定向班；对有创新创业潜质的学生可组建创新人才实验班，予以重点培养，提升学校影响力。

（3）拓展学生国际化视野。试点学院应广泛开展国际交流合作，与国外高校开展2+2（本科）和3+2（硕士）等多形式的联合培养，选派优秀本科生出国留学、游学。

2. 专业建设与教学改革

（1）试点学院要在适应区域经济发展需要条件下，不断调整优化专业结构，在政策许可范围内，可自主设置专业方向；要不断加强应用型课程建设，探索以案例教学、项目教学为主的教学内容方法的改革；开展多元化考试方法改革。

（2）试点学院申报各级各类本科教学项目予以优先立项，推进以项目为载体的人才培养模式改革。

3. 实践教学体系改革

试点学院要进一步优化实践教学体系，加强实验室开放，强化学生实践和创新能力培养。学校支持试点学院开展教学条件建设，优先安排改造校内实验实训室，鼓励申报省级及以上实验教学示范中心和实习实训基地等。

4. 实施校企合作联合培养人才

试点学院要积极开展校企合作产教融合，积极探索与行业企业的联合人才培养模式改革，推行与科研院所、行业企业联合培养，共同确定人才培养目标，联合制定人才培养方案，联合实施人才培养过程，联合开展人才培养评价，开展技术培训、咨询服务等。加强国际合作，依照规定举办中外合作办学项目；组织在校生去海外学习、游学。

（三）改革教师管理制度

试点学院通过改革教师聘任、考核和评价制度，完善相关政策，引导和鼓励教师静心教学、潜心育人；加强师德师风、教师教学能力和教学科研团队建设，建设高素质的"双师双能型"教师队伍；扩大试点学院在教学、科研、管理等方面的自主权。

（1）全面实行教师聘用制。试点学院实行教师聘用制，探索建立特聘岗位年薪制；完善岗位管理、考核和聘用办法以及绩效工资分配；引进行业和专业领域优秀人才；学院自主制定教职工绩效工资分配办法。

（2）改革教师评价考核办法。完善师资队伍可持续发展机制，突出考核教师业绩；对于领军人物和学科带头人的考核，加大其团队业绩的考评权重。

（3）严格实施评聘分离；建立能上能下、非聘即转、非聘即走的用人机制。

（4）加大师资培训力度。努力培养和引进高水平的优秀教师和研究团队，注重专业教师下企业锻炼。支持试点学院教师国内外访学。试点学院工程类专业的核心专业课原则上由学校认定的"双师双能型"或副高以上职称教师主讲。

（四）完善学院治理结构

在学校领导下，建立议事决策、行政管理、学术管理和民主管理相结合的内部管理体制，形成自我发展、自我激励和自我约束且相对独立、运转灵活，又有效制约、运转高效的工作机制。

1. 学院治理结构

（1）试点学院应制定学院章程，以章程为依据，建立更加合理的学院内部治理结构，建立与现代大学制度相适应，与转型发展相适应的学院管理体制机制。

（2）建立健全学院学术机构。对学院的学科建设、学术评价、专业发展、人才培养、队伍建设、社会服务等进行评定与决策。

（3）完善教职工代表大会制度。确保教职工行使民主权利，参与管理和民主监督，并对所有涉及学院改革发展的重要事项和教职工切身利益的问题进行审议。

2. 学院领导体制

学院实行院长负责制，院长对学院工作负全面责任。院长由教授委员会提名选举，实行聘用制和目标责任制。学院党总支发挥政治核心和组织保障作用，教职工代表大会发挥民主管理和民主监督作用。院党总支书记兼任副院长，协助院长工作。遵循"院长负责，集体决策，教授治学，民主管理"的治理模式，形成职责明确、决策科学、管理规范、运行高效、监督有力的工作格局。

3. 学院运行机制

学院应根据国家相关法规和学校规章制度，建立健全内部管理工作制度，制定各种议事规则、实施细则及规范性文件，加强制度的执行力。

4. 建立以学院为实体的校企合作体制机制

积极吸引社会资源，深化校企合作、产教融合。

5. 推进专业评价

逐步建立专门或第三方评价机构对试点学院学科、专业、课程进行评估的制度。定期发布学院教学质量年度报告。

六、职责与权限

学校实行校院两级管理、以院为主的管理体制。学校通过战略规划、发展目标、政策制度、资源配置、财务预算、业务指导、监督评估和服务保障等对学院实施管理。学院在学校的宏观调控下承担明确的责任和义务，行使本单位人、财、物的支配权，对学院的办学绩效负责。

（一）学院的基本职责

（1）执行校长办公会的决议。

（2）组织实施学院发展规划、任期内所确定的学院发展目标和年度工作计划。

（3）规范办学，全面完成学科专业建设、队伍建设、人才培养、科学研究、社会服务、学生教育与管理、招生就业、国际交流与合作等工作，保证教育教学质量。

（4）按照"分工负责，相互协调"的原则，落实学院目标责任，并组织实施学院内部的考核和奖惩制度。

（5）学校赋予的其他职责。

（二）学院的管理权限

1. 人事管理权限

（1）试点学院高级职称岗位设置数在学校额定基础上上浮10%。

（2）负责制定本院师资队伍建设规划和年度实施计划，报学校存档备案。

（3）根据学校机构设置方案，自主选聘系（部）和实验中心主任、副主任，报学校发文确认。

（4）学院内设的科级岗位干部由学院自主确定选拔方案并组织选拔，报学校备案并由学校发文聘任，聘期原则上与学校规定一致。

（5）根据学院岗位设置和国家相关政策，自主制定岗位目标责任制及聘任办法，报学校审定后组织实施，聘任结果由学校统一发文公布。

（6）根据学校核定的编制数和人才引进条件，组织学院学术委员会成员（职能部门列席）对拟引进人才（硕士、博士、外聘专职教师、兼职教师）进行全面考核，确定引进人才名单，报学校审批。

（7）根据学校相关规定，制定和实施学院考核实施细则，包括试用期转正考核、合同期满续聘考核、年度考核、聘期考核等，确定考核结果，报学校审核。

（8）根据学校绩效津贴分配指导意见，制定学院内部绩效津贴分配办法，经学院教职工大会审议通过后实施，并报学校备案。

（9）制订和实施学院教师年度培训计划，积极选派教师参加研修、访学和社会实践等培养活动，自主管理师资培训经费。

（10）试点学院自主确定能充分调动本院教职员工的薪酬体系。

2. 财务管理权限

学校安排经费，试点学院改革项目实施项目论证、立项审批、过程监控、项目验收、绩效评估的动态管理制度。

（1）根据学校经费预算管理办法，下拨经费增长10%，重大项目实行项目管理，根据实际情况给予专项支持。

（2）下拨经费实行"院长一支笔"签批制度，建立和完善学院内部民主监督机制，重要事项可按照民主监督制度商议会签。

（3）在不影响正常教学的情况下，积极组织开展社会服务工作，积极创收，创收收支实行"收支两条线"，创收结余设置职工福利基金和发展基金，用于改善学院教职工福利、支付加班费用以及弥补教学及学科建设经费。创收收入学校仅收取税费和成本费（比例控制在10%~30%，30%封顶），试点学院每年社会服务收入（横纵向项目、培训项目、创收项目、相关产学研项目）首年不少于20万，保持年递增10万，四年期满达到每年50万以上。

（4）学院可通过各种方式提高办学质量和水平，扩大办学规模（本科学历教育），提高办学效益，对提高的专业收费标准，该专业学费增加额度中的10%用于学院开支。

七、监督与绩效考核

（一）加强监督，实行问责制

学校对试点学院实行目标管理，加强对实施过程的行政监察、财务监督和审计监督。对试点学院违反学校相关规定的党政干部，按照学校有关规定进行问责。

（二）院务公开，实行民主管理制

试点学院坚持院务公开制度，实行自我监督、民主管理。学院的岗位聘任、职称评定、绩效工资、人事安排、考核与奖惩、进修培训、财务管理等方面的办法、措施、程序、结果要向全院教职工公开，并广泛征求全院教职工的意见，接受监督。

（三）绩效考核，实行退出机制

学校制定试点工作绩效考核办法，考核分为阶段性考核和总体目标考核。阶段性考核结果与试点学院的建设经费、试点资格、资源配置等挂钩，对改革进展慢、成效较差的，实行退出机制。总体考核是四年建设期满，对试点学院的整体改革成效综合评估。专项改革成效明显的项目，在全校示范推广。

八、改革保障

在实行校院两级管理、以院为主的管理体制基础上，学校统筹，规范治理结构，做好保障支持工作。

（一）统一思想，提高认识

学校上下、各部门要统一思想，合力推进试点学院工作，充分认识开展试点学院改革项目是学校发展的必然选择，进一步增强改革的使命感和责任感，积极支持和全力配合改革进程中的各项工作。

（二）定期研讨，加强领导

为及时解决试点学院改革创新发展中的问题，学校建立试点学院改革建设工作联席会议制度，每年至少召开一次会议，校院两级试点学院改革工作领导小组参加，由试点学院改革领导小组组长组织召开，研究试点学院发展中需要学校支持与解决的改革和建设问题。

鼓励试点学院在上述改革内容基础上提出进一步的改革方案，或在改革过程中，进一步探索补充改革内容，可提交报告至学校领导小组，经学校领导小组讨论审核后，由校长办公会专题研究通过后实施。

（三）专项投入，经费保障

专项经费主要用于支持试点学院人才引进、教师国内外访学、教师培训、本科生特殊导师津贴、专项工作调研等。学校将制定试点学院改革专项经费使用办法，明确改革专项经费的使用和管理。

九、工作要求

（一）突出重点，务求实效

试点学院要把改革作为加快学院新一轮发展的重要机遇，结合转型发展，以改革为动力，坚持科学发展的理念，重点在人才培养模式创新、教师管理制度、学院治理结构等方面取得突破，增强学校的核心竞争力。

（二）广泛宣传，及时总结

试点学院要在学院网站上开设专栏，及时对试点改革中的新做法、新成果、新经验进行总结宣传，以便推广和应用。试点改革系列工作要单独建档，安排专人负责收集整理改革原始材料。

2017 年 4 月 25 日

二、机电工程学院（试点学院）总体实施方案

根据《教育部关于推进试点学院改革的指导意见》（教高〔2012〕11号）和省教育厅《关于推进高校试点学院改革的意见》（鄂教高〔2013〕2号）的精神，按照《关于校级试点学院改革工作与2017年校级试点学院申报的通知》（武华校教〔2016〕71号）的要求，结合机电工程学院的实际情况，特制定本方案。

一、改革目标

力争用4年左右的时间，通过改革学生招录与选拔方式、人才培养模式、教师遴选与考核评价制度，完善学院内部治理结构，努力实现人才培养模式改革、特色学院建设、协同创新发展、体制机制创新"四位一体"的改革目标，把机电工程学院建设成学校体制改革的先行区、人才培养的试验区、特色发展的示范区、协同发展的创新区，形成布局科学、特色鲜明、优势突出的学科和专业体系，整体办学实力进一步增强，办学水平、社会声誉和影响力显著提升，服务和支撑地方产业升级、技术进步和社会管理创新的能力不断提高，将机械工程学科建成区域及地方相关企业的技术依托、应用型技术特色鲜明的机电工程人才培养的示范基地。

二、改革措施

（一）改革学生招录与选拔方式

1. 大类招生制度改革

根据社会发展需求、学院办学条件自主确定本科生招生规模和招生计划。自2017年开始，机自、成型和机电3个本科专业试行按机械类招生，前3学期按大类培养，公共基础课和学科基础课打通，第4学期根据学生志愿和社会需求选择专业和专业方向。

2. 招录选拔方式改革

探索在统一高考基础上的综合评价录取模式，自主确定选拔标准，实行高考成绩、高中阶段学习成绩、综合素质评价及学院自行测试相结

合的多维度选拔考核方式和招生录取办法。

3. 专业硕士研究生培养

开展以实践能力培养为重点的专业学位硕士研究生培养模式的探索与实践，实现本科教育与职业教育有效融通、本科教育与专业学位研究生教育有机衔接，搭建不同层次应用型技术人才培养的立交桥。

（二）改革人才培养模式

1. 教学管理模式改革

（1）改革现有学年学分制，探索实行完全学分制、弹性修业年限（3~6年）制、基础学费+课程学分学费制、学生自主选课制，充分体现以学生为主体的教育理念。

（2）实行全面发展与个性发展相结合的"一制三化"教学管理模式。

（3）在争取专业硕士研究生培养授权的基础上，择优选择一定数量的学生进行本硕连读试点。统筹自筹经费、科研经费、助学贷款、社会捐助等多渠道资金，建立健全研究生多元奖助体系。

2. 实践教学体系改革

（1）重点推进以工程过程为载体的综合实验、综合实训教学改革，加强基于学科交叉的多层次开放实验教学中心建设。

（2）通过智能制造实验室、机电综合实验室、3D打印实验室和模具数字化制造实验室的建设和现有19个实验室的整合，全面开放机械实验教学中心，建成湖北省高等学校重点实验示范中心。

3. 校企联合培养

（1）推行与科研院所、行业企业联合培养人才的改革，根据产业发展需求，联合修订完善培养方案，共同实施培养过程，共同评价培养质量，采用"3+1"等模式，形成校企协同育人的应用型本科人才培养机制，实现人才培养和社会需求无缝对接。

（2）校企联合共建实验室，为课程实验、开放性实验、课程设计、毕业设计等实践教学环节和科研提供完善的实验条件。

（三）改革教师遴选、考核与评价制度

（1）科学设置教师岗位，提高教师遴选要求，严格实行教师聘用制，推进教师职称的正常晋升、破格晋升和双师双能教师遴选、低职高聘等工作。

（2）探索符合试点学院人才引进规律的薪酬制度，充分发挥薪酬的激励功能，探索特聘岗位年薪制。

（3）加大师资培养力度。完善青年教师培训与培养制度，提升教师教学能力、科研能力和工程实践能力。

（4）教师实行岗位责任制，按照"分类管理、分级考核"的原则，进行年度和聘期考核。

（5）建立健全聘任程序、任职考核、管理评价等配套措施，探索实施人员流转退出机制，打破能进不能出的现状，做到教师能进能出、能上能下，最大限度地激发教师队伍的活力。对现有在编人员强化聘期管理，实行"能上能下"、"非聘即转"；对新聘人员强化目标考核，实行"非聘即走"、"非升即走"。

（四）完善学院治理结构

（1）制定试点学院章程，以章程为依据，制定院内管理制度及规范性文件，建立与现代大学制度建设相适应的新型管理体制和运行机制。

（2）建立健全试点学院学术委员会、教授委员会和教职工代表大会等制度，实行教授治学，赋予学术委员会和教授委员会在学科建设、学术评价、学术发展中的审议权，在学术成果评价等方面的评定权，在学科专业建设方面的决策权。

（3）试点学院院长由教授委员会提名选举，实行聘用制和目标责任制。

（4）坚持教育的公益性和普惠性，健全以举办方投入为主、多渠道筹集学院办学经费为辅的体制，吸引社会资源办学，共谋学院发展。

（5）深化校企合作、产教融合。校企在校内、企业共建实验室/实训室，联合成立研发中心，建立生产、实训基地，全方位培养学生的实践技能和创新能力，提升学院服务社会的能力。

（6）引入专门机构或社会中介机构对学院学科、专业、课程等进行评估，建立学院本科教学质量年度报告发布制度。

三、进度安排

第一年（2017年4月至2017年12月）：

学校层面制定配套的管理制度和办法，机电工程学院制定改革配套的院内管理制度和办法。

第二年（2018年1月至2018年12月）：

学校和试点学院按改革方案的要求成立领导小组和相应的组织机构，教务处、人力资源部、机电工程学院和学校有关部门按改革方案落实任务、明确责任，按时间要求组织实施。

第三年（2019年1月至2019年12月）：

对照改革实施方案提出的改革目标，进行对标检查和阶段性总结，检查改革任务的完成情况，研讨改革目标的可行性和有效性，根据改革进程调整优化具体改革内容，保证改革总体目标的实现。

第四年（2020年1月至2020年12月）：

组织校内外的广大教师、管理人员和专家学者，全面总结试点学院的改革，研究改革过程中的经验和教训，特别是总结具有典型意义或带有规律性的改革成果；积极向校内其他学院和社会推介改革成果，实现试点学院改革的社会价值。

试点工作总结（2021年1月至2021年4月）：

试点学院改革工作的全面总结与推广。

四、配套措施

（一）薪酬支持

（1）为引进优秀人才和充分挖掘教师潜能，学校对试点学院平均薪酬上浮20%或按收入比例分配。

（2）学校支持试点学院薪酬制度改革，如以岗位定薪制、优秀教师"年薪制"等，给予学院自主定薪权（含自主制定课时酬金标准）。

（二）自主权支持

1. 办学自主权

学校给予试点学院充分的办学自主权，试点学院可根据学校的总体规划，与行业、企业开展联合办学与交流合作，根据社会的需要设置招生的种类、专业和规模，统一组织和协调学院内部教学、科研、学科建设、人才培养等方面的工作。

2. 人事自主权

学校赋予试点学院充分的人事权，给予试点学院内部机构设置以及人员的聘请和调配权、推荐职称评定权、自主聘用和自主考核权。

3. 经营自主权

学校给予学院所属资产的自主使用权。学院通过校企合作、对外技术服务、科研、技术转让的收入，学校除提取必要的管理费外，其余由学院合规自主支配。

（4）招生支持

（1）学校支持试点学院按大类招生和多维度选拔方式的改革，在招生计划、录取人数方面给予保证。

（2）支持试点学院专业硕士研究生学位点申报，支持实施"本硕连读"。

五、保障条件

（一）组织保障

成立由学院院长为组长的试点学院综合改革领导小组，审定综合改革实施方案，统筹领导和协调综合改革工作。领导小组下设办公室，负责综合改革项目实施方案的起草、论证、立项报批、组织实施，以及具体项目的推进、监控和总结工作。

（二）制度保障

围绕试点学院的综合改革任务，出台系列制度和管理办法，保证综合改革任务的完成。如《试点学院章程》《试点学院教授委员会章程》

《试点学院学术委员会章程》《试点学院招生章程》《试点学院导师遴选与管理办法》《试点学院小班教学管理办法》《试点学院联合培养人才管理办法》等。

（三）经费保障

学校经费预算向试点学院倾斜，根据综合改革方案按项目预算给予经费支持，试点学院行政费用单列，专款专用，严格使用管理。

（四）设施保障

学校为试点学院综合改革的实施提供必要的场地、用房，在仪器设备购置方面给予优先支持，为实现综合改革目标提供基础设施保障。

六、风险分析及应对措施

风险1：自主招生资格的获取

武汉华夏理工学院是一所民办普通高校，需要按规定申请自主招生资格，是否获批存在不确定因素。

应对措施：按照学校的投档线在招录的学生中优先满足试点学院挑选学生的需求。

风险2：大类招生给学生家长带来可信度下降风险

在填报志愿过程中，可能出现家长对大类招生的不理解或者担心大类招入学校后，无法分入满意的专业，而出现不敢填报相关志愿的现象。

应对措施：在招生部门的支持下，利用相关媒体及渠道，做好宣传工作，打消学生家长的顾虑。

风险3：完全学分制能否获批风险

完全学分制涉及学生学籍管理、学费收取等诸多方面问题，完全学分制的改革，存在与学校现有管理制度相冲突的风险。

应对措施：按照学校相关制度，试行部分学分制。

风险4：国外（境外）大学联合培养人才的落实风险

是否有合适的国外（境外）大学与我校进行合作，合作过程是否能够真正落到实处，起到开拓学生国际视野的效果，存在不确定因素。

应对措施：注意搜集国外（境外）高校的有关信息，联系有信誉度的国外（境外）高校，明确双方合作的项目和具体内容以及双方的责权利，落实人才培养的各个环节，保证人才的培养质量。

风险 5：高端人才引进风险

我校为民办高校，由于人们对民办高校认识上的误区，加之现有的人事政策，在引进高端人才中可能会遇到一些困难，存在高端人才引进不到位的风险，影响教师队伍的建设水平。

应对措施：加强学校规范的办学体制、灵活的运行机制、高端的人才培养和良好的社会声誉的宣传，提高学校的影响力和知名度；为高端人才搭建施展才能的研究平台、配备助手、提供良好的工作环境，用感情、事业、待遇吸引和留住高端人才。

风险 6：教师流转退出风险

试点学院对已有教师实行"能上能下"、"非聘即转"，对新聘教师实行"非聘即走"、"非升即走"的流转退出机制，有利于优胜劣汰，但也存在与国家、学校人事政策冲突及教师安置的风险。

应对措施：科学制定试点学院教师激励和流转退出办法，做好流转退出教师的预警工作；校人力资源部门配合做好流转人员培训、安置工作。

风险 7：吸引社会优质资源合作办学

学校与企业的目标不同，学校主要研究如何培养人才，如何提高人才培养质量；而企业主要研究如何经营管理，如何在市场竞争中获得利益最大化。学校与企业合作可能会出现形式多于内容的问题。

应对措施：

选择热心高等教育事业且有能力支持教育事业发展的企业，采取互利互惠的合作方式，学校为企业培养订单人才，有针对性地培训人才，教师到企业实践的同时为企业服务，学生在企业实习时与企业生产经营活动相结合。

七、预期成果及推广价值

1. 预期成果

试点学院改革是一次综合性改革，预期成效包括学生招录与选拔的规范，选拔学生的评判标准，人才培养模式和方法，教师遴选考评的规范与标准，学院管理规范和模式，教育教学的运行规律等。

2. 推广价值

试点学院改革形成的管理规范、管理模式、人才培养模式、教师遴选考核规范及学院运行规律，对我校其他学院具有借鉴和指导意义，对我国同类高校也具有借鉴和指导意义。

机电工程学院

二〇一七年四月

三、机电工程学院绩效奖励办法

武汉华夏理工学院机电工程学院绩效奖励办法（试行）

为充分调动广大教师教育教学的积极性、主动性和创造性，激发教师队伍的活力，提升人才培养质量，推进试点学院综合改革，建设一流机械学科和一流机电工程学院，特制定本办法。

第一条　根据学校《2017 年第五次党政联席会议纪要》（校办会纪〔2017〕5 号）精神和《机电工程学院（试点学院）总体实施方案》，学院实施"岗位工资+绩效奖励"的改革。教师完成岗位工作职责，获得相应的岗位基础工资，工作业绩按绩效进行奖励。

第二条　绩效奖励经费来源于学校下拨的试点学院绩效奖励基金、年度考核奖金、科研工作量酬金、学院社会服务收益等。

第三条　绩效奖励分为个人绩效奖励和单位绩效奖励，按年度实施。前者直接奖励教师个人，后者奖励院内单位，由单位负责人根据绩效贡献进行分配。

第四条　绩效用分值度量，实行定量化核算，学校科研工作量酬金统一并入学院绩效奖励。绩效分值对应的奖励金额由当年奖励经费总额决定，一般情况下，1 个绩效分值对应 100 元左右。

第五条　与绩效奖励对应的有绩效惩罚。惩罚分值对应的金额与绩效分值奖励的金额相等。

第六条　个人绩效的计算。教师个人绩效由以下 10 个方面组成，并按相应的规则计算。

（1）教研、科研和质量工程立项绩效。对当年申报获批立项的各级教研、科研（不含横向项目）和质量工程项目进行绩效奖励，绩效按项计，分值计算见表 1。

表 1　　　　　　　　**教研、科研和质量工程立项绩效分值表**

项目级别	国家级	省（部）级	市（厅）级	校级	备注
绩效分值	40	20	12	8	

注：①立项绩效奖励仅针对学院作为第一负责单位的项目；

②重大、重点项目立项分别在同级别项目绩效分值的基础上，上浮 100% 和 50%；

③同一项目在不同级别立项，只计最高绩效分，不重复计算；

④经学院、学校同意申报而未获批的项目，按申报项目级别绩效分值的 20% 计算。

（2）教研、科研项目鉴定或结项绩效。对按计划完成的教研、科研项目（不含横向项目）进行绩效奖励，绩效按项计，分值计算见表 2。

表 2　　　　　　**教研、科研项目鉴定、结项（验收）绩效分值表**

项目级别	国家级		省（部）级		市（厅）级		校级	
	鉴定	结项	鉴定	结项	鉴定	结项	鉴定	结项
绩效分值	40k	20k	20k	15k	15k	10k	10k	6k

注：①鉴定、结项绩效奖励仅针对学院为第一负责单位的项目；

②表中，k 为组织鉴定或结项单位的级别系数。校级 k = 1.0、市（厅）级 k = 1.2、省（部）级 k = 1.5、国家级 k = 2.0。结项结论为优秀的上浮 20%，为合格的下浮 20%；

③同一项目通过不同级别鉴定或结项只计最高绩效分，不重复计算；

④延期 2 次以上项目鉴定、结项不计绩效分。

（3）质量工程项目结项绩效。对按计划完成的各级质量工程项目进行绩效奖励，绩效按项计，分值计算见表3。

表3　　　　　　质量工程项目结项（验收）绩效分值表

项目级别	国家级	省（部）级	市（厅）级	校级	备注
绩效分值	40k	20k	15k	10k	

注：①结项绩效奖励仅针对学院为第一负责单位的质量工程项目；

②表中，k为组织结项（验收）单位的级别系数。校级k=1.0、市（厅）级k=1.2、省（部）级k=1.5、国家级k=2.0。结项结论为优秀的上浮20%，为合格的下浮20%；

③同一项目通过不同级别结项只计最高绩效分，不重复计算；

④延期2次以上的质量工程项目结项不计绩效分。

（4）科研经费绩效。纵向科研项目，按到账经费15分/万元计绩效分，但纵向科研经费绩效与纵向科研项目立项绩效不重复计算，计两者高值；横向项目，按到账经费10分/万元计绩效分。

（5）教学、科研成果获奖绩效。对获得各级教科研成果奖和获国家专利成果进行绩效奖励，绩效按项计，分值计算见表4。

表4　　　　　　教学、科研成果（国家专利）绩效分值表

获奖级别	国家级		省部级			市厅级			校级			国家专利	
	一等	二等	一等	二等	三等	一等	二等	三等	一等	二等	三等	发明	其他
绩效分值	300	200	100	70	50	50	30	20	30	20	10	20	10

注：①同一成果获不同级别奖励只计最高绩效分，不重复计算；

②特等奖在一等奖基础上，上浮20%；

③学校（学院）为获奖（专利权人）第二负责及以后负责单位（人）的分别按表中分值的50%、25%、12.5%……计算；

④若学校颁发的教科研成果奖励高于本项绩效奖励，则不再计发绩效奖；若学校颁发的教科研成果奖励低于本项绩效奖励，则绩效奖励仅计发两者的差值。

（6）教研、科研论文发表绩效。对以武汉华夏理工学院为第一作者单位的专职专任教师发表的论文进行绩效奖励，绩效按篇计，分值计算见表5。

表5　　　　　　　　教研、科研论文绩效分值表

论文级别	SCIE、SSCI、A&HCI	EI	核心期刊	普刊	备注
绩效分值	80	50	20	5	

注：①EI论文不含Page One收录和出版的会议论文集，前者按中文核心期刊计，后者按中文核心期刊的50%计；

②核心期刊指北大中文核心期刊，普刊指知网收录的公开期刊，《武汉华夏理工学院学报》按普刊计（但与公开期刊相同的论文不重复计算，且每年不多于2篇）；

③指导学生发表论文按对应期刊的50%计算；

④国际顶尖学术期刊论文的绩效分另议。

（7）公开出版著作、教材绩效。对以武汉华夏理工学院为作者单位的专职专任教师出版的著作、教材等进行绩效奖励，绩效按万字计，分值计算见表6。

表6　　　　　　　　公开出版著作、教材绩效分值表

出版物类别	学术专著	学术编著、译著	教材	教参、科普读物
绩效分值	12	8	4	2

注：①著作、教材绩效奖励限于有武汉华夏理工学院署名、第一版第一次印刷的院内教师编写部分，没有编写分工说明的不予确认（全书由本院教师编写的除外）；

②若武汉华夏理工学院为第一主编单位，则按表6计绩效分；若为第二主编或副主编单位，则按表6对应的50%计绩效分值；若为参编单位，则按表6对应的25%计绩效分值。

（8）指导学生竞赛获奖绩效。对指导学院组织的学生竞赛获奖或指导学生获科研成果奖进行绩效奖励，绩效按项计，分值计算见表7。

表7　　　　　指导学生竞赛获奖（获科研成果奖）绩效分值表

获奖级别	全国			省（部）			市（厅）			学校		
	一等	二等	三等	一等	二等	三等	一等	二等	三等	一等	二等	三等
绩效分值	20k	15k	10k	10k	6k	4k	5k	3k	2k	3k	2k	1k

注：①表中，k为竞赛类别系数，取值按学校认定的Ⅰ、Ⅱ、Ⅲ类赛事确定。Ⅰ类赛事k=2、Ⅱ类赛事k=1.0、Ⅲ类赛事k=0.6（学院原则上不组织Ⅲ类赛事）；没有省级预赛且没有实物制作的国赛，k值按对应赛事的70%计；指导学生获科研成果奖的k值按Ⅰ类赛事计取；

②同一项目在同一类赛事中获不同级别奖励只计最高绩效分值，不重复计算；同一项目参加不同赛事获奖，其第2次及以后获奖的绩效分值减半；

③特等奖绩效分值在一等奖的基础上上浮20%。

（9）校企合作、产教融合、国际合作、创新创业、人才引进等方面的绩效。

①开展校企合作、产教融合等取得的绩效。校企合作建成实习就业基地1个，并有效发挥作用，计绩效10分；与企业共建"研发中心"、"研究院所"和"协同创新中心"等，并有效开展研发工作，计绩效10分；引进企业在校内建成实训中心（室），并有效利用，计绩效10分；校企合作成功举办"定向班"等，并有一定比例学生在该企业就业，计绩效10分。

②成功引进高端人才，并在教育教学、学科专业建设和转型发展中发挥重要作用，计绩效10分。

③有效开展国际合作与交流，对队伍建设和人才培养发挥显著作用，计绩效 10 分。

④指导学生成功创新创业 1 个，计绩效 10 分。

（10）其他绩效。

①获校教师授课（课件）竞赛一、二、三等奖，绩效分值分别计 10、7 和 5 分；获院教师授课（课件）竞赛一、二、三等奖，绩效分值分别计 5、3 和 2 分。学校、学院同一竞赛只计最高绩效分，不重复计算。

②获校师德标兵、十佳教师、年度人物（含团队）荣誉称号，绩效分值计 8 分。

③获校教学质量优秀奖、优秀教师、师德先进个人等荣誉称号，绩效分值分别计 4 分。

④获校单项（部门）奖励或荣誉称号，绩效分值计 2 分。

⑤教师参加行业技能竞赛获一、二、三等奖，绩效分值分别计 10、7 和 5 分。

⑥指导学生获省、校优秀学士学位论文，每篇绩效分值分别计 10 分和 5 分（不重复计算）。

⑦在院网站、院动态、校要闻和外媒发表教育教学等宣传稿件，每篇绩效分值分别计 0.1、0.3、2.0 和 3.0 分（同一稿件内容不重复计算）。

第七条　单位绩效计算。

（1）专业声誉绩效。用艾瑞深校友会网专业排名衡量专业声誉绩效，按各专业星级设定绩效分值。以各专业前一年的专业星级为基准，当年保持原有星级，绩效分值不变；提升星级，加大绩效计分；降低专业星级，扣减绩效分，且在专业星级上升到原有星级过程中，不计绩效分。绩效分值计算见表 8。

表 8　　　　　　　　　专业声誉提升绩效分值表

	1 星	2 星	3 星	4 星	5 星	6 星	7 星
1 星							
2 星							
3 星		−10	10	20	40	60	
4 星		−20	−10	20	40	60	
5 星			−40	−20	40	60	100
6 星				−60	−20	60	100
7 星					−100	−30	100

注：①表中，行为前一年专业排名星级，列为当年专业排名星级，行列的对应点即为绩效分值；

②表中，正值表示绩效奖励分值，负值表示惩罚分值。

（2）单位获奖（荣誉称号）绩效。院内单位获各级奖励绩效分值由表 9 计算。

表 9　　　　　　　单位获奖（荣誉称号）绩效分值表

获奖级别	国家级	省（部）级	市（厅）级	校级	备注
绩效分值	40k	20k	15k	10k	

注：当颁奖部门为政府时，k = 1.0；当颁奖部门为政府所属部门时，k = 0.5。

（3）涉及单位成果的绩效。集体建设项目（如学科建设、品牌专业建设、实验示范中心建设等）取得成果，给予单位绩效奖励，绩效分值按校级 20 分/项、省级 50 分/项计。

第八条　惩罚

（1）个人惩罚

①教研、科研和质量工程项目。延期 1 次结项扣除结项绩效分值的 20%，延期 2 次结项扣除结项绩效分值的 50%；延期 2 次仍不能结项或正常撤销项目的，扣除立项绩效分值；无正当理由撤销（终止）项目或无法结项的，除扣减立项绩效分值外，罚与立项绩效分值相应的绩效分值。

②弄虚作假，违背学术道德的，罚所得绩效分值 2 倍的绩效分值。

③造成严重事故、一般事故的，分别罚绩效分值 10 分和 5 分。

④工作失误给学校、学院工作造成恶劣影响的，视其情节给予惩罚。

（2）单位惩罚

①专业排名下降按表 8 惩罚。

②给学校、学院工作造成重大影响或造成严重事故的视其情节给予惩罚。

（3）个人罚金从教师个人绩效奖励中扣除或从教师岗位基本工资中扣除；单位罚金从单位绩效奖励中扣除。

第九条　绩效考核程序

（1）绩效考核在每年年底进行，各单位在认真组织教师进行年度工作总结的基础上，填写《武汉华夏理工学院机电工程学院教师绩效审核表》，并提供支撑材料，单位负责人签字后交学院考核工作小组。单位绩效由单位负责人书面报告学院考核工作小组，并提供支撑材料。

（2）考核工作小组进行教师个人和单位绩效分值审核，审核后交教师本人和单位确认。

（3）填写《武汉华夏理工学院机电工程学院教师绩效汇总表》，审核结果院内公示。

（4）核定奖金，进行绩效奖励。

第十条 本办法适用于学院专职专任教师（含专业教师、实验教师和辅导员），服务保障人员的绩效考核另行安排。本办法自 2018 年执行，由学院考核工作小组负责解释。

2018 年 6 月 8 日

四、机电工程学院机械类招生专业分流实施细则

为做好机械类招生学生专业（方向）分流工作，根据学院工作和专业实际，制定本实施细则。

一、组织领导

学院成立机械类招生工作小组，全面负责机械类招生和机械类学生的专业（方向）分流工作。工作小组由学院院长任组长，总支书记和副院长任副组长，学工办主任、教学行政办主任、教学秘书及相关辅导员任组员，学工办主任任秘书。

二、培养模式

机械类招生学生采取"3+5"培养模式。即前 3 个学期不分专业，按机械类统一公共基础和学科基础平台课程组织教学，于第 4 学期分流到学院内不同专业（方向）进行专业教学。机械类技能高考学生班级，不参与专业分流，直接进入计划招生的专业学习。

三、分流原则

1. 个性发展原则。学院将实施"机械创新实验班"、"卓越工程师班"、"技能实验班"等多种人才培养模式，满足个性化人才培养需求。学生可以根据个人兴趣、爱好、特长，在机械类专业范围内选择不同的专业和专业方向，可预填报 3 个专业志愿，每个专业可填报若干专业方向。

2. 专业合理布局原则。从国家经济建设和社会发展需要出发，充分利用现有办学条件，发挥专业办学优势，兼顾社会需求和学生志愿，

合理布局机械类专业，办好机械设计制造及其自动化、材料成型及控制工程、机械电子工程等本科专业。

3. 尊重学生志愿原则

充分考虑学生专业志愿，并根据学生填报志愿情况适当调整专业班级和人数，填报志愿学生多的专业多设班级。原则上，同一届同一专业的班级数最多不超过6个自然班，最少不少于2个自然班，每班35人左右。

四、分流依据

1. 按学生志愿分流。当学生填报的第一志愿在专业招生的有效人数内时，直接按第一志愿分流到相关专业（方向）；未分流到第一志愿专业的学生，将根据学生的综合评分进行专业（方向）分流。

2. 按综合评分分流。综合评分包括高考分、大学第一学年所修课程的平均学分绩点（不含选修课）和综合表现分。计算公式如下：

$$\frac{高考总成绩}{高考总分} \times 100 \times 40\% + \frac{\sum 课程成绩 \times 学分}{\sum 学分} \times 60\% + 综合表现分$$

（1）课程成绩为课程原始考试成绩，不计补考成绩；旷考、舞弊成绩记0分。学习成绩由学院教学行政办公室负责提供。

（2）综合表现分为奖励和扣分之和。奖励分包括参加科技竞赛获奖（获国家级奖励加3分、省级奖励加2分、校级奖励加1分）、获国家专利授权（发明专利加2分、实用新型专利加1分）、发表论文（核心期刊论文加2分、普刊加1分）等（见附件1）；扣分包括：受留校察看处分扣3分、学校其他处分扣2分、学院处分扣1分。综合表现分由学生工作办公室负责提供。

按综合评分分流时，首先将综合评分从高到低排序，若总分相同，则大学学习成绩高者排前；若仍相同，则奖励分高者排前。然后，按综合评分排序和志愿顺序确定未分流到第一志愿学生的专业（方向）。

五、分流程序

　　为便于组织教学，机械类招生学生专业分流工作在第三学期第六周启动，第十周完成。

　　1. 第六周，专业（方向）分流动员。

　　2. 第七周，学生根据本细则填报分流志愿表（见附件2）。

　　3. 第八周，完成学生专业分流志愿统计，确定各专业班级数及满足第一志愿分流专业（方向）学生人选。

　　4. 第九周，未分流到第一志愿学生综合评分统计计算、排序，确定分流专业（方向）。

　　5. 第十周，专业分流结果公示（公示3天），公示期内进行异议处理及反馈。专业分流结果报校教务处，汇总表见附件3。

　　六、附则

　　1. 如遇特殊情况无法填报分流志愿表的同学，须提前向年级辅导员说明情况和备案，并提交委托书指定同学进行代理选择。

　　2. 本办法适用于2017级及以后按机械类招生学生的专业分流，由机电工程学院机械类招生工作小组负责解释。

　　附件：1. 机电工程学院机械类招生专业分流综合表现加分情况一览表

　　　　　2. 机电工程学院机械类招生学生专业分流志愿表

　　　　　3. 机电工程学院机械类招生学生专业分流汇总表

附件1

机电工程学院机械类招生专业分流综合表现加分情况一览表

学　号		姓　名	
班　级		联系方式	
科技竞赛获奖	获奖名称类别		加分值
申请国家专利	专利名称类别		加分值
发表学术论文	论文名称、发表刊物		加分值
学工办意见	负责人： 　　　　　　　年　　月　　日		
备　　注			

注：上交此表时，须提供表中信息原件（查验后返还）和复印件，由学院存档。

附件2

机电工程学院机械类招生学生专业分流志愿表

年级：   年   月   日

姓　名		性别		学号		所在班级	
高考得分/总分		平均学分绩点			综合评分		
选报专业		专业		方向1		方向2	
	第一志愿						
	第二志愿						
	第三志愿						
	学生（签字）： 20　年　月　日						
分流专业							
学院意见	院领导（签字）： 20　年　月　日						
备注							

注：此表由学院存档。

附件 3

机电工程学院机械类招生学生专业分流汇总表

专业班级：　　　　　　　　　　　　　　　　方向：

序号	学　号	姓　名	性别	备注	序号	学　号	姓　名	性别	备注
1					21				
2					22				
3					23				
4					24				
5					25				
6					26				
7					27				
8					28				
9					29				
10					30				
11					31				
12					32				
13					33				
14					34				
15					35				
16					36				
17					37				
18					38				
19					39				
20					40				

参 考 文 献

［1］吴永桥. 依法治国方略下民办高校依法治校建设困难思考［J］. 法制博览，2019，34（27）：49-51.

［2］龚先军. 民办高校依法治校标准化研究［J］. 视界观，2019，3（12）：116.

［3］潘懋元. 关于民办高等教育体制的探讨［J］. 上海高教研究，1988（3）：41-46.

［4］柯佑祥. 适度盈利与民办高等教育的发展［M］. 南京师范大学出版社，2003：16.

［5］徐绪卿. 我国民办高校内部管理体制改革和创新研究［M］. 中国社会科学出版社，2012：20.

［6］李维民. 中国民办高等教育回顾与展望［J］. 西安欧亚学院学报，2009，7（4）：1-5.

［7］佘宇. 路在何方——促进民办教育健康发展研究［M］. 中国发展出版社，2015：33-38.

［8］2006年教育事业统计快讯［J］. 教育发展研究，2007（6）.

［9］严晓蕾. 国外私立高校和我国民办高校发展的状况及比较［J］. 教育管理，2018（10）.

［10］陈宝生. 全面推进依法治教　为加快教育现代化、建设教育强国提供坚实保障——在全国教育法治工作会议上的讲话［N］. 中国教育报，2018-12-25.

［11］李景虎. 新时代全面推进依法治校的思考与实践［J］. 国家教育

行政学院学报，2019（01）.

[12] 中国共产党中央委员会．中共中央关于完善社会主义市场经济体制若干问题的决定［Z］.2003-10-14.

[13] 佚名．"中国最佳大学排行榜"公布　新疆大学连续13年跻身全国百强［J］.新疆大学学报（哲学·人文社会科学版），2017，45（02）：2.

[14] 全国人民代表大会常务委员会．中华人民共和国民办教育促进法［Z］.2018-12-29.

[15] 于孟晨．西安工业大学：转变高校管理理念　深入推进依法治校［N］.中国教育报，2015-06-03（08）.

[16] 中国共产党中央委员会．关于加强民办学校党的建设工作的意见（试行）［Z］.2016-12-29.

[17] 蒋德海．完善中国制约和监督机制的法理学思考［J］.同济大学学报（社会科学版），2010，21（05）：57-63.

[18] 中华人民共和国教育部．关于深入推进教育管办评分离　促进政府职能转变的若干意见［Z］.2015-05-04.

[19] 李茂林，刘玉威．大学依法治校的意义、问题与路径［J］.北京教育（高教），2015（03）：19-21.

[20] 宋永忠．全面提高依法治校能力［N］.人民日报，2016-07-19（007）.

[21] 杜敏．对高校师德建设的思考——基于《教育部关于建立健全高校师德建设长效机制的意见》的认识［J］.教育探索，2016（03）：126-128.

[22] 教育部．教育部关于印发《依法治教实施纲要（2016-2020年）》的通知［Z］.2016-01-07.

[23] 中国共产党中央委员会．中共中央关于全面推进依法治国若干重大问题的决定［N］.人民日报，2014-10-29（1）.

附录 A 关于民办高校依法治校现状的调查（行政人员卷）

您好！我校承担了湖北省 2017 年专项课题"湖北省依法治教背景下民办高校依法治校实践研究"的工作，根据研究需要制定了本调查问卷。调查采取无记名方式进行，只作为项目研究之用，调查结果绝对保密，不影响您及贵校的任何声誉，请如实填写，谢谢合作！

武汉华夏理工学院

2018 年 4 月 8 日

1. 省级教育行政部门对贵校依法治校政策支持力度如何？
   ○ 支持力度大
   ○ 支持力度较大
   ○ 支持力度一般
   ○ 支持力度较小
   ○ 支持力度小

   若选"支持力度较大"或"支持力度大"，请回答下面的问题。

是否给予了以下支持	请在符合贵校实际的选项中划"✓"
以专项资金给予支持	
以立项方式给予支持	

续表

是否给予了以下支持	请在符合贵校实际的选项中划"√"
以奖励方式给予支持	
给予荣誉上的支持	

2. 省级教育行政部门对贵校依法治校执行指导情况如何？

 ○ 以检查方式进行宏观指导

 ○ 给予具体指导意见

 ○ 基本没有指导

3. 省级教育行政部门依法制定民办学校信息公示和信用档案制度的必要性？

 ○ 非常必要

 ○ 很必要

 ○ 必要

 ○ 不必要

 ○ 非常不必要

4. 社会中介组织评估民办学校办学水平和教育质量的必要性？

 ○ 非常必要

 ○ 很必要

 ○ 必要

 ○ 不必要

 ○ 非常不必要

5. 贵校是否依法制定了学校章程并完善章程执行机制？

 ○ 是

 ○ 否

6. 您对贵校依法制定的各项管理制度内容的合法性、公正性及公开性情况满意度如何？请在您认为的满意度选项下划"√"。

依法制定各项管理制度	很满意	满意	基本满意	不满意	很不满意
教育教学管理制度					
科学研究管理制度					
财务管理制度					
教师管理制度					
学生管理制度					
后勤管理制度					
安全管理制度					
其他管理制度					

7. 您对贵校各项管理制度切实有效执行整体情况是否满意？

○ 很满意

○ 满意

○ 基本满意

○ 不满意

○ 很不满意

8. 贵校设立了哪个或哪些决策机构？

○ 董事会

○ 理事会

○ 同时设立了董事会和理事会

○ 其他形式的决策机构

9. 贵校有无设立对决策机构进行监督的机构或机制？

○ 有，成立了监事会等之类的机构，并建立了监督机制

○ 无

10. 贵校理事或董事中具有五年以上教育教学经验的人数占比？

○ 1/5 及以内

○ 1/5～1/4

○ 1/4～1/3

○ 1/3～1/2

○ 1/2～1

○ 全部

11. 贵校是否建立了党委—党总支（分党委）—基层党支部等三级
党组织？

○ 是

○ 否，没有党总支（分党委）

○ 否

12. 贵校党组织机构及人员配备情况？

○ 每级党组织都按党章及相关规定配备专职人员

○ 兼职与专职共存

○ 绝大多数是兼职人员

13. 贵校校长是否是董事会成员？

○ 是

○ 否

14. 贵校校长是否是学校的法定代表人？

○ 是

○ 否

15. 董事会（或理事会）、学校行政及党组织等三者职责是否明确？

○ 非常明确，权责利处理很妥当

○ 较明确，三者协调较好

○ 基本明确，虽然没有明确的公文，但职责分工很清楚

○ 不明确，全凭领导个人之间的关系协调

○ 非常不明确，权责利较混乱

16. 贵校是否成立了学术委员会之类的学术组织？

○ 是

○ 否

17. 贵校是否因依法治校经验或成果明显受到上级组织表彰？

○ 是

○ 否

18. 贵校是否因办学行为存在不规范行为而受到主管部门的通报批评或处罚？

○ 是

○ 否

19. 贵校教师、学生有无严重违纪和刑事犯罪行为？

○ 有

○ 无

20. 贵校是否成立了教职工代表大会？

○ 否

○ 是

若选"是"，请回答下面的问题。

教职工代表大会在保障教职工参与民主管理和监督中的作用如何？	请在符合贵校实际的选项中划"✓"
作用非常大，推进了学校民主治校	
作用大，在学校重大决策中起民主监督作用	
作用一般	
作用小，仅从形式上为学校决策服务	
没作用，形式化的组织	

21. 贵校是否成立了工会组织？

○ 否

○ 是

若选"是"，请回答下面的问题。

工会组织在维护教职工合法权益中的作用如何？	请在符合贵校实际的选项中划"✓"
作用非常大，有效维护了教职工的合法权益	
作用大，一定程度上维护了教职工的合法权益	
作用一般	
作用小，受限于学校人事部门的决定	
没作用，形式化的组织	

22. 贵校是否建立和实行校内教师申诉制度？

    ○ 是

    ○ 否

23. 贵校是否建立和实行校内学生申诉制度？

    ○ 是

    ○ 否

24. 贵校董事会或理事会中是否有教职工代表？

    ○ 有

    ○ 无

25. 您对教职工进入董事会的意见？

    ○ 全体教职工选举

    ○ 举办方任命

    ○ 没有发言权，不必要进入

26. 贵校在举办人、学校、教职工及学生权利和义务方面是否有明确的规定？

    ○ 全部都有明确的规定

    ○ 有些有明确的规定，有些没有规定

    ○ 没有明确的规定

27. 贵校计划选择营利性还是非营利性办学？

○ 营利性

○ 非营利性

若选"非营利性"，请在符合贵校实际的选项中划"√"。

对以下扶持措施贵校最想使用到哪个方面	教育教学活动	改善办学条件	保障教职工待遇
政府补贴			
基金奖励			
捐资激励			

28. 贵校是否将依法治校作为办学的重要理念？

○ 是

○ 否

29. 贵校是否将依法治校纳入学校工作议程？

○ 是

○ 否

30. 贵校在学法、用法和依法办事的法治主导环境方面的情况？

○ 法治主导环境氛围很浓

○ 法治主导环境氛围浓

○ 法治主导环境氛围一般

○ 法治主导环境氛围淡薄

○ 法治主导环境氛围很淡

31. 贵校师生对依法治校理念认识情况如何？

○ 认识较深

○ 认识一般

○ 认识较浅

32. 贵校是否成立了专门的依法治校或法制组织？

○ 成立了专门的组织，作为一个独立的职能部门

　　　　○ 成立了专门的组织，但挂靠在学校相关的职能部门

　　　　○ 未成立，由党办、校办或其他相关部门负责该项业务

　　　　○ 未成立，也未开展该项业务

33. 贵校是否聘有法律顾问？

　　　　○ 聘有专职法律顾问，在法理法治化水平及化解矛盾纠纷中发挥了积极作用

　　　　○ 聘有专职法律顾问，基本没发挥作用

　　　　○ 未聘

34. 贵校是否成立了依法治校领导小组？

　　　　○ 是

　　　　○ 否

35. 贵校是否制定了依法治校落实方案？

　　　　○ 是

　　　　○ 否

36. 贵校是否实行"校院两级管理"运行机制？

　　　　○ 否

　　　　○ 是

若选"是"，在您认为重要程度上划"√"。

校院两级管理制度		很重要	重要	一般重要	不重要	很不重要
校级（院）	目标管理制度					
	绩效考核制度					
	预算管理制度					
	契约管理制度					
	信息管理制度					
	其他管理制度					

校院两级管理制度		很重要	重要	一般重要	不重要	很不重要
院级（系）	教学自主管理权制度					
	行政自主管理权制度					
	财务自主管理权制度					
	其他管理制度					

37. 您对学校实施依法治校的建议与意见：

_____

_____

_____

附录 B　关于民办高校依法治校现状的调查（教师卷）

　　您好！我校承担了湖北省 2017 年专项课题"湖北省依法治教背景下民办高校依法治校实践研究"的工作，根据研究需要制定了本调查问卷。调查采取无记名方式进行，只作为项目研究之用，调查结果绝对保密，不影响您及贵校的任何声誉，请如实填写，谢谢合作！

武汉华夏理工学院

2018 年 4 月 8 日

1. 您是否了解贵校将依法治校作为办学的重要理念？
   - ○ 是
   - ○ 否

2. 您是否了解贵校将依法治校纳入学校工作议程？
   - ○ 是
   - ○ 否

3. 您是否参与到学校依法治校方案实施中？
   - ○ 是
   - ○ 否

4. 贵校在学法、用法和依法办事的法治主导环境方面的情况？
   - ○ 法治主导环境氛围很浓
   - ○ 法治主导环境氛围浓
   - ○ 法治主导环境氛围一般

○ 法治主导环境氛围淡薄

○ 法治主导环境氛围很淡

5. 您是否了解学校章程及执行机制？

　　○ 是

　　○ 否

6. 贵校的教职工权利和义务方面是否有明确的规定？

　　○ 全部都有明确的规定

　　○ 有些有明确的规定，有些没有规定

　　○ 没有明确的规定

7. 您是否了解或使用了校内教师申诉制度？

　　○ 是

　　○ 否

8. 您对贵校依法制定的与教师相关的管理制度内容的合法性、公正性及公开性情况满意度如何？请在您认为的满意度选项下划"√"。

依法制定各项管理制度	很满意	满意	基本满意	不满意	很不满意
教育教学管理制度					
科学研究管理制度					
教师职业发展制度					
教师管理制度					
薪酬待遇管理					
其他管理制度					

9. 您对贵校各项管理制度切实有效执行整体情况满意度如何？

　　○ 很满意

　　○ 满意

　　○ 基本满意

　　○ 不满意

　　○ 很不满意

10. 学校教师是否因为教学行为存在不规范行为依据学校相关规定而被通报批评或处罚？

　　○ 是

　　○ 否

11. 您是否了解或通过工会组织维护了自己的合法权益？

　　○ 是

　　○ 否

12. 您对依法治校理念的认识情况？

　　○ 认识较深

　　○ 认识一般

　　○ 认识较浅

13. 您对学校依法治校执行情况的总体看法？

　　○ 执行得非常好

　　○ 执行得好

　　○ 执行得一般

　　○ 执行得不佳

　　○ 执行得很差

14. 您对学校实施依法治校的建议与意见：

　　_____

　　_____

　　_____

附录 C　关于民办高校依法治校现状的调查（学生卷）

　　您好！我校承担了湖北省 2017 年专项课题"湖北省依法治教背景下民办高校依法治校实践研究"的工作，根据研究需要制定了本调查问卷。调查采取无记名方式进行，只作为项目研究之用，调查结果绝对保密，不影响您及贵校的任何声誉，请如实填写，谢谢合作！

武汉华夏理工学院

2018 年 4 月 8 日

1. 您是否了解贵校将依法治校作为办学的重要理念？
   ○ 是
   ○ 否

2. 您是否了解贵校将依法治校纳入学校工作议程？
   ○ 是
   ○ 否

3. 您是否接受过依法治校的教育实践？
   ○ 是
   ○ 否

4. 您认为贵校法治校园建设的氛围如何？
   ○ 很浓
   ○ 较浓
   ○ 一般

　　○ 淡薄

　　○ 很淡

5. 您是否了解学校章程及执行机制？

　　○ 是

　　○ 否

6. 贵校在学生权利和义务方面是否有明确的规定？

　　○ 全部都有明确的规定

　　○ 有些有明确的规定，有些没有规定

　　○ 没有明确的规定

7. 您是否了解或使用了校内学生申诉制度？

　　○ 是

　　○ 否

8. 您对贵校依法制定的与学生相关的管理制度内容的合法性、公正性及公开性情况满意度如何？

　　○ 很满意

　　○ 满意

　　○ 基本满意

　　○ 不满意

　　○ 很不满意

9. 您对贵校各项学生管理制度切实有效执行整体满意度如何？

　　○ 很满意

　　○ 满意

　　○ 基本满意

　　○ 不满意

　　○ 很不满意

10. 身边同学是否因为违纪违规依据学校相关规定而被通报批评或处罚？

　　○ 是

　　○ 否

11. 您对依法治校理念的认识情况如何？

    ○ 认识较深

    ○ 认识一般

    ○ 认识较浅

12. 您对学校依法治校执行情况的总体看法？

    ○ 执行得非常好

    ○ 执行得好

    ○ 执行得一般

    ○ 执行得不佳

    ○ 执行得很差

13. 您对学校实施依法治校的建议与意见：

_____

_____

_____

附录 D 中华人民共和国民办教育促进法

（2002 年 12 月 28 日第九届全国人民代表大会常务委员会第三十一次会议通过。根据 2013 年 6 月 29 日第十二届全国人民代表大会常务委员会第三次会议《关于修改〈中华人民共和国文物保护法〉等十二部法律的决定》第一次修正。根据 2016 年 11 月 7 日第十二届全国人民代表大会常务委员会第二十四次会议《关于修改〈中华人民共和国民办教育促进法〉的决定》第二次修正。）

第一章 总 则

第一条 为实施科教兴国战略，促进民办教育事业的健康发展，维护民办学校和受教育者的合法权益，根据宪法和教育法制定本法。

第二条 国家机构以外的社会组织或者个人，利用非国家财政性经费，面向社会举办学校及其他教育机构的活动，适用本法。本法未作规定的，依照教育法和其他有关教育法律执行。

第三条 民办教育事业属于公益性事业，是社会主义教育事业的组成部分。

国家对民办教育实行积极鼓励、大力支持、正确引导、依法管理的方针。

各级人民政府应当将民办教育事业纳入国民经济和社会发展规划。

第四条 民办学校应当遵守法律、法规，贯彻国家的教育方针，保证教育质量，致力于培养社会主义建设事业的各类人才。

民办学校应当贯彻教育与宗教相分离的原则。任何组织和个人不得利用宗教进行妨碍国家教育制度的活动。

第五条 民办学校与公办学校具有同等的法律地位，国家保障民办学校的办学自主权。

国家保障民办学校举办者、校长、教职工和受教育者的合法权益。

第六条 国家鼓励捐资办学。

国家对为发展民办教育事业做出突出贡献的组织和个人，给予奖励和表彰。

第七条 国务院教育行政部门负责全国民办教育工作的统筹规划、综合协调和宏观管理。

国务院人力资源社会保障行政部门及其他有关部门在国务院规定的职责范围内分别负责有关的民办教育工作。

第八条 县级以上地方各级人民政府教育行政部门主管本行政区域内的民办教育工作。

县级以上地方各级人民政府人力资源社会保障行政部门及其他有关部门在各自的职责范围内，分别负责有关的民办教育工作。

第九条 民办学校中的中国共产党基层组织，按照中国共产党章程的规定开展党的活动，加强党的建设。

第二章 设 立

第十条 举办民办学校的社会组织，应当具有法人资格。

举办民办学校的个人，应当具有政治权利和完全民事行为能力。

民办学校应当具备法人条件。

第十一条 设立民办学校应当符合当地教育发展的需求，具备教育法和其他有关法律、法规规定的条件。

民办学校的设置标准参照同级同类公办学校的设置标准执行。

第十二条 举办实施学历教育、学前教育、自学考试助学及其他文化教育的民办学校，由县级以上人民政府教育行政部门按照国家规定的权限审批；举办实施以职业技能为主的职业资格培训、职业技能培训的民办学校，由县级以上人民政府人力资源社会保障行政部门按照国家规定的权限审批，并抄送同级教育行政部门备案。

第十三条 申请筹设民办学校，举办者应当向审批机关提交下列材料：

（一）申办报告，内容应当主要包括：举办者、培养目标、办学规模、办学层次、办学形式、办学条件、内部管理体制、经费筹措与管理使用等；

（二）举办者的姓名、住址或者名称、地址；

（三）资产来源、资金数额及有效证明文件，并载明产权；

（四）属捐赠性质的校产须提交捐赠协议，载明捐赠人的姓名、所捐资产的数额、用途和管理方法及相关有效证明文件。

第十四条 审批机关应当自受理筹设民办学校的申请之日起三十日内以书面形式作出是否同意的决定。

同意筹设的，发给筹设批准书。不同意筹设的，应当说明理由。

筹设期不得超过三年。超过三年的，举办者应当重新申报。

第十五条 申请正式设立民办学校的，举办者应当向审批机关提交下列材料：

（一）筹设批准书；

（二）筹设情况报告；

（三）学校章程、首届学校理事会、董事会或者其他决策机构组成人员名单；

（四）学校资产的有效证明文件；

（五）校长、教师、财会人员的资格证明文件。

第十六条 具备办学条件，达到设置标准的，可以直接申请正式设立，并应当提交本法第十三条和第十五条（三）、（四）、（五）项规定的材料。

第十七条 申请正式设立民办学校的，审批机关应当自受理之日起三个月内以书面形式作出是否批准的决定，并送达申请人；其中申请正式设立民办高等学校的，审批机关也可以自受理之日起六个月内以书面形式作出是否批准的决定，并送达申请人。

第十八条 审批机关对批准正式设立的民办学校发给办学许可证。

审批机关对不批准正式设立的，应当说明理由。

第十九条　民办学校的举办者可以自主选择设立非营利性或者营利性民办学校。但是，不得设立实施义务教育的营利性民办学校。

非营利性民办学校的举办者不得取得办学收益，学校的办学结余全部用于办学。

营利性民办学校的举办者可以取得办学收益，学校的办学结余依照公司法等有关法律、行政法规的规定处理。

民办学校取得办学许可证后，进行法人登记，登记机关应当依法予以办理。

第三章　学校的组织与活动

第二十条　民办学校应当设立学校理事会、董事会或者其他形式的决策机构并建立相应的监督机制。

民办学校的举办者根据学校章程规定的权限和程序参与学校的办学和管理。

第二十一条　学校理事会或者董事会由举办者或者其代表、校长、教职工代表等人员组成。其中三分之一以上的理事或者董事应当具有五年以上教育教学经验。

学校理事会或者董事会由五人以上组成，设理事长或者董事长一人。理事长、理事或者董事长、董事名单报审批机关备案。

第二十二条　学校理事会或者董事会行使下列职权：

（一）聘任和解聘校长；

（二）修改学校章程和制定学校的规章制度；

（三）制定发展规划，批准年度工作计划；

（四）筹集办学经费，审核预算、决算；

（五）决定教职工的编制定额和工资标准；

（六）决定学校的分立、合并、终止；

（七）决定其他重大事项。

其他形式决策机构的职权参照本条规定执行。

第二十三条 民办学校的法定代表人由理事长、董事长或者校长担任。

第二十四条 民办学校参照同级同类公办学校校长任职的条件聘任校长，年龄可以适当放宽。

第二十五条 民办学校校长负责学校的教育教学和行政管理工作，行使下列职权：

（一）执行学校理事会、董事会或者其他形式决策机构的决定；

（二）实施发展规划，拟订年度工作计划、财务预算和学校规章制度；

（三）聘任和解聘学校工作人员，实施奖惩；

（四）组织教育教学、科学研究活动，保证教育教学质量；

（五）负责学校日常管理工作；

（六）学校理事会、董事会或者其他形式决策机构的其他授权。

第二十六条 民办学校对招收的学生，根据其类别、修业年限、学业成绩，可以根据国家有关规定发给学历证书、结业证书或者培训合格证书。

对接受职业技能培训的学生，经政府批准的职业技能鉴定机构鉴定合格的，可以发给国家职业资格证书。

第二十七条 民办学校依法通过以教师为主体的教职工代表大会等形式，保障教职工参与民主管理和监督。

民办学校的教师和其他工作人员，有权依照工会法，建立工会组织，维护其合法权益。

第四章　教师与受教育者

第二十八条 民办学校的教师、受教育者与公办学校的教师、受教育者具有同等的法律地位。

第二十九条 民办学校聘任的教师，应当具有国家规定的任教资格。

第三十条 民办学校应当对教师进行思想品德教育和业务培训。

第三十一条　民办学校应当依法保障教职工的工资、福利待遇和其他合法权益，并为教职工缴纳社会保险费。

国家鼓励民办学校按照国家规定为教职工办理补充养老保险。

第三十二条　民办学校教职工在业务培训、职务聘任、教龄和工龄计算、表彰奖励、社会活动等方面依法享有与公办学校教职工同等权利。

第三十三条　民办学校依法保障受教育者的合法权益。

民办学校按照国家规定建立学籍管理制度，对受教育者实施奖励或者处分。

第三十四条　民办学校的受教育者在升学、就业、社会优待以及参加先进评选等方面享有与同级同类公办学校的受教育者同等权利。

第五章　学校资产与财务管理

第三十五条　民办学校应当依法建立财务、会计制度和资产管理制度，并按照国家有关规定设置会计账簿。

第三十六条　民办学校对举办者投入民办学校的资产、国有资产、受赠的财产以及办学积累，享有法人财产权。

第三十七条　民办学校存续期间，所有资产由民办学校依法管理和使用，任何组织和个人不得侵占。

任何组织和个人都不得违反法律、法规向民办教育机构收取任何费用。

第三十八条　民办学校收取费用的项目和标准根据办学成本、市场需求等因素确定，向社会公示，并接受有关主管部门的监督。

非营利性民办学校收费的具体办法，由省、自治区、直辖市人民政府制定；营利性民办学校的收费标准，实行市场调节，由学校自主决定。

民办学校收取的费用应当主要用于教育教学活动、改善办学条件和保障教职工待遇。

第三十九条　民办学校资产的使用和财务管理受审批机关和其他有

关部门的监督。

民办学校应当在每个会计年度结束时制作财务会计报告，委托会计师事务所依法进行审计，并公布审计结果。

第六章　管理与监督

第四十条　教育行政部门及有关部门应当对民办学校的教育教学工作、教师培训工作进行指导。

第四十一条　教育行政部门及有关部门依法对民办学校实行督导，建立民办学校信息公示和信用档案制度，促进提高办学质量；组织或者委托社会中介组织评估办学水平和教育质量，并将评估结果向社会公布。

第四十二条　民办学校的招生简章和广告，应当报审批机关备案。

第四十三条　民办学校侵犯受教育者的合法权益，受教育者及其亲属有权向教育行政部门和其他有关部门申诉，有关部门应当及时予以处理。

第四十四条　国家支持和鼓励社会中介组织为民办学校提供服务。

第七章　扶持与奖励

第四十五条　县级以上各级人民政府可以设立专项资金，用于资助民办学校的发展，奖励和表彰有突出贡献的集体和个人。

第四十六条　县级以上各级人民政府可以采取购买服务、助学贷款、奖助学金和出租、转让闲置的国有资产等措施对民办学校予以扶持；对非营利性民办学校还可以采取政府补贴、基金奖励、捐资激励等扶持措施。

第四十七条　民办学校享受国家规定的税收优惠政策；其中，非营利性民办学校享受与公办学校同等的税收优惠政策。

第四十八条　民办学校依照国家有关法律、法规，可以接受公民、法人或者其他组织的捐赠。

国家对向民办学校捐赠财产的公民、法人或者其他组织按照有关规定给予税收优惠，并予以表彰。

第四十九条 国家鼓励金融机构运用信贷手段，支持民办教育事业的发展。

第五十条 人民政府委托民办学校承担义务教育任务，应当按照委托协议拨付相应的教育经费。

第五十一条 新建、扩建非营利性民办学校，人民政府应当按照与公办学校同等原则，以划拨等方式给予用地优惠。新建、扩建营利性民办学校，人民政府应当按照国家规定供给土地。

教育用地不得用于其他用途。

第五十二条 国家采取措施，支持和鼓励社会组织和个人到少数民族地区、边远贫困地区举办民办学校，发展教育事业。

第八章 变更与终止

第五十三条 民办学校的分立、合并，在进行财务清算后，由学校理事会或者董事会报审批机关批准。

申请分立、合并民办学校的，审批机关应当自受理之日起三个月内以书面形式答复；其中申请分立、合并民办高等学校的，审批机关也可以自受理之日起六个月内以书面形式答复。

第五十四条 民办学校举办者的变更，须由举办者提出，在进行财务清算后，经学校理事会或者董事会同意，报审批机关核准。

第五十五条 民办学校名称、层次、类别的变更，由学校理事会或者董事会报审批机关批准。

申请变更为其他民办学校，审批机关应当自受理之日起三个月内以书面形式答复；其中申请变更为民办高等学校的，审批机关也可以自受理之日起六个月内以书面形式答复。

第五十六条 民办学校有下列情形之一的，应当终止：

（一）根据学校章程规定要求终止，并经审批机关批准的；

（二）被吊销办学许可证的；

（三）因资不抵债无法继续办学的。

第五十七条　民办学校终止时，应当妥善安置在校学生。实施义务教育的民办学校终止时，审批机关应当协助学校安排学生继续就学。

第五十八条　民办学校终止时，应当依法进行财务清算。

民办学校自己要求终止的，由民办学校组织清算；被审批机关依法撤销的，由审批机关组织清算；因资不抵债无法继续办学而被终止的，由人民法院组织清算。

第五十九条　对民办学校的财产按照下列顺序清偿：

（一）应退受教育者学费、杂费和其他费用；

（二）应发教职工的工资及应缴纳的社会保险费用；

（三）偿还其他债务。

非营利性民办学校清偿上述债务后的剩余财产可继续用于其他非营利性学校办学；营利性民办学校清偿上述债务后的剩余财产，依照公司法的有关规定处理。

第六十条　终止的民办学校，由审批机关收回办学许可证和销毁印章，并注销登记。

第九章　法律责任

第六十一条　民办学校在教育活动中违反教育法、教师法规定的，依照教育法、教师法的有关规定给予处罚。

第六十二条　民办学校有下列行为之一的，由县级以上人民政府教育行政部门、人力资源社会保障行政部门或者其他有关部门责令限期改正，并予以警告；有违法所得的，退还所收费用后没收违法所得；情节严重的，责令停止招生、吊销办学许可证；构成犯罪的，依法追究刑事责任：

（一）擅自分立、合并民办学校的；

（二）擅自改变民办学校名称、层次、类别和举办者的；

（三）发布虚假招生简章或者广告，骗取钱财的；

（四）非法颁发或者伪造学历证书、结业证书、培训证书、职业资格证书的；

（五）管理混乱严重影响教育教学，产生恶劣社会影响的；

（六）提交虚假证明文件或者采取其他欺诈手段隐瞒重要事实骗取办学许可证的；

（七）伪造、变造、买卖、出租、出借办学许可证的；

（八）恶意终止办学、抽逃资金或者挪用办学经费的。

第六十三条　县级以上人民政府教育行政部门、人力资源社会保障行政部门或者其他有关部门有下列行为之一的，由上级机关责令其改正；情节严重的，对直接负责的主管人员和其他直接责任人员，依法给予处分；造成经济损失的，依法承担赔偿责任；构成犯罪的，依法追究刑事责任：

（一）已受理设立申请，逾期不予答复的；

（二）批准不符合本法规定条件申请的；

（三）疏于管理，造成严重后果的；

（四）违反国家有关规定收取费用的；

（五）侵犯民办学校合法权益的；

（六）其他滥用职权、徇私舞弊的。

第六十四条　违反国家有关规定擅自举办民办学校的，由所在地县级以上地方人民政府教育行政部门或者人力资源社会保障行政部门会同同级公安、民政或者工商行政管理等有关部门责令停止办学、退还所收费用，并对举办者处违法所得一倍以上五倍以下罚款；构成违反治安管理行为的，由公安机关依法给予治安管理处罚；构成犯罪的，依法追究刑事责任。

第十章　附　　则

第六十五条　本法所称的民办学校包括依法举办的其他民办教育

机构。

本法所称的校长包括其他民办教育机构的主要行政负责人。

第六十六条　境外的组织和个人在中国境内合作办学的办法，由国务院规定。

第六十七条　本法自 2003 年 9 月 1 日起施行。1997 年 7 月 31 日国务院颁布的《社会力量办学条例》同时废止。